高等职业教育高速铁路类专业系列教材

铁路大型养路机械运用

TIELU DAXING YANGLU JIXIE YUNYONG

主　编　李　宏　陈永峰
副主编　苏　江　裴国史　孙珂琪
主　审　南黄河　卢光灿

图书在版编目(CIP)数据

铁路大型养路机械运用 / 李宏,陈永峰主编. --西安：西安交通大学出版社,2024.10.--(高等职业教育高速铁路类专业系列教材).-- ISBN 978-7-5693-1736-7

Ⅰ.U216.6

中国国家版本馆 CIP 数据核字第 2024UX3394 号

书　　　名	铁路大型养路机械运用 TIELU DAXING YANGLU JIXIE YUNYONG
主　　　编	李　宏　陈永峰
副 主 编	苏　江　裴国史　孙珂琪
主　　　审	南黄河　卢光灿
策 划 编 辑	杨　璠
责 任 编 辑	来　贤
责 任 校 对	李　文
封 面 设 计	任加盟
出 版 发 行	西安交通大学出版社 (西安市兴庆南路1号　邮政编码710048)
网　　　址	http://www.xjtupress.com
电　　　话	(029)82668357　82667874(市场营销中心) (029)82668315(总编办)
传　　　真	(029)82668280
印　　　刷	陕西印科印务有限公司
开　　　本	787 mm×1092 mm　1/16　印张 17.25　字数 353 千字
版次印次	2024 年 10 月第 1 版　2024 年 10 月第 1 次印刷
书　　　号	ISBN 978-7-5693-1736-7
定　　　价	55.00 元

如发现印装质量问题,请与本社市场营销中心联系。
订购热线:(029)82665248　(029)82667874
投稿热线:(029)82668804
读者信箱:phoe@qq.com

版权所有　侵权必究

前言

党的二十大报告提出建设现代化产业体系,坚持把发展经济的着力点放在实体经济上,推进新型工业化,加快建设制造强国、质量强国、航天强国、交通强国、网络强国、数字中国。铁路作为现代产业体系的大动脉,养护好铁路是现代化产业又快又好发展的基础和前提之一。截至党的二十大召开前,全国铁路营业总里程已达15万千米,覆盖全国约99%的20万人口以上城市,其中高铁(含城际铁路)突破4万千米,继续领跑世界,为我国经济高质量发展起到了保障作用。

2020年8月中国国家铁路集团有限公司发布了《新时代交通强国铁路先行规划纲要》,这对推动新时代铁路高质量发展具有重要意义。在铁路线路大规模发展过程中,维护线路的稳定运行是至关重要的一环,而铁路大型养路机械是保障铁路运输平稳、安全、高效运行的"守护神"。因此,有必要就铁路大型养路机械的研发、应用与维护开发编写一系列相关教材。

教材是劳动者职业生涯发展和终身教育的重要学习工具,教材建设是职业教育培训工作的重要组成部分,是提高职业教育培训质量的关键。为适应铁路现代化发展对技能人才队伍建设的需要,加快铁路大型养路机械运用教材建设,在广泛调研基础上,我们结合"三教"改革建设要求,特编写本书。本书具有以下特点:结合铁路养护实际并参阅相关教材、资源,坚持继承与创新相结合,充分体现了近几年来铁路新技术、新设备的大量运用及其发展趋势;坚持科学性与规范性,依据国家及行业职业标准中的基本要求和工作要求,力争准确体现国家职业标准和有关作业标准、安全操作等规章、规范要求;坚持实用可行的原则,重点突出实作技能。

本书适用于高职铁路大型养路机械应用技术、铁道工程技术、工程机械应用技术等专业,以及工人新职、转职(岗)、晋升的岗位资格性培训,也适用于岗位适应性培训,同时也可为职业技能鉴定提供参考。

本书由陕西铁路工程职业技术学院(陕铁院)李宏、陕铁院陈永峰担任主编,中国铁路广州局集团有限公司大机段(广铁大机段)苏江、陕铁院裴国史、陕铁院孙珂琪担任副主编,广铁大机段邓雄杰、广铁大机段曾凡辉、中国铁路西安局集团有限公司大机段（西铁大机段）田小辉参编。全书共分五个模块，编写分工如下：模块一由裴国史、孙珂琪、邓雄杰编写，模块二由李宏、田小辉编写，模块三由李宏、苏江编写，模块四由邓雄杰、陈永峰、裴国史编写，模块五由裴国史、孙珂琪、曾凡辉编写。全书由孙珂琪校稿，由邓雄杰校审，由陕铁院南黄河副教授和中国铁路广州局集团有限公司广州大型养路机械运用检修段副段长卢光灿担任主审。

本书编写过程中得到了中国铁路广州局集团有限公司广州大型养路机械运用检修段的大力支持，在此表示衷心感谢。

由于时间仓促，水平有限，书中难免存在疏漏之处，恳请读者批评指正。

编者
2024 年 8 月

模块一　铁路大型养路机械概述

项目一　铁路大型养路机械的发展 ……………………………………………… 3

　　任务 1　铁路大型养路机械在国内的发展 ………………………………… 3
　　任务 2　铁路大型养路机械在国际上的发展 ……………………………… 4

项目二　常用大型养路机械性能特点 …………………………………………… 6

　　任务 1　捣固车 ……………………………………………………………… 6
　　任务 2　清筛机 ……………………………………………………………… 14
　　任务 3　动力稳定车 ………………………………………………………… 17
　　任务 4　配砟整形车 ………………………………………………………… 20
　　任务 5　钢轨打磨车 ………………………………………………………… 23

模块二　使用管理规则

项目三　设备基础管理 …………………………………………………………… 31

　　任务 1　设备管理概述 ……………………………………………………… 31
　　任务 2　管理机构及职责 …………………………………………………… 34
　　任务 3　使用管理 …………………………………………………………… 35

项目四　安全管理 ………………………………………………………………… 41

　　任务 1　铁路交通事故与分类 ……………………………………………… 42
　　任务 2　运行安全 …………………………………………………………… 46
　　任务 3　作业安全 …………………………………………………………… 48
　　任务 4　保养检修及作业驻地安全 ………………………………………… 54
　　任务 5　应急处理 …………………………………………………………… 55

项目五　材料管理 65

任务 1　材料管理制度 65
任务 2　油料和配件管理 70

项目六　线路机械化修理 74

任务 1　岗位设置与管理 74
任务 2　维修作业 75
任务 3　大修作业 81
任务 4　特殊情况下的施工管理 87

模块三　操纵与运用

项目七　捣固车操纵运用 95

任务 1　司机室操纵系统 95
任务 2　使用前准备工作 104
任务 3　整备作业 105
任务 4　柴油发动机的启动与停机 108
任务 5　制动机的性能试验 112
任务 6　区间运行操纵 113
任务 7　运行监控 118
任务 8　长途挂运 121
任务 9　施工作业 122

项目八　清筛机操纵运用 145

任务 1　司机室操纵系统 145
任务 2　区间运行操纵 150
任务 3　长途挂运 153
任务 4　施工作业 155
任务 5　工作装置的操纵与调整 163

项目九　动力稳定车操纵运用 168

任务 1　司机室操纵系统 168

  任务 2 动力稳定车施工作业 ··· 170

项目十 配砟整形车操纵运用 ··· 176

  任务 1 司机室操纵系统 ··· 176
  任务 2 区间运行操纵 ··· 180
  任务 3 运行监控 ··· 181
  任务 4 施工作业 ··· 184

项目十一 钢轨打磨车操纵运用 ··· 188

  任务 1 区间运行操纵 ··· 188
  任务 2 工作装置操纵与调整 ··· 190
  任务 3 施工作业 ··· 194

模块四 检查保养与故障排除

项目十二 检修保养 ··· 203

  任务 1 设备检修管理 ··· 203
  任务 2 设备保养管理 ··· 205
  任务 3 大型养路机械保养 ··· 207

项目十三 常见故障与排除 ·· 225

  任务 1 捣固车作业系统常见故障与排除 ································· 225
  任务 2 清筛机作业系统常见故障与排除 ································· 226
  任务 3 动力稳定车作业系统常见故障与排除 ·························· 233
  任务 4 配砟整形车作业系统常见故障与排除 ·························· 233
  任务 5 钢轨打磨车作业系统常见故障与排除 ·························· 235
  任务 6 柴油发动机常见故障与排除 ······································· 237
  任务 7 ZF 变速箱控制常见故障与排除 ··································· 237
  任务 8 电气系统常见故障与排除 ·· 238
  任务 9 液压系统常见故障与排除 ·· 239
  任务 10 制动系统故障与排除 ··· 240

模块五　运行监控装置

项目十四　GYK 基本构成和原理 ································· 253
　　任务 1　基本构成与控制原理 ································· 253
　　任务 2　GYK 主要功能及操作介绍 ························· 254

项目十五　GYK 故障处理 ·· 262
　　任务 1　机车信号故障 ·· 262
　　任务 2　监控装置故障应急处置方法 ······················· 263

参考文献 ·· 264

附件　听觉信号 ··· 265

模块一

铁路大型养路机械概述

学习引导

大型养路机械主要是指检测、修理铁路线路的机械设备,包括捣固车、清筛机、动力稳定车、配砟整形车、钢轨打磨车等。大型养路机械设备既具有类似机车的自行和连挂运行性能,又具有独特的能满足线路检测、修理规范标准的功能,是集机械、电气、液压、气动、激光、计算机和自动控制等专业技术于一体的高新技术产品,其系统集成性强、技术难度大,属于铁路和轨道维修、保养自轮运转特种设备中的重大技术装备。

学习目标

1. 知识目标

(1)掌握铁路大型养路机械的发展历程。

(2)掌握典型铁路大型养路机械的性能与作业特点。

2. 能力目标

(1)能够分辨不同的大型养路机械设备。

(2)能够表述典型铁路大型养路机械的性能特点。

3. 素质目标

(1)深入理解铁路大型养路机械结构原理与性能,培养专业素养。

(2)关注铁路环保与节能,培养社会责任感和可持续发展意识。

(3)激发爱国情怀,弘扬工匠精神,追求创新与卓越。

模块一 素质教育向导

学习导入

铁路为什么又稳又牢固?

各种颜色的火车,很多旅客见过也坐过,但有一种颜色的车大家却不常见!它们全身涂满黄色,从不运送旅客,所经之处,让轨道变得更稳固,它们就是铁路大型养路机械设备。

铁路大型养路机械是用来检测、修理铁路线路的机械设备,它们有一个大家族,如果你不认识它们,瞧,它们来了,一起看看它们都有什么独特功能吧!

捣固车:顾名思义,它的主要作用是捣固,在线路维修中,主要进行石砟捣固和道床肩部石砟的夯实作业。捣固车是大型养路机械中的"擎天柱",它静止时威风凛凛,工作起来则霸气十足,拨道、起道、抄平、捣固作业同时进行,一系列动作行云流水。

清筛机:线路在长期运载负荷过程中,泥土和散落的煤渣灰会造成道床不洁、排水不畅,钢轨也会腐蚀、生锈、老化,因此要对道床进行清筛作业。清筛机就像是道床的"排毒利器",它把石砟从轨枕下挖出,筛除沉积的污土,再将干净的石砟回填至道床,就完成了清筛。清筛后的道床不仅变得洁净,而且恢复了原有的弹性和渗水性。

动力稳定车:线路经过清筛和捣固作业后,外形虽已达标,但道床的稳定性还不理想,这时就需要动力稳定车夯实道床,从而让线路尽快达到稳定状态。动力稳定车通过对钢轨产生压力和振动,能够夯实松散的道床,提高道床稳定性。

配砟整形车:在作业中伸出双臂"拥抱"石砟的家伙就是配砟整形车,它可是位线路"整形大师",行走时用灵活的双臂将石砟拢入怀中,把线路两侧的石砟变得整齐划一。它还可以正反两个方向进行作业,作业时跟在捣固车后面,均匀布砟使道床成型。

项目一　铁路大型养路机械的发展

铁路大型养路机械简介（视频）

　　进入 20 世纪 60 年代，为适应铁路高速、重载及运行舒适化的发展要求，各国争相采用铁路大型养路机械进行线路养护。特别是高速铁路的迅速发展，有力地推动了养路机械技术的进步，无论是机械的种类、质量水平，还是机械的功能和智能化程度，都达到了很高水平。至 20 世纪 80 年代，在工业发达的国家，已形成以大型养路机械为主要作业手段的格局，而高速铁路的修理模式则形成了机械功能齐全、作业质量优良、自动智能控制的全新模式。

任务 1　铁路大型养路机械在国内的发展

　　我国发展铁路大型养路机械起步较晚，20 世纪 80 年代初引进少量机械试用，20 世纪 90 年代逐步形成规模。进入 20 世纪 80 年代，随着我国铁路运输线路密度的加大，繁忙干线的维修工作采用传统的方式和手段已无法完成。与此同时，轨道结构的日益现代化也向养路机械的作业质量提出了更高的要求。在这种形势下，我国养路机械化工作不可避免地迎来了变革。

　　1983 年 6 月，由当时的铁道部工务局等单位组成的中国铁路大型养路机械考察订货组，赴奥地利、瑞士和德国对欧洲铁路大型养路机械的运用情况进行了考察，并于当年 7 月中旬在奥地利同普拉塞·陶依尔（Plasser & Theurer）公司签署了 RM80 型轨道清筛机、D08-32 型起拨道抄平捣固车、DGS-62N 型道床动力稳定车以及 SSP-103 型配砟整形车各 1 台的订货合同。同年 10 月，铁道部利用日元贷款再次订购了同样型号的捣固车 3 台、稳定车 2 台、配砟车 2 台。次年下半年，这批由奥地利进口的大型养路机械依次到达天津新港，配属给沈阳铁路局锦州第一线路大修段 4 台、北京铁路局北京机械化养路队 7 台。1985 年，北京局使用大型养路机械在京秦线进行了线路维修试验，共完成线路维修 302.2 km，沈阳局使用大型养路机械在沈山线、大郑线进行了线路大修试验，共完成线路大修 34 km，两项试验取得了圆满成功，从而开创了我国铁路大型养路机械作业的新局面。

　　40 多年来，大型养路机械在维护、改善主要干线线路质量、提速扩能、新线开通、保证行车安全和促进工务修程修制改革等方面都取得了显著的成果，大型养路机械已成为在我国铁路新线开通和线路维修中不可缺少的重要工具。与此同时，借鉴国外的经验，基于我国铁路的实际，也确立了我国铁路大型养路机械的发展模式,并且形成了具有中国特色的管理体系。目前,发展大型养路机械已成为铁路快速发展的重要内容,并且被确定为衡量我国铁路技术进步程度的重要指标。我国铁路大型养路机械已进入了持续、规范发展的新阶段。高速铁路建成后,无论是保证开通速度达到设计速度,还是有砟轨道的修理作业,都离不开大型养路机械。

目前我国使用的大型养路机械主要有线路捣固车、道岔捣固车、动力稳定车、清筛机、配砟整形车、钢轨打磨车等。经过捣固车和稳定车作业,在线路允许速度小于或等于 160 km/h 的区段,线路的稳固水平有了进一步的提高。大型养路机械的使用为铁路运输的快速发展提供了更坚实的基础,但在我国铁路发展的新形势下,铁路养护的大型机械化工作依然任重而道远。

▶ 任务 2　铁路大型养路机械在国际上的发展

国际上,铁路大型养路机械的发展大致可分为三个阶段。

1. 第一阶段:第二次世界大战结束到 20 世纪 60 年代初

各国在全力以赴恢复国民经济的进程中,确立了铁路在国民经济发展中的战略地位,从而对铁路提出了迅速提高运输能力的要求。新建、改建和修复铁路的任务量大增,设计和生产新型、成套、高效的线路机械设备已成为各国铁路部门面临的重大挑战,线路机械工业在这种形势下开始蓬勃发展。在此阶段,工业发达国家首先发展的是能替代线路作业中主要工序所需劳力的机械设备,如铺轨、道床清筛、铺砟、道床配型、捣固和起拨道等耗费大量人工的项目所需设备。由于大幅度降低了每千米线路作业的用工量,机械化作业取得了明显的经济效益,铁路养路机械的迅速发展在各国经济复苏中发挥了重要作用。

2. 第二阶段:从 20 世纪 60 年代初到 20 世纪 70 年代末

进入 20 世纪 60 年代,各国经济全面发展,各种运输方式对铁路的垄断地位提出了挑战。在这种历史条件下,20 世纪 60 年代中期,国际上出现了高速铁路、重载铁路和繁忙铁路。客运列车的速度超过了 200 km/h,货运列车的轴重增加到 20 t 以上,大功率机车提高了单机的牵引力,出现了"万吨列车"。应客运列车舒适性的要求,列车各方向的稳定、车内外无线通信、通风、空调、隔声的条件均有提高,从而提高了铁路的客运竞争力。这就要求铁路部门提高线路结构的质量和线路作业的标准,缩短维修周期,加大作业量。这种情况的出现迫使各国铁路和相应厂商开始研究线路作业新的组织工艺,改造旧的线路机械,以适应高速、重载和繁忙线路发展的需要。

在此阶段,线路机械发展的特点是:出现了一批成套的大型和小型的机械;大量使用现代化新技术,如计算机技术、自动化控制、激光、红外线、光电液压技术以及新材料;整机结构越来越大、越来越重;机械化程度和效率越来越高。

3. 第三阶段：从 20 世纪 80 年代初至今

各国运输业间的竞争更为激烈，高速和重载铁路延展长度不断增加，引发了养路机械行业更加激烈的竞争。在竞争中，养路机械更趋大型化、高效化、智能化。

在线路维修作业中，可同时进行三枕连续式捣固和稳定作业的 09 - 3X 型捣固稳定综合作业车已在西方国家得到广泛使用。在此基础上，一种更加先进的集四枕连续式捣固、动力稳定于一身的 09 - 4X 型综合作业车正在不断推广。此外，还有 09 - 3XDynamic 型综合作业车，可以集双枕式连续捣固、动力稳定和道床整形于一身，完成线路整修的全部作业。

在线路大修作业中，西方国家继续采用分开式的工艺。在干线上，一般开设 5～10 h 以上的"天窗"，用大修列车分别回收和铺设钢轨、轨枕（扣件由人工回收和铺设），然后再清筛道床，补充道砟，最后用联合作业机组整形、捣固、起拨道、抄平与稳定道床。这种作业工艺的质量和效率都是相当高的，撤除"天窗"后，列车可以按原速运行，不需减速。这个时期又出现了新一代大修列车，但结构和作业工艺没有大的变化，设计效率为 500～550 m/h。如瑞士马蒂萨（Matisa）公司的 P90LS 型，效率为 530 m/h，全长 44.62 m，质量 110 t。奥地利普拉塞·陶依尔公司根据各国铁路要求，为意大利、法国和澳大利亚分别生产了 SUM1000I、SVM1000 和 SMD80G 型大修列车，效率则视"天窗"时间而定，平均为 500 m/h。20 世纪 80 年代后期，澳大利亚天勃公司采用了马蒂萨公司 P90LS 型设计，生产了 P811S 型大修列车，从而也参与了这项机械的国际竞争。

纵观各国铁路线路作业机械化的发展，经济发达国家的线路作业机械化程度达 90% 左右，线路作业每千米用工量只是半个世纪前的几十分之一，所用现代化大、中、小型线路机械（包括各种大型机械动力装置的功率在 1 000 kW 以上、质量大于 200 t，自行速度达 100 km/h 以及小型手提式、质量只有几千克的手动机具）大约有 100 多个品种，不少已属高技术机械设备。

从上述三个阶段线路作业机械化的发展可以看出，发达国家的机械化作业与其国民经济的增长、铁路运输的发展、现代化科学技术的进步有着密切的关系。此外，西方国家劳动力缺乏、劳动力市场价格的增长速度远远超出原材料和设备价格的增长，也促进了机械化作业的发展。

项目二　常用大型养路机械性能特点

大型养路机械种类繁多,我国目前使用的大型养路机械主要有 DC-32 型捣固车、DCL-32 型捣固车、CDC-16 型道岔捣固车、WD-320 型动力稳定车、QS-650 型清筛机、SPZ-200 型配砟整形车、PGM-48 型钢轨打磨车等。本项目将简要介绍常用大型养路机械主要车型的结构、性能和作业特点,使初学者对这些车型有一个基础性的了解。

任务1　捣固车

捣固车用在铁道线路新线建设、旧线大修清筛和既有线路维修作业中,能对轨道进行起道抄平、拨道、石砟捣固及道肩石砟的夯实作业。作业后可使轨道方向、左右水平和前后高低均达到线路设计标准或线路维修规则的要求,提高道砟的密实度,增强轨道的稳定性,保证列车安全运行。

捣固车
(视频)

一、捣固车分类

按照不同的划分方式,捣固车可分为以下几种类型。

(1)按照同时能捣固轨枕数目分为单枕捣固车、双枕捣固车和多枕捣固车,如 CDC-16 型捣固车是单枕捣固车,DC-32、DCL-32 型捣固车是双枕捣固车,DWL-48 型捣固车是多枕捣固车。

(2)按作业对象分为线路捣固车和道岔捣固车,如 DC-32、DCL-32、DWL-48 型捣固车是线路捣固车,CDC-16 型捣固车是道岔捣固车。

(3)按走行方式分为步进式捣固车和连续式捣固车,如 DC-32、CDC-16 型捣固车是步进式捣固车,DCL-32、DWL-48 型捣固车是连续式捣固车。

(4)按功能分为多功能捣固车和单功能捣固车。

除此以外,还有防尘、防噪声等特殊功能捣固车。

目前我国常用的捣固车型号为 DC-32、DCL-32 和 CDC-16 型捣固车。本任务将从结构、作业条件、技术性能和作业特点几个方面介绍这三种型号的捣固车。

二、DC-32 型捣固车

1.结构

DC-32 型捣固车装有 32 把捣固镐,可以同时捣固 2 根轨枕,作业走行是步进式,为多功能的线路捣固车。主车由两轴转向架、专用车体和前后司机室、捣固装置、夯实装置、起拨道装置、检测装置、液压系统、电气系统、气动系统、动力传动系统、制动系统、操作装置等组成。附属设备有材料车、激光准直设备、线路测量设备等。DC-32型捣固车外观如图1-1所示,结构如图1-2所示。

图1-1　DC-32型捣固车外观图

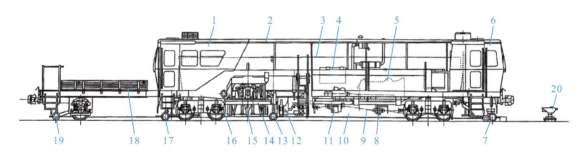

1—后司机室;2—中间车顶;3—抄平弦;4—油箱;5—柴油机;6—前司机室;7—D点小车;8—分动箱;
9—传动轴;9—拨道弦;11—液力机械变速箱;12—起拨道装置;13—C点小车;14—夯实器;15—捣固装置;
16—转向架;17—B点小车;18—材料车;19—A点小车;20—激光发射器。

图1-2　DC-32型捣固车结构示意图

　　DC-32型捣固车液压系统由各种不同功能的液压元件组成,可分为以下液压回路:油泵及振动油马达回路、捣固装置升降及捣固镐夹持液压回路、捣固装置横移及夯拍器升降液压回路、起拨道装置及作业走行油马达液压回路、制动及支撑油缸液压回路。

　　DC-32型捣固车整车的电气系统可分成作业控制系统和辅助控制系统两大部分。

2. 作业条件

　　DC-32型捣固车作业条件见表1-1。

表 1-1　DC-32 型捣固车作业条件

项目	作业条件	项目	作业条件
钢轨	50 kg/m、60 kg/m、75 kg/m	线路最大坡度	33‰
轨枕	木枕或混凝土枕	最小作业曲线半径	120 m
道床	碎石道床	最小运行曲线半径	100 m
作业线路	单线或线间距 4 m 及以上的复线与多线	环境温度	−10 ℃～+40 ℃
轨距	1 435 mm	特殊环境	可在雨天和夜间及风沙、灰尘严重的情况下作业
线路最大超高	150 mm		

3. 主要技术性能

DC-32 型捣固车主要技术性能见表 1-2。

表 1-2　DC-32 型捣固车主要技术性能

项目	性能参数	项目	性能参数
外形尺寸	长 23 330 mm 宽 3 100 mm 高 3 650 mm	传动方式	液力机械传动（高速运行） 液压传动（作业走行）
质量	约 50.5 t	最大起道量	150 mm
最高双向自行速度	80 km/h	最大拨道量	±150 mm
最高连挂运行速度	100 km/h	最大捣固深度	570 mm（由轨顶面向下）
柴油发动机功率	235 kW	测量系统精度	1 mm
作业效率	1 000～1 300 m/h	横向水平作业精度	±2 mm
自运行制动方式	空气排风制动，一次缓解，缓解时间<10 s	纵向高低作业精度	4 mm（直线 10 m 距离两测点间高差）
单车紧急制动距离	≤400 m（以 80 km/h 运行）	拨道作业精度	±2 mm（16 m 弦 4 m 距离两点正矢最大差值）
作业走行制动方式	液压制动		

4. 作业特点

DC-32 型捣固车是铁路线路维修的主要大型养路机械设备，在铁路线路修理、既有线路提速改造和新线建设中得到广泛应用。捣固装置作用于捣固钢轨两侧的枕底道砟，提高枕底道砟的密实度，并与起拨道装置相配合，消除轨道的高低不平顺和轨向不良，增强轨道的稳定性。起拨道装置作用于钢轨头部，使轨排产生位移，结合捣固装置，改善轨道的几何尺寸，提高轨道的平顺性。夯实装置作用于道床肩部,通过夯实道床肩部的石砟来提高道床的横向阻力,增加轨道的稳定性。

如图1-2所示,该车B点和D点小车之间装有左右抄平弦,可以将左右2根钢轨的实际高低情况输入抄平系统,控制起道装置进行自动抄平工作。A点和D点小车之间装有拨道弦,可以自动检测小车加载方向钢轨的实际轨向参数,输入拨道系统进行自动拨道工作。长大直线上还可通过激光发射器自动给定轨向偏移数据实现精确拨道。前司机室的GVA(线路几何形状自动调整)计算机系统可以预先输入线路资料,作业时自动向作业系统输出各项理论值,以实现自动化作业。

二、DCL-32型捣固车

1. 结构

DCL-32型捣固车也有32把捣固镐,可以同时捣固2根轨枕,作业走行方式为连续式,在DC-32型捣固车的结构基础上,增加了工作小车、记录弦张紧小车、抄平小车和自动捣固电气系统,附属设备增加了道砟犁等。卫星小车与捣固装置、左右起拨道装置、拨道小车、抄平小车采用整体化构造,在作业过程中卫星小车根据作业需要独自步进式运行,并不与整车走行相干扰,此时整车还可以根据一定速度连续走行。道砟犁可以自动清扫高出轨面的石砟,方便起道夹钳对钢轨进行夹持。DCL-32型捣固车外观如图1-3所示,结构如图1-4所示。

图1-3 DCL-32型捣固车外观图

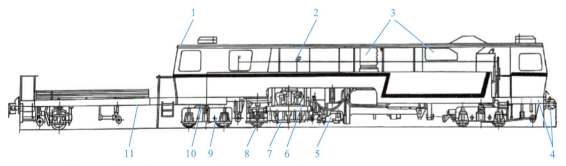

1—司机室及中间顶棚;2—测量系统;3—柴油机及传动系统;4—钩缓装置;5—起拨道装置;
6—枕端夯拍装置;7—捣固装置;8—工作小车及走行装置;9—转向架;10—车架;11—材料小车。

图1-4 DCL-32型捣固车结构示意图

2. 作业条件

DCL-32型捣固车作业条件见表1-3。

表1-3　DCL-32型捣固车作业条件

项目	作业条件	项目	作业条件
钢轨	50 kg/m、60 kg/m、75 kg/m	线路最大坡度	33‰
轨枕	木枕或混凝土枕	最小作业曲线半径	250 m
道床	碎石道床	最小运行曲线半径	180 m
作业线路	单线或线间距4 m及以上的复线与多线	环境温度	-10 ℃～+50 ℃
轨距	1 435 mm	特殊环境	可在雨天和夜间及风沙、灰尘严重的情况下作业
线路最大超高	150 mm		

3. 主要技术性能

DCL-32型捣固车主要技术性能见表1-4。

表1-4　DCL-32型捣固车主要技术性能

项目	性能参数	项目	性能参数
外形尺寸	长26 500 mm 宽2 990 mm 高3 600 mm	传动方式	液力机械传动(高速运行) 液压传动(作业走行)
质量	约63.5 t	最大起道量	150 mm
最高双向自行速度	90 km/h	最大拨道量	±150 mm
最高连挂运行速度	100 km/h	最大捣固深度	560 mm(由轨顶面向下)
柴油发动机功率	348 kW	测量系统精度	1 mm
作业效率	1 000～1 300 m/h	横向水平作业精度	±2 mm
自运行制动方式	空气排风制动,一次缓解,缓解时间<10 s	纵向高低作业精度	4 mm(直线10 m距离两测点间高差)
单车紧急制动距离	≤400 m(以80 km/h运行)	拨道作业精度	±2 mm(16 m弦4 m距离两点正矢最大差值)
作业走行制动方式	液压制动		

4. 作业特点

DCL-32型捣固车是具有较高的作业精度和作业效率的大型养路设备。该车采用整车与卫星小车分离的新结构,作业时整车连续匀速向前运行,卫星小车根据作业情况步进式前行。DCL-32型捣固车整车作业时可以连续走行,相比DC-32型捣固车而言,节约了整车随工作装置同步频繁液压起动和制动的时间,减少了机械磨耗,提高了作业效率和操作者的工作舒适度。

该车能进行起道、拨道、抄平、钢轨两侧枕下道砟捣固和枕端道砟夯实作业。ALC(自动电平控制)计算机系统除能完成GVA系统的所有功能外,还可以利用测量运行系统,对作业前、后线路的轨道几何参数进行测量及记录,并通过控制系统,实现按设定的轨道几何参数进行作业。作业时,卫星小车相对于整车的位移量自动参与作业运算,从而可以对应给出工作装置在每个位置时的作业理论值。作业后使轨道方向、左右水平和前后高低均达到线路设计标准或线路维修规则的要求。

三、CDC-16型道岔捣固车

1. 结构

CDC-16型道岔捣固车结构主要由转向架、车架、前后及作业司机室、捣固装置、枕端夯实装置、起拨道装置、辅助起道装置、工作小车和转向架、测量小车、液压系统、电气系统、气动系统、动力传动系统、制动系统及材料小车等部分组成。该型捣固车是一种结构先进的自行式、多功能线路机械,集机、电、液、气于一体,采用了电一液伺服控制、自动检测、微机控制和激光准直等先进技术,能够实现对道岔和线路捣固作业,具有操作简单、性能良好、作业高效的特点。该车型在具体结构上与DC-32型大为不同,只有16个捣固镐头,属于单枕捣固车。在整车中部增加了一个单独的作业司机室,有4个可以单独控制的捣固装置,并没有滑移回转装置、伸缩旋转装置、拨道弦自动横移装置、起道钩装置、道砟犁清扫装置,附属设备增加了一个主柴油箱等。CDC-16型道岔捣固车外观如图1-5所示,结构如图1-6所示。

图1-5 CDC-16型道岔捣固车外观图

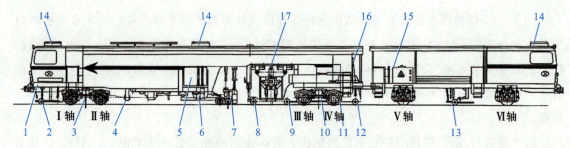

1—前司机室;2—前张紧小车(E点);3—前转向架;4—动力传动系统(主驱动);5—作业司机室;6—辅助起道装置;7—起拨道装置;8—拨道正矢小车(D点);9—记录弦张紧小车(C点);10—后转向架;11—辅助驱动;12—拨道测量小车(B点);13—后张紧小车(A点);14—空调器;15—柴油箱;16—走廊;17—捣固装置。

图 1-6 CDC-16型道岔捣固车结构示意图

2. 作业条件

CDC-16型道岔捣固车作业条件见表 1-5。

表 1-5 CDC-16型道岔捣固车作业条件

项目	作业条件	项目	作业条件
钢轨	50 kg/m、60 kg/m、75 kg/m	线路最大坡度	33‰
轨枕	木枕或混凝土枕	最小作业曲线半径	180 m
道床	碎石道床	最小运行曲线半径	180 m
作业线路	单线或线间距 4 m 及以上的复线、多线和复线转辙、道岔及交叉区间	环境温度	−10 ℃～+50 ℃
轨距	1 435 mm	特殊环境	可在雨天、夜间、风沙或灰尘严重的情况下作业
线路最大超高	150 mm		

3. 主要技术性能

CDC-16型道岔捣固车主要技术性能见表 1-6。

表 1-6 CDC-16型道岔捣固车主要技术性能

项目	性能参数	项目	性能参数
外形尺寸	长 32 200 mm	传动方式	液力机械传动(高速运行)
	宽 3 080 mm		液压传动(作业走行)
	高 3 790 mm		

续表

项目	性能参数	项目	性能参数
质量	约 96 t	最大起道量	150 mm
最高双向自行速度	90 km/h	最大拨道量	±150 mm
最高连挂运行速度	100 km/h	最大捣固深度	560 mm（由轨顶面向下）
柴油发动机功率	348 kW	测量系统精度	1 mm
单车紧急制动距离	≤400 m（以 80 km/h 运行）	横向水平作业精度	±2 mm
作业走行制动方式	液压制动	纵向高低作业精度	4 mm（直线 10 m 距离两测点间高差）
自运行制动方式	空气排风制动，一次缓解，缓解时间＜10 s	拨道作业精度	±2 mm（16 m 弦 4 m 距离两点正矢最大差值）
作业效率 平直线路	0～500 m/h		
作业效率 12 号单开道岔	不超过 35 min		

4. 作业特点

CDC-16 型道岔捣固车主要用于道岔维修作业，在封锁线路的条件下，能够对单线、复线、多线及复线转辙、道岔和交叉区间进行拨道、起道抄平、钢轨两侧枕下道砟捣固和枕端道砟夯实作业。CDC-16 型道岔捣固车装有 ALC 计算机系统，它的功能和使用方法和 DCL-32 型捣固车一样，具备测量运行系统。在普通线路上作业时，采用线路捣固模式，该车 4 个单独的捣固装置在作业主操作人员的单独控制下同时下插或提升，并且左右两侧的内外捣固框架均不分离，此时作业方式与 DC-32 和 DCL-32 型捣固车类似。在道岔上作业时，采用道岔捣固模式，此时由 2 名作业操作人员分别控制左右两侧的捣固装置，根据道岔上复杂的结构全方位灵活调整捣固装置以满足下镐要求，还可根据需要将外侧捣固框架分离出来满足第 3 根钢轨的捣固。起道方式可根据需要选择起道钩或夹轨轮起道，一般在线路上采用夹轨轮起道，道岔上采用起道钩起道。长枕木起道困难地段还可使用辅助起道装置增加起道力，进行第 3 根钢轨的起道。通过捣固可以大大提高作业区域道砟的密实度，增强轨道的稳定性，保证列车安全运行。

根据 DC-32、DCL-32 和 CDC-16 型捣固车各自不同的结构、性能和作业特点，在实际运用中可根据线路特点进行选择。对于新建或大修原始几何参数较差线路（如山区、小半径、起拨道量较大的线路）的修理作业一般使用 DC-32 型捣固车；对于提速原始几何参数较好线路（如平原、长大直线及大半径、起拨道量较小的线路）的修理作业一般使用 DCL-32 型捣固车；对于道岔区域和附属设备较多的复杂地段的修理作业使用 CDC-16 型道岔捣固车。

任务 2 　清筛机

轨道线路在运营过程中,会发生变形、磨耗、破损、腐蚀、脏污及老化,因此要对其进行养护与维修,以使其处于正常可靠的工作状态,保证行车安全。对碎石道床而言,当其不洁度超过 30% 时,应该进行清筛。道床清筛是线路大修任务中一项工作量大、劳动强度高的作业项目,我国已逐渐采用道砟清筛机来完成。道砟清筛机是用来清筛道床中道砟的大型机械,它将脏污的道砟从轨枕底挖出,进行筛分后,将清洁道砟回填至道床,将筛出的污土移至线路外。随着清筛机械的发展,道砟清筛机的功能不断增多,如可用清筛机进行垫砂、铺土工纤维布、抛床等作业。

清筛机
（视频）

一、清筛机分类

清筛机种类繁多,按作业条件、机械功能、挖掘机构形式,可将清筛机分为不同种类。

(1)按作业条件分为封锁线路作业式清筛机和不封锁线路作业式清筛机。其中,封锁线路作业式清筛机有大揭盖式和轨行式两种形式。大揭盖式清筛机是在拆除轨排后的道床上进行作业的,如国产 TDS-1 型清筛机;轨行式清筛机不需拆除轨排直接在运行的过程中完成作业,如 QS-650 型全断面清筛机和 QS-300 型清筛机。

(2)按机械功能分为全断面清筛机和边坡清筛机。全断面清筛机作业时,一次对道床全部断面上的道砟进行清筛,如 QS-650 及 QS-300 型等;边坡清筛机只能清筛道床两边边坡部分的道砟,如 BS-550 型边坡清筛机以及中车北京二七机车有限公司生产的 SBC27-31 边坡清筛机。

(3)按挖掘机构形式分为新侧切式、耙链式、犁铲式和斗轮式清筛机。

二、QS-650 型清筛机

QS-650 型清筛机是轨行式的大型全断面清筛机,已在我国得到广泛应用。本任务从结构、作业条件、技术性能和作业特点几方面介绍这种车型。

1. 结构

QS-650 型清筛机一般由动力装置、车体、转向架、工作装置和操作控制系统等组成,采用前方弃土式总体布置的设计方案。车架安装在两台带动力驱动的转向架上。车架平台上两端设有前、后司机室和前、后机械室。司机室内装有用于行驶、作业操纵的各种控制仪表、元件等。机械室内安装有柴油发动机、主离合器、弹性联轴器、万向传动装置、分动齿轮箱等组成的动力传动系统。车架中部设有道床挖掘装置、道砟筛分装置、道砟分配回填装置及污土输送装置。车架下则装有举升器、起拨道装置、左右道砟回填输送带、后拨道装置和道砟清扫装置等。气动、液压、电气控制系统的管道与线路布置在车架的主梁上。

QS-650 型清筛机采用两台双轴动力转向架。清筛机走行由液压马达驱动,通过操作控制,可实现清筛作业低速走行和区间运行,车辆采用空气制动系统。

动力装置选用两台德国道依茨股份有限公司制造的BF12L513C型风冷柴油机。前发动机不仅为机器作业提供动力,还为所有输送带、液压油缸提供动力;后发动机除了为作业或运行提供动力外,还为驱动挖掘链、振动筛等机构提供动力。

QS-650型清筛机的前司机室的运行操纵司机座位布置在走行方向的左侧;作业司机座位面对挖掘装置水平导槽,作业时司机通过窗户可监控挖掘、清筛、回填等作业的全过程。后司机室内的运行操纵司机座位同样布置在走行方向的左侧;操纵人员通过后机房走道可到工作平台上观察控制道砟筛分、导流、回填等作业。司机室密封、隔声,司机前、侧方有带刮雨器的大玻璃,司机视野宽阔,同时设有冷暖空调,提高司机操作舒适性。

QS-650型清筛机外观如图1-7所示,结构如图1-8所示。

图1-7 QS-650型清筛机外观图

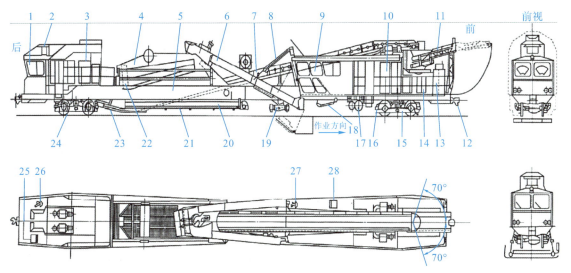

1—后司机室;2—空调装置;3—后发动机室;4—筛分装置;5—车架;6—挖掘装置;7—主污土输送带;8—导槽升降油缸;9—前司机室;10—前发动机室;11—回转污土输送带;12—车钩;13—油箱;14—工具箱;15—前转向架;16—车轴齿轮箱;17—气动元件;18—举升器;19—起拨道装置;20—道砟回填输送带;21—后拨道装置;22—道砟导向装置;23—道砟清扫装置;24—后转向架;25—后司机座位;26—后双音报警喇叭;27—前双音报警喇叭;28—前司机座位。

图1-8 QS-650型清筛机结构示意图

2. 作业条件

QS-650型清筛机作业条件见表1-7。

表1-7　QS-650型清筛机作业条件

项目	作业条件	项目	作业条件
钢轨	50 kg/m、60 kg/m、75 kg/m	最小作业曲线半径	250 m
轨枕	木枕或混凝土枕	最小运行曲线半径	180 m
道床	碎石道床	环境温度	-10 ℃~+50 ℃
轨距	1 435 mm	特殊环境	可在雨天、夜间、风沙或灰尘严重的情况下作业
线路最大坡度	33‰		

3. 主要技术性能

QS-650型清筛机主要技术性能见表1-8。

表1-8　QS-650型清筛机主要技术性能

项目	性能参数	项目	性能参数
外形尺寸	长 31 345 mm	柴油机功率	348 kW
	宽 3 150 mm	挖掘机功率	277 kW
	高 4 740 mm	传动方式	液压传动
质量	88 t	自运行制动方式	空气排风制动,一次缓解、缓解时间<10 s
最高双向自行速度	80 km/h		
最高连挂运行速度	100 km/h	作业走行制动方式	液压制动
作业走行速度	0~1 000 m/h	单车紧急制动距离	≤400 m(以 80 km/h 运行)
作业效率	650 m³/h	筛分装置驱动功率	43 kW
挖掘装置形式	五边形封闭耙链式	筛网有效面积	25 m²
挖掘深度	1 000 mm(由轨顶向下)	筛网层数	3 层
挖掘宽度	4 030~5 030 mm	最大筛分能力	650 m³/h

4. 作业特点

QS-650型清筛机是内燃机驱动、全液压传动的大型线路机械。该机作业时在线路轨道上低速行驶,可在不拆除轨排的情况下穿过轨排下部、呈五边形封闭的挖掘链,靠耙齿将道砟挖起并经导槽提升到筛分装置上。脏污道砟通过振动筛的筛分后,符合清洁标准的道砟经道砟溜槽、导板回填到线路上。碎砟及污土经输送带、回转污土输送带输送到线路两侧或卸到物料运输车上。QS-650型清筛机具有以下作业特点：

（1）通过穿入轨排下的挖掘链运动，实现道床全断面上道砟的挖掘，将脏污的道砟从轨枕底下挖出，经筛分装置筛分后，将清洁道砟回填至道床，污土抛至规定区域。

（2）在标准挖掘链的基础上，采用水平导槽加长节来加宽挖掘宽度，使得清筛机既适用于标准线路，又可清筛道床断面较宽的特殊区段，最大挖掘宽度可达5 030 mm。

（3）筛分装置采用多层可更换筛网尺寸的振动筛，能够适用于多种粒径的道砟。

（4）清筛机设有前起拨道装置和后拨道装置。作业时，前起拨道装置对钢轨进行起道和拨道，可以减少挖掘阻力，避开障碍物；后拨道装置能将轨道拨道后放回指定位置。

（5）道砟分配装置分配直接落到道床上或落到回填输送带后再撒落至道床上的道砟，把清洁的道砟输送到挖掘链后，并均匀地撒布到两钢轨外侧的道床上。

（6）平砟器及道砟清扫装置将回填到轨枕或枕下的道砟推刮平整，并消除回填时落到钢轨、轨枕上的道砟。

任务3　动力稳定车

动力稳定车
（视频）

动力稳定车是用于线路清筛、捣固作业后，为了巩固作业效果，增强道砟密实度和道床稳定性的大型养路机械。我国于1993年5月成功制造了第一台WD-320型动力稳定车，填补了我国在该行业的空白。本任务将从结构、作业条件、技术性能和作业特点几个方面介绍WD-320型动力稳定车。

1. 结构

WD-320型动力稳定车主要由转向架、专用车体、前后司机室、稳定装置、单弦与双弦检测装置、液压系统、电气系统、气动系统、动力走行传动系统、制动系统、车钩缓冲装置等组成。WD-320型动力稳定车外观如图1-9所示，结构如图1-10所示。

（1）柴油发动机与主动轮之间的传动部件总称为走行传动系统，它是将柴油发动机的输出功率通过液压传动装置、动力换挡变速箱、分动箱、车轴齿轮箱和传动轴等传动部件传递给主动轮，满足动力稳定车运行和作业走行的需要。

（2）稳定装置是动力稳定车的主要作业装置，由液压马达、传动轴、激振器、垂直油缸、水平油缸、夹钳油缸、夹轨轮、走行轮和四杆机构等组成。

（3）转向架是将2个和2个以上的轮对，按规定的轴距用侧架或构架连成一体，并装有减振弹簧的独立结构，它与车架采用中心销连接，进行承载和传力。

(4)测量系统是单弦、双弦、电子摆3套相互独立的测量系统的总称,这3套测量系统又分别称为单弦测量系统、双弦测量系统和电子摆,作业时,它们分别测量线路的方向、高低和水平。

(5)液压系统按其职能分为4个独立的液压回路,即振动驱动回路、作业走行回路、作业机构控制回路和冷却回路。

(6)电气系统是动力稳定车运行和作业的控制核心,既要能保证运力稳定车在区间的正常运行,又要保证在作业时准确地控制和精确地测量。电气系统包括柴油发动机与液力变矩器控制系统、信号联锁与显示系统、模拟抄平控制系统、程序控制系统。

(7)制动系统由风源、制动机和基础制动3个分系统组成。

图1-9　WD-320型动力稳定车外观图

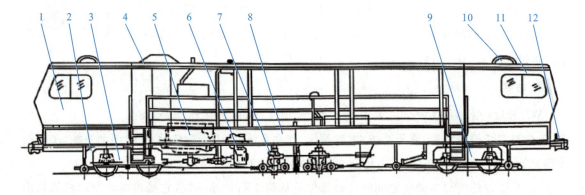

1—后司机室;2—主动转向架;3—基础制动系统;4—顶棚;5—柴油发动机;6—走行传动系统;7—稳定装置;8—车架;9—从动转向架;10—空调与采暖设备;11—前司机室;12—车钩缓冲装置。

图1-10　WD-320型动力稳定车结构示意图

2.作业条件

WD-320型动力稳定车作业条件见表1-9。

项目二　常用大型养路机械性能特点

表 1-9　WD-320 型动力稳定车作业条件

项目	作业条件	项目	作业条件
钢轨	50 kg/m、60 kg/m、70 kg/m	线路最大坡度	33‰
轨枕	木枕或混凝土枕	最小作业曲线半径	180 m
道床	碎石道床	最小运行曲线半径	100 m
作业线路	单线或线间距 4 m 及以上的复线和多线	环境温度	-10 ℃~+50 ℃
轨距	1 435 mm	特殊环境	可在雨天、夜间、风沙或灰尘严重的情况下作业
线路最大超高	150 mm		

3. 主要技术性能

WD-320 型动力稳定车主要技术性能见表 1-10。

表 1-10　WD-320 型动力稳定车主要技术性能

项目	性能参数	项目	性能参数
外形尺寸	长 18 942 mm 宽 2 700 mm 高 3 970 mm	传动方式	液力机械传动（高速运行） 液压传动（作业走行）
最高双向自行速度	80 km/h	柴油发动机功率	348 kW
最高连挂运行速度	100 km/h	质量	60 t
作业走行速度	0~2.5 km/h	自运行制动方式	空气排风制动，一次缓解，缓解时 <10 s
单车紧急制动距离	≤400 m（以 80 km/h 运行）	作业走行制动方式	液压制动
振动频率	0~45 Hz	总激振力	0~320 kN

4. 作业特点

WD-320 型动力稳定车是模拟列车运行时对轨道产生的压力和振动等综合作用而工作的。作业时，由 1 台液压马达同时驱动两套稳定装置的 2 个激振器，使激振器和轨道产生强烈的同步水平振动。轨道在水平振动力的作用下，道砟重新排列和密实。与此同时，稳定装置的垂直油缸分别给予两侧钢轨向下的压力，使轨道均匀下沉，并达到预定的下沉量。

在作业过程中，动力稳定车是进行连续作业的，轨道的下沉量是自动控制的。在中间测量小车两侧的测量杆上，各装有一个高度传感器。高度传感器分别与双弦测量系统中的每条钢弦连接，可以实时测量左右钢轨的实际高度，然后输入作业系统驱动垂直油缸对轨道产生相应的下压力,最终使轨道达到预定的下沉量。动力稳定车作业后,能够迅速地提高线路的横向阻力和道床的整体稳定性,特别是对于刚捣固完的线路可以起到很好的巩固作用。

▶ 任务 4　配砟整形车

配砟整形车是对铁路进行新建、大修和维修的大型机械化作业的重要机械之一,它具有抛砟、配砟、整形和清扫轨枕面等作用。配砟整形车可编挂于捣固车之前,使捣固前道床断面成形、布砟均匀、方便捣固,也可编挂于捣固车之后,使捣固后道床得到进一步整理成形,同时将散落在轨枕或扣件上的道砟清扫干净。本任务将从结构、作业条件、技术性能和作业特点几个方面介绍SPZ-200型配砟整形车。

配砟整形车
(视频)

1. 结构

SPZ-200型配砟整形车由发动机、传动装置、制动系统、走行装置、走行和作业液压系统、清扫装置、中犁、侧犁、车架、牵引缓冲装置、电气操作系统及司机室等组成。SPZ-200型配砟整形车外观如图1-11所示,结构如图1-12所示。

图1-11　SPZ-200型配砟整形车外观图

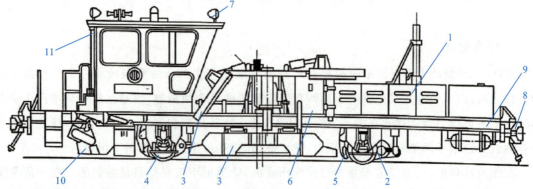

1—发动机室;2—传动装置;3—作业装置;4—走行装置;5—基础制动系统;6—液压油箱;7—大灯;8—牵引装置;9—车架;10—清扫装置;11—司机室。

图1-12　SPZ-200型配砟整形车结构示意图

（1）动力传动系统由风冷柴油机、万向传动轴、分动齿轮箱、高压油泵、液压马达、车轴齿轮箱等组成。

（2）工作装置是完成配砟整形作业功能的执行机构，由侧犁、中犁和清扫装置组成。侧犁和中犁的主要功能是完成道床的配砟及整形作业，使作业后的道床布砟均匀，并按照线路的技术要求使道床断面成形。清扫装置的作用是将作业过程中残留于轨枕及扣件上的道砟清扫干净，并移至边坡和砟肩，使线路外观整齐美观。

（3）液压系统包括走行驱动系统和作业机构控制系统。

（4）电气系统按照控制功能分为电源和柴油发动机控制电路、液压走行电路、作业控制电路、照明电路、监视和报警电路、辅助控制电路。

2. 作业条件

SPZ-200型配砟整形车作业条件见表1-11。

表1-11 SPZ-200型配砟整形车作业条件

项目	作业条件	项目	作业条件
钢轨	50 kg/m、60 kg/m、75 kg/m	线路最大坡度	33‰
轨枕	木枕或混凝土枕	最小作业曲线半径	120 m
道床	碎石道床	最小运行曲线半径	100 m
作业线路	单线或线间距4 m及以上的复线和多线	环境温度	-10 ℃～+50 ℃
轨距	1435 mm	特殊环境	可在雨天、夜间、风沙或灰尘严重的情况下作业
线路最大超高	150 mm		
连续作业时间	≤6 h		

3. 主要技术性能

SPZ-200型配砟整形车主要技术性能见表1-12。

表1-12 SPZ-200型配砟整形车主要技术性能

项目	性能参数	项目	性能参数
外形尺寸	长 13 508 mm 宽 3 025 mm 高 3 900 mm	自运行制动方式	空气排风制动，一次缓解，缓解时间<10 s
最高双向自行速度	80 km/h	单车紧急制动距离	≤400 m（以80 km/h运行）
最高连挂运行速度	100 km/h	传动方式	液压传动

续表

项目	性能参数	项目	性能参数
作业走行速度	0~12 km/h	柴油发动机功率	348 kW
每侧最大作业宽度	3.3 m(由轨道中心起)	质量	28 t

4. 作业特点

SPZ-200型配砟整形车可以进行抛砟、配砟、整形和清扫轨枕面等作业。该车能通过中犁的不同组配和适当调整侧犁的转角完成对道床的配砟及整形作业,使作业后的道床布砟均匀,并按线路技术要求使道床断面成形。该车的清扫装置能将作业过程中残留于轨枕及扣件上的道砟清扫干净并收集,再通过输送带移向道床边坡,以达到线路外观整齐美观的效果。

(1)通过改变中犁装置的中犁板不同的启闭组合可以完成8种工况的配砟作业,道砟流向如图1-13所示。其中,图1-13(a)为移动道砟从轨道中心至砟肩,图1-13(b)为移动道砟从砟肩至轨道中心,图1-13(c)为移动道砟从轨道的左侧至右侧,图1-13(d)为移动道砟从轨道的右侧至左侧,图1-13(e)为将左侧砟肩道砟回填至右股钢轨内侧,图1-13(f)为将右侧道砟回填至左股钢轨内侧,图1-13(g)为将右股钢轨内侧道砟移至砟肩,图1-13(h)为将左股钢轨内侧道砟移至砟肩。

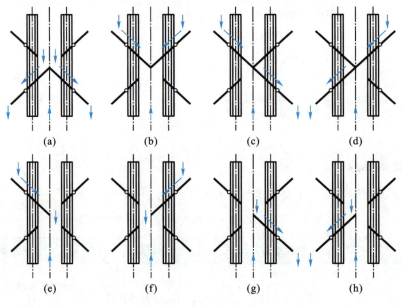

图1-13 道砟流向图

(2)通过改变侧犁装置的翼犁板角度,可以完成4种工况的运砟及道床整形作业,如图1-14所示。其中,图1-14(a)为将道砟从边坡移至枕端,图1-14(b)为将道砟沿线路方向运送,

图 1-14(c)为将道砟从枕端移至边坡,图 1-14(d)为整平路肩面。

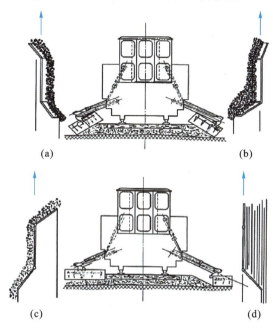

图 1-14 侧犁工况图

任务 5 钢轨打磨车

钢轨是轨道交通的主要部件,钢轨与列车的车轮直接接触,其质量的好坏直接影响到行车的安全性和平稳性。轨道交通开通运营之后,由于列车的动力作用、自然环境和钢轨本身质量等原因,钢轨经常会发生伤损情况(如裂纹、磨耗等),造成了钢轨寿命缩短、养护工作量增加、养护成本增加等问题,甚至严重影响行车安全。因此,就必须及时对钢轨伤损进行消除或修复,修复措施包括钢轨涂油、钢轨打磨等,其中钢轨打磨由于其高效性在世界各国铁路中广泛应用。

钢轨打磨车
(视频)

一、钢轨打磨策略

钢轨打磨主要是通过打磨机械或打磨列车对钢轨头部车轮滚动表面进行打磨,以消除或减少钢轨表面不平顺、轨头表面缺陷并将轨头轮廓恢复到原始设计要求,从而实现减缓钢轨表面缺陷发展、提高钢轨表面平滑度,进一步达到改善旅客乘车舒适度、降低轮轨噪声、延长钢轨使用寿命的目的。钢轨打磨有以下 4 种打磨策略。

1. 矫正性打磨(缺陷打磨)

该打磨策略的主要目的是消除或减少钢轨的缺陷,一般采用积极打磨的工序,预先设计好打磨量(0.5～4.6 mm)，并且作业间隔相对较长，通常由缺陷的严重程度来决定作业间隔。矫正性打磨并不是非常经济，主要是因为需要除去钢轨表面的大量金属，还要求有大量的打磨过程，减少了钢轨的潜在使用寿命。但是，为了确保钢轨不会在短期内失效，矫正性打磨是非常必要的，特别是在更换钢轨的预算较为紧张的时候，不过打磨后的钢轨在使用时可能会导致列车限速。

2. 过渡性打磨

该打磨策略是钢轨长期使用策略(3～6年)，目的是将矫正性打磨制度转变成预防性或周期性的打磨制度。这种策略需要经历数次打磨周期，特别是在钢轨养护不是很规范的时候。然而，从成本效果来看，过渡性打磨是一个较好的选择，可以保证有限资源的合理利用。

3. 预防性打磨或周期性打磨

由于主要的钢轨表面缺陷已经被矫正性打磨或过渡性打磨所消除，接下来就可以执行预防性打磨。这种打磨策略的目的是消除或控制钢轨表面缺陷、保证钢轨表面状态和外形的良好。通常需要移除少量金属(0.2～0.3 mm)，且打磨更为频繁和可控。

4. 特殊性打磨

这种打磨策略是为实现某种特殊目的而进行的打磨。

(1)实现特殊的钢轨断面形状。打磨量超过钢轨头部允许磨耗限度，从而延长钢轨短期使用寿命、减少车轮悬空的概率。经过这种打磨，将钢轨接触区沿车轮踏面横移，可以沿着轨道线路的方向将钢轨断面形状进行变化。

(2)实现一个非常平滑的钢轨接触表面，从而减少轮轨接触区噪声的发生。这种打磨策略在高速线路和城市轨道交通线路上的应用越来越普遍。经过特殊打磨工序，钢轨的表面粗糙度小于 $12.5~\mu m$，但最好的钢轨表面粗糙度是 $4～6~\mu m$，这时的最大钢轨打磨宽度为 4～6 mm。这种作业情况下，钢轨类型尤为重要，因为对于低硬度的钢轨，打磨的效果很快会被车轮所清除，而高硬度的钢轨，打磨效果会保持相当长的一段时间。

(3)实现最佳的打磨质量。通常要根据作业地段的线路等级、运输能力、钢轨断面目标、作业前钢轨状况、打磨周期、封锁时间等多方面因素来确定打磨策略。

二、PGM-48型钢轨打磨车

钢轨打磨车根据作业对象不同分为线路打磨车和道岔打磨车两种，目前线路打磨主要使用PGM-48型钢轨打磨车，道岔打磨主要使用RGH-20C和CMC-16型道岔打磨车。本任务从结构、作业条件、技术性能和作业特点几方面介绍PGM-48型钢轨打磨车。

1. 结构

PGM-48型钢轨打磨车总长63 m，总重256 t，由3节车体组成，每节车体有4组打磨头，全车12组共48个打磨头。前后两节车体各有一个司机室及一套运行系统,每小时可打磨钢轨9~16 km。控制车和动力车分别位于列车的两端,生活车位于列车中部。动力车由司机室、动力室、物料间、电气控制室4个部分组成;生活车由卧室、厨房、洗浴间、会议室4个部分组成;1号车是主控制车,由司机室、主动力室、辅助发电机室、电气控制室4个部分组成。PGM-48型钢轨打磨车外观如图1-15所示,结构如图1-16所示。

图1-15 PGM-48型钢轨打磨车外观图

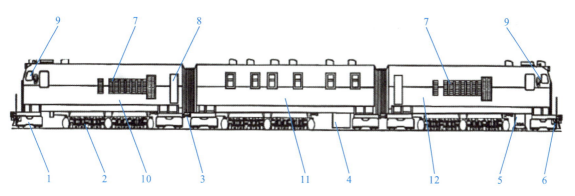

1—转向架;2—打磨小车;3—风挡连续;4—水系统;5—波磨检测小车;6—车钩及缓冲装置;7—机器间;8—维修间;9—司机室;10—3号动力车;11—2号生活车;12—1号控制车。

图1-16 PGM-48型钢轨打磨车结构示意图

PGM-48型钢轨打磨车由转向架、车架、牵引装置、打磨装置、防火装置、检测系统、液压系统、电气系统、气动系统、动力传动系统及制动系统等构成。

(1)主动力系统由1号车及3号车的柴油发动机提供。

(2)走行系统。PGM-48型钢轨打磨车走行系统由8根静液压驱动车轴组成,其中4根静液压驱动车轴安装在1号车上,4根静液压驱动车轴安装在3号车上。走行系统的动力来自增速齿轮箱所带动的液压泵,液压泵输出压力油传给装在车轴齿轮箱的双液压马达,实现走行。

(3)制动系统。PGM-48型钢轨打磨车装备有JZ-7型空气制动机,还装有弹簧制动系统,以提高车辆长时间停车的制动力,所有制动缸都有2个室,一个室有弹簧,用于提供车辆长时间停车的制动力,另一个室有一个模板,用于提供常规制动。

(4)打磨小车。打磨小车是一个承载装置,上面装有打磨头,PGM-48型钢轨打磨车每个打磨小车都装有8个磨头,每节打磨车装有2个打磨小车。在正常施工作业时,打磨小车始终处于工作位,2个磨头共同装在1个可转动梁上,其角度调整范围为+25°～-20°,横向移动范围为±50 mm,每个磨头(含电机和砂轮)在摇架范围内有±25°的调整范围,所以其总转角的调整范围为+50°～-40°。

(5)打磨控制系统。PGM-48型钢轨打磨车的打磨控制系统由3台独立的计算机控制3套电气和液压系统,它们分别位于每节打磨车上,每节打磨车都有自己的液压泵,这些泵是分别由1台电机带动,液压泵用来驱动各自油路。还有1个紧急泵被接入液压系统中,以便在紧急情况下可以升起打磨电机,紧急泵是由发动机的蓄电池驱动的。

(6)PGM-48型钢轨打磨车还配备有消防水和生活水系统。

2. 作业条件

PGM-48型钢轨打磨车作业条件见表1-13。

表1-13　PGM-48型钢轨打磨车作业条件

项目	作业条件	项目	作业条件
轨距	1 435 mm	线路最大坡度	33‰
线路最大超高	150 mm	最小运行曲线半径	110 m
环境温度	-10 ℃～+50 ℃	特殊环境	可在雨天、夜间、风沙或灰尘严重的环境下作业

3. 主要技术性能

PGM-48型钢轨打磨车主要技术性能见表1-14。

表1-14　PGM-48型钢轨打磨车主要技术性能

项目	性能参数	项目	性能参数
外形尺寸	长 63 000 mm	最高双向自行速度	80 km/h
	宽 2 900 mm	最高连挂运行速度	100 km/h
	高 4 300 mm	作业走行速度	2～16 km/h
柴油发动机功率	2×910 kW	磨头数量	48个

续表

项目	性能参数	项目	性能参数
主发电机功率	2×680 kW	磨头横向调节量	±50 mm
辅助发电机功率	77 kW	磨头摆角调节量	+50°～−40°
打磨电机功率	22 kW	磨头与钢轨纵向夹角	2°
质量	256 t	每遍平均打磨深度	0.2 mm

4. 作业特点

PGM-48型钢轨打磨车是一种结构复杂、控制先进的线路打磨机械,主要用于消除波磨、擦伤和剥离等钢轨损伤及新线钢轨的预防性打磨。它可以通过廓形和波磨测量系统获得钢轨的磨损情况或设定打磨参数,并将测量结果或设定参数输入计算机控制系统,从而控制打磨小车上磨头的偏转、横移和加压,完成钢轨的打磨作业,以获得理想的钢轨表面形状。这台车拥有自己的发电站、走行系统、操作控制系统、计算机控制系统。

作为高科技、现代化的铁路维修机械设备,该车有许多人性化设计,例如:列车整体隔音、防尘、保温效果极佳,可以有效降低电力消耗及铁屑灰尘对人体的侵害;列车两端司机室的玻璃全部安装了加热装置,当车内外空气温度、湿度差异使玻璃表面形成雾气时,加热装置可以很快将雾气蒸发,确保司乘人员视线良好。

三、打磨模式

PGM-48型钢轨打磨车打磨模式由轨道线型情况和打磨次数综合决定。钢轨打磨模式的制定要考虑主要轨道线型的因素,如直线轨道、曲线轨道或伸缩接头。打磨模式有以下几类。

1. 轮轨接触区打磨

1)侧边打磨

首先,把磨石放置于钢轨轨距边角和外侧边角的位置,使钢轨头部保持"凸"字形,相应地增加了磨石的接触面积,提高了打磨效率,如图1-17(a)、(b)所示。

2)钢轨头部打磨

为了移除轮轨接触区的波磨,将磨石放置到钢轨头部中心位置进行打磨,如图1-17(c)所示。

3)形成钢轨新的外形

打磨钢轨的滚动表面,恢复钢轨头部表面的理论外形或原始外形,如图1-17(d)所示。

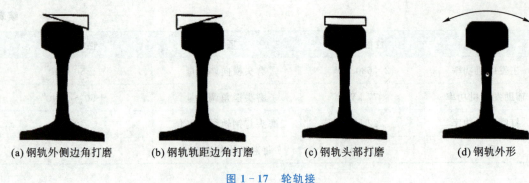

(a) 钢轨外侧边角打磨　　(b) 钢轨轨距边角打磨　　(c) 钢轨头部打磨　　(d) 钢轨外形

图 1-17　轮轨接

2. 轨距边角打磨

根据轨道线型(如曲线、直线或伸缩接头)来布置磨石的位置。

1) 曲线地段

曲线半径在 2 000～4 000 m,如图 1-18(a)所示,根据磨耗的范围,在钢轨断面倾斜的角上布置磨石(最大为 70°)。

2) 切线或直线地段

如图 1-18(b)所示,当线路为半径大于 4 000 m 的曲线、轨距边角磨耗较少,或半径小于 2 000 m 的曲线、移除钢轨头部波磨比打磨轨距边角更严重的情况下,在钢轨顶面相对小的角度位置布置磨石(-40°),并在钢轨头部布置磨石。

3) 伸缩接头地段

为了不影响伸缩接头的其他部件,磨石布置到距轨距边角相对较小的角度位置。

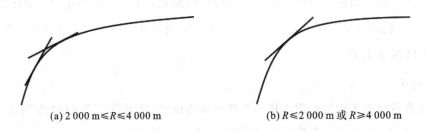

(a) 2 000 m ≤ R ≤ 4 000 m　　(b) R ≤ 2 000 m 或 R ≥ 4 000 m

图 1-18　轨距边角打磨

复习思考题

1. 我国常用的大型养路机械主要有哪些?分别描述其用途及作业方式。
2. 轨道由哪几部分组成?

模块二

使用管理规则

学习引导

大型养路机械实行中国国家铁路集团有限公司(国铁集团)、铁路局、段三级管理,大型养路机械使用、管理的基本任务是:贯彻执行国家和上级有关方针、政策、法令、法规;通过技术、经济和组织措施,对大型养路机械规划、选型、购置、国产化、调试、验收、使用、保养、检修、更新改造、报废等环节实施技术管理;对大型养路机械进行全面规划、择优选购、合理配置、正确使用、精心养护、安全运行、科学检修、适时改造和更新,使设备经常处于良好技术状态,充分发挥大型养路机械效能。

学习目标

1. **知识目标**

(1)掌握大型养路机械设备管理、作业管理、安全管理。

(2)掌握大型养路机械设备岗位设置、油料管理、配件管理等相关要求。

2. **能力目标**

(1)能够正确理解大型养路机械使用管理规则的要求。

(2)能够规范运用大型养路机械使用管理规则。

3. **素质目标**

(1)掌握大型养路机械管理规则,培养职业责任感与团队精神。

(2)强化安全操作意识,提升应急处理能力,确保铁路运输安全。

(3)注重节能减排,推动绿色发展,践行可持续理念。

模块二 素质教育向导

大型养路机械使用管理的依据是什么?

《大型养路机械使用管理规则》作为大型养路机械运用管理工作的基本管理制度,在指导、推进和规范铁路局大型养路机械运用管理工作中发挥了重要作用。

国铁集团运输部结合铁路管理体制改革和大型养路机械快速发展要求,在原铁道部《大型养路机械使用管理规则》(铁运〔2006〕227号)基础上,完成了中国国铁集团《大型养路机械使用管理规则》(铁总运〔2015〕236号)的制定,明确了对大型养路机械设备管理、作业管理、安全管理、岗位设置与管理、油料及配件管理、委托作业管理等相关要求。

项目三 设备基础管理

设备是人们在生产或生活上所需的机械、装置和设施等,可供长期使用,并在使用中基本保持原有实物形态的物质资料,是固定资产的主要组成部分。

对于设备的定义,目前国内外还存在一些差异。在发达国家,设备被定义为"有形固定资产的总称",它把一切列入固定资产的劳动资料,如土地与不动产、厂房和构筑物、机器及附属设施等均被视为设备。在我国,只有具备直接或间接参与改变劳动对象的形态和性质,并在长期使用中基本保持其原有实物形态的物质资料才被看作设备。

设备管理是指以设备为研究对象,追求设备综合效率与寿命周期费用的经济性,应用一系列理论、方法,通过一系列技术、经济、组织措施,对设备的物质运动和价值运动进行全过程(从规划、设计、制造、选型、购置、安装、使用、维修、改造、报废直至更新)的科学管理。设备管理的主要目的是用技术上先进、经济上合理的装备,采取有效措施,保证设备高效率、长周期、安全、经济地运行,来保证企业获得最好的经济效益。

任务1 设备管理概述

一、设备管理的意义和任务

1. 设备管理的意义

机器设备是企业生产的物质技术基础,是企业生产性固定资产的重要组成部分。设备管理也是企业管理的一个重要领域,设备管理的好坏,直接影响企业的生产效率和经济效益。加强设备管理能够保证企业生产的正常秩序,有利于企业取得良好的经济效益和社会效益。

2. 设备管理的任务

企业设备管理的任务,就是要保证为企业提供最优的技术设备,使企业的生产活动建立在最佳的物质技术基础上。

(1)根据技术上先进、经济上合理、生产上可行的原则,正确地选购设备,为企业提供优良的技术设备。

(2)在力求节约保养、维修费用的条件下,保证设备经常处于最佳的技术状态,不断提高设备利用率和完好率,降低设备管理各环节的费用。

(3)围绕提高经济效益,并针对企业的产品开发,质量改进以及安全生产,节约能源,改善环保等要求,有步骤地进行设备的改装、改进和更新,为企业提供先进适用的技术装备,保证企业的技术进步,提高设备的现代化水平。

二、设备维修的发展

传统的设备管理,以设备维修为主要内容。它反映出传统设备管理的局限性:把设备的设计、制造与使用截然分开,只注重对设备的使用进行管理,而忽视了设备的经济管理;强调设备在企业内部的管理,而忽视了设备管理中与企业外部的联系。

三、设备的综合管理

由于传统的设备管理存在着以上局限性,不能适应现代化生产的发展,在设备管理领域,相继出现了设备综合工程学和全员生产维修制,它们具有的共同特点,就是对设备进行全面的综合性管理。

1. 设备综合工程学

体现设备综合管理思想的两个典型代表是"设备综合工程学"和"全员生产维修制"。由英国 1970 年提出的"设备综合工程学"是以设备寿命周期费用最经济为设备管理目标。设备综合工程学是在设备维修的基础上,针对使用现代化设备所带来的一系列新问题,继承了设备工程的成果,吸取了现代管理理论,而逐渐发展起来的一门新学科。设备综合工程学有以下主要内容:

(1)以寿命周期费用作为评价设备管理的重要经济指标,追求寿命周期费用最经济,达到设备的综合效率最高。

(2)把与设备有关的工程技术、财务经济和组织措施三个方面结合起来进行综合管理。

(3)重点研究设备的可靠性、维修性,目标是搞好设备的维修设计。

(4)把设备的一生,即整个寿命周期作为研究和管理的对象,即对设备实行全过程管理。

(5)强调关于设计、使用效果及费用的信息反馈在设备管理中的重要性,要求建立相应的信息交流和反馈系统。

2. 全员生产维修制

全员生产维修制是日本在吸收欧美研究成果的基础上,结合自己的管理经验创造的富有特色的设备管理制度,其主要内容是:

(1)它的指导思想是"三全",即全效益、全系统、全体人员。

"全效益"是要求设备的寿命周期内费用最小、输出最大。

"全系统"是对设备寿命周期实行全过程管理,从设计阶段起就要对设备的维修方法和手段予以认真考虑,既抓设备前期阶段的先天不足,又抓使用维修和改造阶段的故障分析,达到排除故障的目的。

"全员参加"是指从企业最高领导到第一线员工都应参加到设备管理行列中来。

(2)设备维修方式。全员生产维修制全部吸取了预防维修制度中的所有维修方式。

(3)设备的分类管理是指对企业的设备划分等级,对重点设备加强管理。

(4)生产维修目标管理,主要是确定设备维修工作的方向和具体目标,并衡量工作效果和分析总结经验。

(5)在企业职工中进行工作作风教育,开展五项教育活动,即整理、整顿、清洁、清扫、素养。

在设备综合管理阶段,设备维修的方针是:建立以操作工点检为基础的设备维修制;实行重点设备专门管理,避免过剩维修;定期检测设备的精度指标;注意维修记录和资料的统计及分析。

3. 设备综合管理的特点

设备管理除了具有一般管理的共同特征外,与企业的其他专业管理比较,还有以下特点。

1)技术性

作为企业的主要生产手段,设备是物化了的科学技术,是现代科技的物质载体。因此,设备管理必然具有很强的技术性。首先,设备管理包含了机械、电子、液压、光学、计算机等许多方面的科学技术知识,缺乏这些知识就无法合理地设计制造或选购设备;其次,正确地使用、维修这些设备,还需掌握状态监测和诊断技术、可靠性工程、摩擦磨损理论、表面工程、修复技术等专业知识。可见,设备管理需要工程技术作为基础,不懂技术就无法做好设备管理工作。

2)综合性

设备管理的综合性表现在:

(1)现代设备包含了多种专门技术知识,是多种科学技术的综合应用。

(2)设备管理的内容是工程技术、经济财务、组织管理三者的综合。

(3)为了获得设备的最佳经济效益,必须实行全过程管理,它是对设备一生各阶段管理的综合。

(4)设备管理涉及物资准备、设计制造、计划调度、劳动组织、质量控制、经济核算等多方面的业务,汇集了企业多项专业管理的内容。

3)随机性

许多设备故障具有随机性,使得设备维修及其管理也带有随机性质。为了减少突发故障给企业生产经营带来的损失和干扰,设备管理必须具备应对突发故障、承担意外突发任务的应变能力。这就要求设备管理部门信息渠道畅通,器材准备充分,组织严密,指挥灵活;人员作风过硬,业务技术精通;能够随时为现场提供服务,为生产排忧解难。

4)全员性

现代企业管理强调应用行为科学调动广大职工参加管理的积极性,实行以人为中心的管理方式。设备管理的综合性更加迫切需要全员参与,只有建立从最高领导到第一线员工都参加的企业全员设备管理体系,实行专业管理与群众管理相结合,才能真正做好设备管理工作。

▶ 任务 2　管理机构及职责

大型养路机械实行国铁集团、铁路局、段三级管理,各级应指定领导分管大型养路机械工作,落实管理部门,配备专职管理人员。

大型养路机械管理部门负责(参与)制定大型养路机械发展规划,对大型养路机械的选型、购置、国产化、调试、验收、使用、保养、检修、更新改造、报废等环节实行技术管理。

一、国铁集团运输局工务部

国铁集团运输局工务部为大型养路机械的主管部门,其主要工作职责是:

(1)制定大型养路机械发展规划和管理制度,监督、检查和组织协调大型养路机械管理工作。

(2)掌握大型养路机械的装备情况,负责大型养路机械年检合格证审核、发放工作。

(3)组织交流和推广大型养路机械管理的先进经验、维修新技术及作业新工艺,制定大型养路机械技术培训计划,并组织实施。

(4)组织大型养路机械设备大检查工作。

(5)组织大型养路机械国产化工作,指导大型养路机械监造、验收工作。

(6)负责大型养路机械的选型、转配属、报废工作及封存审核,确定购置计划建议,组织制订购置技术条件,参与采购工作。

(7)掌握大型养路机械主要安全生产信息,参与大型养路机械事故调查工作。

二、铁路局工务处

铁路局工务处是铁路局大型养路机械的主管部门,其主要工作职责是:

(1)制定大型养路机械管理细则和办法,监督、检查、指导局内大型养路机械管理工作。

(2)掌握大型养路机械数量、技术状况、使用动态、安全情况和主要技术经济指标完成情况,按时呈报大型养路机械使用、管理的有关报表。

(3)编制大型养路机械装备购置计划建议,参与大型养路机械选型和采购工作;负责落实配套行车安全装备、起复设备、配套机具以及设备检修、进口配套费用等工作。

(4)组织大型养路机械技术状态检查、鉴定和年检合格证申请工作,办理大型养路机械调拨和报废申请,并负责审核出租、封存事宜。承担管内工务受托作业路外大型养路机械的运用管理工作,并对其技术状态、运行状态及岗位状态进行检查指导。

(5)编制大型养路机械更新改造、大修及高价互换配件计划建议,并组织实施;指导大型养路机械检修和配件管理工作。

(6)参与大型养路机械施工组织、施工工艺编制和作业技术的研究,组织推广应用新技术、新材料、新工艺、新设备,开展大型养路机械科研和学术交流活动。

(7)掌握大型养路机械事故情况,参与大型养路机械事故调查、分析和处理工作。

(8)组织参加国铁集团大型养路机械技术培训,负责大型养路机械专项技能培训工作。

三、工务机械段

工务机械段、大型养路机械运用检修段(统称机械段)是大型养路机械运用、检修管理的实施单位,其主要工作职责是:

(1)制定大型养路机械操作和保养规程,组织大型养路机械运用工作。

(2)合理配置机组,挖掘机械潜力,按时完成作业计划和各项经济技术指标,做好运用统计、分析工作,按时填报有关报表。

(3)编制、落实检修计划和检修工艺,提高检修能力;合理使用设备维修费用;开展修旧利废、成本分析和单机核算工作,提高设备完好率。

(4)负责大型养路机械检修后的质量检验工作。

(5)负责大型养路机械配件及各类油脂、油料的管理工作。

(6)掌握大型养路机械事故和故障情况,呈报有关报告;参加大型养路机械故障调查、分析、处理工作。

(7)按时参加大型养路机械技术状态检查和设备鉴定工作。

(8)负责大型养路机械管理、运用和维修人员的日常技术业务培训及技术交流工作。

▶ 任务 3　使用管理

一、基础管理

(1)大型养路机械需要落成验收后方准正常使用,落成验收工作由铁路局组织机械段会同有关单位进行,落成验收过程中发生事故按《铁路交通事故调查处理规则》第六十四条办理。验收合格后,全部验收记录和技术文件(包括说明书、合格证、开箱单及其他技术资料等)由机械段建档保管。在质保期内,有质量问题应及时会同有关部门办理索赔。

(2)大型养路机械运用、维修、安全及质量应纳入信息化统一管理,机械段应做好日常数据录入、整理、汇总运用工作,铁路局做好分析工作。

(3)机械段应建立健全《大型养路机械履历簿》,并按规定对大型养路机械进行编号和喷涂标志，做好大型养路机械台账登记。大型养路机械总成及重要部件应进行编码管理。

（4）大型养路机械的出租、封存和启封等事宜应经铁路局批准，其中封存设备报总公司核准。机械段应按技术档案管理规定妥善保管有关文件、记录和证件。

（5）铁路局应定期组织开展大型养路机械完好技术状态检查评定活动，对优秀机组可按有关规定给予表彰和奖励。

（6）铁路局应按照《大型养路机械经济技术指标》每年对机械段完成任务情况进行考核，机械段应做好统计和计算工作。

（7）铁路局应对符合下列情形之一的大型养路机械及时进行报废处理工作。

①使用年限达到25年及以上，且状态不良的。

②经修理和调整主要技术指标仍达不到良好技术状态的。

③配件来源不足，无法修复的。

④一次修理费用超过采购现价60%的。

⑤发生事故或遭遇意外灾害，主要配件破损严重，不能恢复基本性能的。

⑥其他原因需要报废的。

（8）办理大型养路机械报废时，应填写《大型养路机械报废申请核准书》和《大型养路机械报废明细表》。由机械段提出申请，铁路局工务处、财务处核准，经铁路局鉴定委员会做出结论，铁路局签署审核意见后，一并报国铁集团审核批准。对已批准报废的大型养路机械，由铁路局在收文后30日内完成固定资产报废手续。

（9）处置已报废大型养路机械时，机械段应在大型养路机械取消配属后90天内由驻段验收室监督完成对可利用零部件的拆解，经验收合格后按相关规定入库；铁路局应在大型养路机械取消配属后120天内填写《报废大型养路机械拆解情况表》，并报国铁集团备案。铁路局有特殊处理意见时，应在《大型养路机械报废申请核准书》"铁路局审核意见"中说明处置建议。报废大型养路机械整车不得出租、销售、转让，并不得自轮或编入列车运行。

二、使用管理

正确使用设备是保证设备正常运行，避免设备的不正常磨损或损坏，防止人身、设备事故的发生，延长设备的使用寿命和大修周期，降低备件消耗，减少维修费用，确保生产正常进行的关键之一。因此，设备使用单位和生产操作者，必须严格按照设备操作规程，正确使用设备。

（1）机械段应建立健全大型养路机械使用和保养制度，制定大型养路机械操作规程，规范岗位责任制和工作标准。

（2）机组人员应按照"管理好、使用好、养修好"和"会使用、会养修、会检查、会排除故障"的要求使用大型养路机械。

（3）铁路局应每年按《大型养路机械检查鉴定表》对每台大型养路机械进行鉴定，对鉴定合格的大型养路机械,填报《年检合格证申报表》,向国铁集团申领年检合格证。

(4)大型养路机械严禁超负荷或带病运转,单次连续作业时间不应超过6 h,避免因设备长时间运转而加速设备损坏。

(5)机组人员应按照《大型养路机械作业记录》规定,详细记录每日的作业内容。

①设备在投入运转前,必须记录好相应参数。

②设备使用过程中,运转的设备在负荷、温度诸因素的长时间作用下,机械零部件会磨损变形;电气元件的参数变化,会引起设备运行参数的改变,岗位操作人员应及时记录下这些参数,可以准确地掌握设备运转规律,以便对该设备及时进行维护检修,避免设备事故的发生。

③设备在运转中出现不正常现象,必须随时记录,记录的数据要准确、清楚、完整。

④设备运转记录的内容,应反映设备的实际运行技术状态。需记录的内容有以下方面:

a.设备在运转过程中发生异常现象,如运转不平稳、出现异响,检测装置显示数据不正常,局部升温超过规定,零部件不正常磨损、变形,出现轴向窜动,异常气味、冒烟等情况。

b.设备润滑参数,如集中润滑油的压力、流量、温度及油脂质量变化,管路的泄漏和堵塞等异常情况。

c.设备发生事故或故障的全过程(包括时间、现象、原因、特征和后果),发生前有异常迹象等。

⑤车间每月定期发放和收集运转记录,并负责整理归档上报设备科。

a.设备科在发现有不按规定填写运转记录者,给予经济处罚。

b.设备科应经常深入车间检查运转记录填写情况。

(6)机械段应按时做好《大型养路机械运用统计表》的统计填报工作。铁路局和机械段应做好《大型养路机械运用统计季(年)报》的统计汇总工作,并按时报送。

三、设备事故管理

1. 目的

设备事故是对生产力的破坏,直接妨碍生产的正常进行。由于设备事故会造成停产、减少产量、损坏财产、人身伤亡,使单位遭受巨大的经济损失,因此,我们要注意加强防范,对于已经发生的设备事故要做好分析总结,吸取教训。

2. 管理职责

设备事故管理是全员的管理,同时也是全过程的管理,因此必须高度重视,严格执行设备各项规程和管理制度,在事故发生之后,应按照有关的规定,做好相关工作。

3. 设备事故的级别划分

设备事故按其损坏程度对生产造成损失的大小和修理费用多少可划分为五个不同的级别,即特大设备事故、重大设备事故、大设备事故、一般设备事故和小设备事故。其划分标准如下:

1)特大设备事故

凡达到下列情况之一者为特大设备事故：

(1)设备修复费达到 20 万元及以上。

(2)凡因设备发生事故，直接导致人员死亡。

2)重大设备事故

凡达到下列情况之一者为重大设备事故：

(1)设备事故损失费(设备修复费和间接损失费)在 15 万元及以上。

(2)主要生产设备发生事故，使生产停工 96 h 以上。

(3)从国外进口的先进设备，因事故造成设备本身不能正常继续维护使用。

(4)凡设备发生事故，直接引起火灾、爆炸、重伤。

3)大设备事故

凡达到下列条件之一者为大设备事故：

(1)设备事故损失费(设备修复费和间接损失费)在 5 万元以上 15 万元以下。

(2)主要生产设备发生事故，使生产停工 48 h 以上。

4)一般设备事故

凡达到下列之一者为一般设备事故：

(1)设备事故损失费(设备修复和间接损失费)在 5 万元以下。

(2)主要生产设备发生事故，使生产停工 24 h 以上。

5)小设备事故

下列情况为小设备事故：

(1)设备发生故障，停止作业 1 h 以上 4 h 以下者。

(2)不足一般设备事故条件者，均为小设备事故。

6)不列为设备事故

下列情况，不列为设备事故：

(1)因设备技术状况不好而安排的临时检修。

(2)凡计划检修和"点检"发现问题而安排的检修。

(3)生产过程中设备的安全保护装置正常动作或安全件损坏，使生产中断者。

(4)不可抗拒的自然灾害，造成设备损坏，使生产中断者。

四、设备事故管理中的有关事项

1. 设备事故的分级管理

工务机械段由机械设备科归口管理，车间由技术员归口管理，对设备事故的管理，做到数据完整、报表齐全，并按规定时间上报。

2. 事故处理的原则

设备事故的处理要坚持"四不放过"的原则,即事故原因未查清楚不放过,事故责任者和周围群众未受到教育不放过,未制定防止事故的整改措施不放过,事故责任者未受到处理不放过。

3. 防范事故隐患

事故隐患的存在是导致事故发生的重要原因,事故管理要贯彻"预防为主"的原则,就必须铲除一切事故隐患,方能防止事故重演。

1) 设备操作中的隐患

设备操作中的隐患主要是违反设备的操作规程所进行的各种违章作业,如超负荷运行、冒险作业、不按程序使用等。

2) 维护保养中的隐患

维护方面的隐患主要是操作人员日常工作中"三好""四会"没有到位,其中,"三好"指管好、用好、修好,"四会"指会使用、会保养、会检查、会排障;保养方面的隐患主要是保养项目不全,日渐成疾。

3) 检查修理中的隐患

检查修理中的隐患主要反映在设备故障检查技术差,一些小问题不能及时发现和排除,长期积累成大问题;再就是修理的质量差,仍然留有安全隐患的根苗;另外就是为了抢生产任务,设备带病运行,长期失修引发事故。

4) 设备制造中的隐患

设备制造中的隐患主要包括设计不合理或者制造材质不合要求,也有设计合理,但用了质量差的备件,这些都是设备内在的隐患问题。

5) 其他隐患因素

如环境因素及操作者疏忽等。

4. 事故损失计算

对事故造成损失进行统计计算,设备事故的损失包括设备修复费及减产损失。

设备修复费包括新换的备品、备件、材料的费用及人工费等。减产损失指设备每天的正常产值乘维修误工天数。

五、设备事故报告和分析规定

1. 设备事故的报告

(1) 发生特大、重大和大设备事故,要保护好现场,立即报告车间主任、设备科和主管段长。设备科长、车间主任和设备技术员,调查损坏情况,拍照备案,并提出抢修方案,由主管段长主持抢修工作。

(2) 一般及小设备事故发生后,由车间主任和设备技术员主持抢修和组织事故分析,并在

24 h内由车间报设备科。

(3)各车间主任每半年要进行设备安全事故方面的总结分析,并上报设备科。

2.设备事故分析

(1)设备事故分析。特大、重大和大设备事故由主管段长或设备科长主持,设备科主管工程师、车间主任、设备技术员及事故所在工班有关人员参加,时间安排在事故发生抢修完成后的一周内进行,经过分析必须查明事故性质、原因、损失、责任者,吸取教训,制订防范措施。

(2)一般事故由车间主任主持,设备科主管工程师、车间设备技术员和有关工班长以及当事者参加,进行事故分析,经过分析必须查明事故性质、原因、损失和责任者,并制订防范措施。

六、设备事故预防管理

(1)为了保证设备的正常运行,杜绝事故的发生,必须认真对每一台设备制订使用、维护、检修三大规程,并严格按规程的规定执行,定期校验各类安全保护装置,定期维护各项监测仪器仪表,使之灵活可靠。

(2)各级生产指挥人员应改变重生产、轻设备的思想,必须坚决制止违章冒险作业、超负荷和带病运行等违规现象。

(3)认真贯彻执行"点检""预修"制度,把每台设备的检查点排列成表,明确检查点的检查周期、检查部位、检查内容、职责范围,确保点检记录落实到人。发现异常现象,操作者应立即处理,操作者不能处理的,向维修人员和领导反映,及时处理,不得拖延,如一时不能处理,应作预修计划,定期处理。

(4)认真执行设备润滑制度,每一台设备都应绘制润滑图并编制润滑表,落实"五定"(即定点、定时、定质、定量、定人),根据润滑表,开展润滑工作。

(5)设备操作人员在日常工作中要做到"三好""四会",将事故消灭在萌芽中。

(6)工务机械段各级领导要高度重视对设备事故的管理,落实好"预防为主"的方针,实行全员、全过程的管理,加强对职工的技术培训和安全生产教育,严格督察设备管理各项规程、制度的执行情况。

项目四 安全管理

安全，顾名思义，"无危则安，无缺则全"，即安全意味着没有危险，这是与传统的安全观念相吻合的。随着对安全问题研究的逐步深入，人类对安全的概念有了更深的认识，并从不同的角度给它下了各种定义。其一，安全是指客观事物的危险程度能够为人们普遍接受的状态；其二，安全是指没有引起死亡、伤害、财产设备的损坏、环境危害的条件；其三，安全是指不因人、机、媒介的相互作用而导致系统损失、人员伤害、任务受影响或造成时间的损失。

大型养路机械安全管理是为了保证线路修理工作安全进行，而按一定制度组织和使用人力、物力等各种资源的过程。它的目的是通过反复实践制定出最佳的安全保障方案和管理措施，使大型养路机械施工企业的意外损失降到最低，从而取得最佳的经济效益。安全管理主要是通过管理的机能，控制来自设备使用、施工组织、人员的不安全行为等因素，避免发生意外事故，确保施工人员的人身安全、大型养路机械的设备安全、线路状况的安全及铁路其他附属设施的安全。

随着铁路改革步伐的加快，大型养路机械事业得到迅猛发展，使用大型养路机械已成为工务系统线路维修养护改革发展的主流方向，只有做好大型养路机械的安全管理工作，才能适应这一改革发展的新形势。近年来，全路大面积调图提速工作不断进行，这对大型养路机械的施工管理、施工质量、施工组织等各方面提出了更高的要求。只有做好大型养路机械的安全管理工作，才能尽快适应提速后的线路车流密度大、客车速度快、作业质量要求高等生产条件和生产要素变化的实际，更好地完成各项施工生产任务。

凡从事大型养路机械工作的人员，应严格执行《铁路技术管理规程》、《普速铁路工务安全规则》、《高速铁路工务安全规则（试行）》和大型养路机械的相关安全规定。大型养路机械的安全工作应贯彻"安全第一、预防为主"的方针，防患于未然。机组人员应严格执行岗位责任制，遵守作业规章和劳动纪律，保证大型养路机械作业的安全。大型养路机械作业涉及运输、工务、电务、供电、机务、车辆等有关单位，作业前铁路局应组织召开施工协调会，统一安排作业配合、行车组织及后勤保障等具体事宜。使用大型养路机械时，大型养路机械及其各种安全辅助自救设备必须齐全、完好、有效。使用及维护大型养路机械时，机组人员必须使用及佩戴劳动保护用品。

任务 1　铁路交通事故与分类

行车安全是保证铁路运输生产正常进行的首要条件,是衡量铁路运输管理水平、各部门工作质量和相互协调、配合程度的主要标志之一。确保行车交通安全,是直接关系到国家利益和人民生命财产安全以及现代化建设的重要问题,也是全体铁路职工的一项极其重要而艰巨的任务。

交通事故是铁路运输事故的主要组成部分,凡因违反规章制度、违反劳动纪律、技术设备不良及其他原因,在行车中造成人员伤亡、设备损坏、经济损失、影响正常行车或危及行车安全的,均构成交通事故。

大型养路机械的使用部门不仅存在大型机械在线路运行过程中可能造成的交通事故,而且还可能存在由于施工质量不良,对由其引起的列车运行事故负有全部责任或主要责任,影响本部门的安全成绩和经济效益,因此,我们有必要对铁路交通事故的分类及构成条件等有所了解。

中华人民共和国国务院第 182 次常务会议通过了《铁路交通事故应急救援和调查处理条例》(国务院令第 501 号),原铁道部根据此条例制定了《铁路交通事故调查处理规则》。本任务将简要介绍与大型养路机械相关的交通事故方面的内容。

根据事故造成的人员伤亡、直接经济损失、列车脱轨辆数、中断铁路行车时间等情形,事故等级分为特别重大事故、重大事故、较大事故和一般事故,事故情形中所称的"以上"包括本数,所称的"以下"不包括本数。

一、特别重大事故

有下列情形之一的,为特别重大事故:
(1)造成 30 人以上死亡。
(2)造成 100 人以上重伤(包括急性工业中毒,下同)。
(3)造成 1 亿元以上直接经济损失。
(4)繁忙干线客运列车脱轨 18 辆以上并中断铁路行车 48 h 以上。
(5)繁忙干线货运列车脱轨 60 辆以上并中断铁路行车 48 h 以上。

二、重大事故

有下列情形之一的,为重大事故:
(1)造成 10 人以上 30 人以下死亡。
(2)造成 50 人以上 100 人以下重伤。
(3)造成 5 000 万元以上 1 亿元以下直接经济损失。

(4)客运列车脱轨18辆以上。

(5)货运列车脱轨60辆以上。

(6)客运列车脱轨2辆以上18辆以下,并中断繁忙干线铁路行车24 h以上或者中断其他线路铁路行车48 h以上。

(7)货运列车脱轨6辆以上60辆以下,并中断繁忙干线铁路行车24 h以上或者中断其他线路铁路行车48 h以上。

三、较大事故

有下列情形之一的,为较大事故:

(1)造成3人以上10人以下死亡。

(2)造成10人以上50人以下重伤。

(3)造成1 000万元以上5 000万元以下直接经济损失。

(4)客运列车脱轨2辆以上18辆以下。

(5)货运列车脱轨6辆以上60辆以下。

(6)中断繁忙干线铁路行车6 h以上。

(7)中断其他线路铁路行车10 h以上。

四、一般事故

一般事故分为一般A类事故、一般B类事故、一般C类事故、一般D类事故。

1.一般A类事故

有下列情形之一,未构成较大以上事故的,为一般A类事故:

(1)造成2人死亡。

(2)造成5人以上10人以下重伤。

(3)造成500万元以上1 000万元以下直接经济损失。

(4)列车及调车作业中发生冲突、脱轨、火灾、爆炸、相撞,造成下列后果之一的:

①繁忙干线双线之一线或单线行车中断3 h以上6 h以下,双线行车中断2 h以上6 h以下。

②其他线路双线之一线或单线行车中断6 h以上10 h以下,双线行车中断3 h以上10 h以下。

③客运列车耽误本列4 h以上。

④客运列车脱轨1辆。

⑤客运列车中途摘车2辆以上。

⑥客车报废1辆或大破2辆以上。

⑦机车大破1台以上。

⑧动车组中破1辆以上。

⑨货运列车脱轨4辆以上6辆以下。

2. 一般B类事故

有下列情形之一,未构成一般A类以上事故的,为一般B类事故:

(1)造成1人死亡。

(2)造成5人以下重伤。

(3)造成100万元以上500万元以下直接经济损失。

(4)列车及调车作业中发生冲突、脱轨、火灾、爆炸、相撞,造成下列后果之一的:

①繁忙干线行车中断1 h以上。

②其他线路行车中断2 h以上。

③客运列车耽误本列1 h以上。

④客运列车中途摘车1辆。

⑤客车大破1辆。

⑥机车中破1台。

⑦货运列车脱轨2辆以上4辆以下。

3. 一般C类事故

有下列情形之一,未构成一般B类以上事故的,为一般C类事故:

(1)列车冲突。

(2)货运列车脱轨。

(3)列车火灾。

(4)列车爆炸。

(5)列车相撞。

(6)向占用区间发出列车。

(7)向占用线接入列车。

(8)未准备好进路线、发列车。

(9)未办或错办闭塞发出列车。

(10)列车冒进信号或越过警冲标。

(11)机车车辆溜入区间或站内。

(12)列车中机车车辆断轴,车轮崩裂,制动梁、下拉杆、交叉杆等部件脱落。

(13)列车运行中碰撞轻型车辆、小车、施工机械、机具、防护栅栏等设备设施或路料、坍体、落石。

(14)接触网接触线断线、倒杆或塌网。

(15)关闭折角塞门发出列车或运行中关闭折角塞门。

(16)列车运行中刮坏行车设备设施。

(17)列车运行中设备设施、装载货物(包括行包、邮件)、装载加固材料(或装置)超限(含按超限货物办理超过电报批准尺寸的)或坠落。

(18)装载超限货物的车辆按装载普通货物的车辆编入列车。

(19)电力机车、动力组带电进入停电区。

(20)错误向停电区段的接触网供电。

(21)电化区段攀爬车顶耽误列车。

(22)客运列车分离。

(23)发生冲突、脱轨的机车车辆未按规定检查鉴定编入列车。

(24)无调度命令施工,超范围施工,超范围维修作业。

(25)漏发、错发、漏传、错传调度命令导致列车超速运行。

4．一般D类事故

有下列情形之一,未构成一般C类以上事故的,为一般D类事故：

(1)调车冲突。

(2)调车脱轨。

(3)挤道岔。

(4)调车相撞。

(5)错办或未及时办理信号致使列车停车。

(6)错办行车凭证发车或耽误列车。

(7)调车作业碰轧脱轨器、防护信号,或未撤防护信号动车。

(8)货运列车分离。

(9)施工、检修、清扫设备耽误列车。

(10)作业人员违反劳动纪律、作业纪律耽误列车。

(11)滥用紧急制动阀耽误列车。

(12)擅自发车、开车、停车、错办通过或在区间乘降所错误通过。

(13)列车拉铁鞋开车。

(14)漏发、错发、漏传、错传调度命令耽误列车。

(15)错误操纵、使用行车设备耽误列车。

(16)使用轻型车辆、小车及施工机械耽误列车。

(17)应安装列尾装置而未安装发出列车。

(18)行包、邮件装卸作业耽误列车。

(19)电力机车、动车组错误进入无接触网线路。

(20)列车上工作人员往外抛掷物体造成人员伤害或设备损坏。

(21)行车设备故障耽误本列客运列车 1 h 以上,或耽误本列货运列车 2 h 以上;固定设备故障延时影响正常行车 2 h 以上(仅指正线)。

对影响行车安全的其他情形,列入一般事故。因事故死亡、重伤人数 7 d 内发生变化,导致事故等级变化的,相应改变事故等级。

任务 2 运行安全

一、运行安全

(1)大型养路机械运行前,各车司机长应组织机组人员检查确认行车安全装备,核对运行数据;进行制动机试验;走行传动系统、悬挂部件状态应良好;各工作装置、检测装置、回转输送带装置等锁定应到位、可靠,安全链拴挂有效;物料、工机具装载加固应良好。

(2)机组人员出乘前 24 h 内休息时间不得少于 6 h,出车前预留不少于 1 h 做出发准备工作。一次连续工作时间(包括出、退勤时间)不得超过 10 h。

(3)施工负责人接到准许作业的调度命令后,立即向各车司机长传达,做好出车准备。本务车运行司机凭出站信号机显示的允许运行的信号或封锁区间开行路用列车的调度命令,在普速铁路还需得到车站值班员(助理值班员)发车手信号或使用列车无线调度通信设备发车的语音通知后,方可开车。

(4)大型养路机械运行时,运行司机应集中精力,严格执行"彻底瞭望、确认信号、准确呼唤、手比眼看"的"十六字令";严禁酒后开车、臆测行车;进出站应按规定进行车机联控,严禁关闭轨道车运行控制设备(GYK)、轴温监控装置运行,相关号位作业司机应随时巡察各部件的运转情况。

(5)搭乘人员应按序上、下大型养路机械,运行时应坐稳扶好,不得将身体探出车外,不得在车帮上或架空物上坐卧。

(6)大型养路机械在高铁车站临时停留时,应采取保压制动,发动机熄火等待时,应采取防溜措施,司机不得同时离车。

(7)大型养路机械连挂运行时,本务车运行司机与其他连挂车运行司机应使用无线通信设备保持联系,通报前方信号开放情况以及提出加速、减速或制动的要求,确保操纵同步。

(8)严禁超速运行。遇天气不良或瞭望条件差和线路状态不良的地段,应降低运行速度,确保行车安全。

(9)大型养路机械分解、连挂地点应选择在平直线路上或坡度较小和曲线超高较小的地段。

(10)大型养路机械连挂进入封锁区间的作业地点后,应根据施工计划进行分解、对位、作业,需临时改变计划时,施工负责人应使用无线通信设备通知各车司机长。

(11)大型养路机械摘挂车作业应由胜任人员(自轮运行大型养路机械为被摘挂车运行副司机)负责。摘车作业时,必须严格执行一关折角塞门、二摘风管、三提钩的作业程序。连挂作业时,动车必须在距被挂车 10 m 前、2 m 处两度停车,检查钩销及风管,确认良好后方准连挂。连挂后必须先试拉才能连接风管,并打开所有折角塞门。不宜重车挂轻车、多车挂少车及向下坡方向挂车,禁止两个车同时挂一个车。

(12)大型养路机械在封锁区间独自运行时,续行间隔不得少于 300 m,续行速度不得超过 40 km/h,并做好随时停车的准备。各车运行司机应保持前后车的联络通畅,当途中停车时,应立即通知后续车辆,提醒注意并通报停车地点。

(13)封锁区间作业结束后,大型养路机械原则上应全列连挂返回,由运行方向的第一位大型养路机械运行司机与车站值班员(调度集中控制时为列车调度员)进行联系,得到车站值班员(列车调度员)的同意后方可进站,禁止盲目进站。

(14)大型养路机械返回驻地车站停留线后,必须对各车采取连挂、驻车制动、上止轮器、切断电源、关闭窗户、锁好车门等措施,并按规定设置防护。

二、长途挂运安全

(1)大型养路机械无动力回送或远距离转移作业地点时,机械段应指派专人随车值乘负责行车安全事项,并开启轴温监控装置。

(2)大型养路机械长途挂运编组时,应将重车、轴距大的车编在机械车组前部,并逐一连接风管,试风良好。

(3)作业驻地转移时,各车机组人员应提前检查本车的装载及与相邻车的连挂和各工作装置、检测装置的锁定及安全链的拴挂等情况,必要时进行捆绑,并确定各操作手柄处于正确状态。

(4)长途挂运时,各车机组人员还应提前对挂运车组的走行制动部分进行全面检查,由指定专人监控车辆运行状态,运行中应时刻保持与机车联系,出现影响安全或不明情况时,及时通知司机采取措施,以防意外事故发生。

(5)无动力回送时,每车应安排 2 名有资质的押车人员,负责监视本车状态,开启轴温监控装置。在车站内停车时,下车检查轴温及制动闸瓦的情况。

(6)列车运行时,押车人员一律在驾驶室内并关好车门,身体不得探出车外。一旦发现走行系统有异常或制动缓解不良时,应立即用无线通信设备通知押车负责人,以便采取应急措施。

(7)押车人员在列车临时停留间隙严禁离开车组。

(8)在电气化运行区段,押车人员严禁攀登车顶或在拖车装载物上站立;押车人员下车检查时应避免与接触网支柱及其附近的金属接触,同时注意邻线车辆。

(9)当车组到达停留线后,各车应及时采取驻车制动,上好止轮器,并应根据实际情况安排专人守车。

三、调车作业安全

(1)大型养路机械及附属车辆在基地或作业现场进行调车作业时,调车指挥人应根据调车作业计划及时向调车有关人员布置作业计划和注意事项。

(2)调车作业计划下达后,中途不得随意变更。如调车指挥人得到必须变更计划时,应将变更内容向有关人员传达清楚后,再开始调车。

(3)调车作业前,应指定专人(大型养路机械为司机长)撤除车下止轮器,检查各车连挂情况。

(4)调车作业应单一指挥,其他人员不得参与指挥。如在作业中发现问题应及时向调车指挥人报告。

(5)大型养路机械摘挂车作业应由胜任人员(自轮运行大型养路机械为被摘挂车运行副司机)负责。摘车作业时,必须严格执行一关折角塞门、二摘风管、三提钩的作业程序。连挂作业时,动车必须在距被挂车10 m前、2 m处两度停车,检查钩销及风管,确认良好后方准连挂。连挂后必须先试拉才能连接风管,并打开所有折角塞门。不宜重车挂轻车、多车挂少车及向下坡方向挂车,禁止两个车同时挂一个车。摘挂作业中,车辆走行时严禁摘挂人员进入钩挡和道心。

(6)挂车时,必须连挂妥当后方可撤除防溜设施。摘车时,必须停稳并设好防溜措施后方可摘开车钩。

(7)调车时,严格按调车作业的有关规定办理。

(8)在非集中联锁的站内调车时,应按规定执行要道还道的规定。

任务3　作业安全

一、常规要求

(1)在作业前的交班会上,施工负责人应向各车司机长详细布置作业任务,并强调安全注意事项。

(2)在作业封锁前,驻站(所)联络员应到车站(调度所)申请调度命令,命令下达后立即向各车传达。施工负责人在接到各车司机长回答后,方能命令车组进入封锁区间。

(3)各车到达作业地点,在放下工作装置并开始作业前,应关闭GYK大机防溜功能,作业结束并收起工作装置后,应及时开启 GYK 大机防溜功能。

(4)在作业中,机组人员应按岗位责任制的规定上岗到位,监视作业情况,发现机械故障或线路上有障碍物时,应及时通知有关人员,采取有效避让措施。

(5)作业时应加强防护。走行及作业中警示灯应保持开启状态。封锁区间的线路防护应按《普速铁路工务安全规则》《高速铁路工务安全规则(试行)》的要求设置,作业中,大型养路机械与其他路用列车、轨道车间应设置移动停车信号防护。

(6)大型养路机械在高铁线路作业时,随车工机具、器材等物品应建立登记确认制度,作业结束后必须清点清楚、核对记录,确认携带工机具齐全后方可开车,如发生零部件、装载物料及工机具料遗失,应及时报告。

(7)清筛机、配砟整形车、路基处理车及物料运输车作业中,应安排专人防护工作装置刮碰接触网立柱、信号机等设施。

(8)使用激光发射器时,严禁机组人员目视激光,并不得在激光准直光束中穿行。

(9)钢轨打磨车作业前,消防水箱应注满水。作业线路范围内发现火情,机组人员与地面作业配合人员应及时组织扑灭。

(10)铣磨车不得在轨头高度小于 18 mm 区段作业。

(11)道岔捣固车在采用第三点起道时,起道臂不得侵入邻线建筑限界作业。

(12)大型养路机械作业前,各有关单位应签订施工配合协议。作业期间,各有关单位应提前一日掌握次日封锁情况,并按协议要求按时派员到场配合。

(13)作业中碰坏工务、电务、供电、车辆设施或因机械故障而无法继续作业时,相关单位应立即组织人力进行紧急抢修,保证线路安全开通。

(14)施工负责人及各车司机长应了解作业地段的实际锁定轨温,并注意随时测量轨温,严禁超温作业。工务段或机械段应随时观测线路变化,发现胀轨迹象应立即停止作业,并迅速组织抢修队伍进行处理,达到放行列车条件后,将大型养路机械安全撤出现场。

(15)在电气化区段作业前,机组人员应学习和掌握电气化区段施工安全常识,严禁在接触网未停电并接地的情况下到车顶上进行任何作业,所携带的物件和工具的最顶端距离接触网带电部分不得小于 2 m。

(16)进入电气化区段时,严禁机组人员在接触网及其支柱上挂绳索或衣物,不得在支柱上攀登或在支柱旁休息。一旦发现接触网导线断落,机组人员及作业人员应撤离至 10m 以外,设置防护,并立即通知有关部门派人处理。

(17)当作业或检修设备需要接触网停电时,应提前向供电部门提出停电申请。

(18)在电气化区段,大型养路机械及附属车辆应加设"电化区段、禁止攀登"的明显警告标志。

(19)使用大修列车、路基处理车在电气化区段作业时,接触网必须停电。使用清筛机作业时,接触网宜停电,不停电时,应采取相应措施。

(20)在清筛、更换道床及新线地段利用捣固车、配砟整形车等大型养路机械作业的线路条件应满足:静态轨距偏差不超过 $^{+12}_{-6}$ mm,静态三角坑偏差不大于 30 mm,轨缝不大于 30 mm,曲线目视圆顺、无反超高。

(21)大型养路机械夜间作业时,现场必须配备足够的照明设备。

(22)路基处理车在复线地段作业时,邻线一侧的挖掘和夯实装置严禁侵入邻线限界,遇信号机、月台、路票授签架等障碍时,应及时避让,作业中必须派专人监控邻线道床情况。直线作业可以全程垫道砟袋,曲线作业只允许在切入、切出龙门口顺坡部位两头各垫 10 m 的道砟袋,确保路基处理车和车辆安全通过。

(23)严格控制风动卸砟车卸砟量,防止道砟堆积过高影响大型养路机械及辅属车辆走行。

二、速度为 160 km/h 及以上区段作业安全

(1)区间步行上下工时,应由车间指定工班长或以上职务人员专人负责带队,依次在路肩或路旁集中走行;在双线区间,应面迎列车方向;通过桥梁、道口或横越线路时,应"手比、眼看、口呼",做到"一停、二看、三通过",严禁来车时抢越。

(2)作业人员上下工应乘坐有棚平车,遇需要必须乘坐无棚平车时,平车必须设置牢固的栏杆。作业人员乘坐的每辆平车必须指定专人负责乘车安全管理,运行途中不得玩耍打闹。工地上下车及装卸机具、轨料,必须在路基一侧进行,禁止在两线间上下作业人员或装卸机具、轨料。

(3)大型养路机械运行时必须关闭车门,机组人员不得站立或坐在室外,不得向窗外抛掷杂物或探身窗外。

(4)驻站联络员、工地防护员必须由经过段级或段级以上单位岗位培训,并经考试合格,获得合格证的职工担任。

(5)线桥施工作业,必须设驻站联络员和工地防护员。驻站(调度部门)联络员与现场防护员必须保持通信畅通并定时联系。联络中断时,工地防护员必须通知所有作业人员携带机(料)具按规定撤离到安全地点避车。待联络恢复正常后,再组织作业人员上道作业。

(6)动车组通过前 10 min,在本线及邻线(线间距不足 6.5 m,下同)上作业的人员必须下道避车,面迎列车方向,避车地点应距钢轨头部外侧不少于 3 m 处。

(7)动车组通过前 10 min,在桥梁上的作业人员应撤离至桥头或避车台,在隧道内所有的作业人员必须撤离至隧道外安全避车。

(8)施工作业应避开动车组集中通过时段,遇本线其他列车通过,应严格执行《普速铁路工务安全规则》《高速铁路工务安全规则(试行)》的相关规定,按列车通过速度等级规定距离下道避车,遇邻线其他列车通过,按列车通过速度等级、本线封锁、非封锁作业规定距离下道避车或停止作业。避车人员和机具、材料必须在本线线路外侧下道避车,禁止在两线间停留避车,禁止

跨越邻线下道避车。

(9)下道的机具、材料必须撤离至距钢轨头部外侧 2 m 以外,并应放置稳妥,防止震动或移动侵限,作业中堆放的石砟应防止侵限被列车撞击飞起伤人。

(10)站内作业时,由施工负责人确定安全避车地点;在站内如必须走道心时,应在其前后按规定设置专人防护;进路信号辨认不清时,应及时下道避车。

(11)清筛机、捣固车等大型机械施工作业噪声大时,应增派专人防护,防护人员必须站立于邻线路基侧,严禁站立邻线线路上或两线间。

(12)大型养路机械施工突发故障必须在两线间应急检修时,应安排专人防护,邻线动车组通过前 10 min,检修人员应携带机具到本线路基侧安全地点下道避车。

(13)封锁时间外禁止使用四轮小车,钢轨线下焊接作业应安排在封锁时间内进行。

(14)封锁时间外区间、站内使用小车,应按《铁路技术管理规程》规定设置停车手信号防护随车移动、配备足够推运人员、按规定装运轨料、机具。

(15)线桥施工责任地段线路恢复常速后禁止上道进行养护作业,遇线路严重病害确需进行养护作业时,应按规定申请临时限速或封锁,经批准同意后方可进行,并按规定设置防护、执行本线、邻线来车下道避车制度。

(16)大型养路机械、轨道车在区间或站内相邻正线股道停车时,司机、机组人员严禁从区间两线间或站内相邻正线侧下车进行检查、修理等作业。

(17)线路巡守检查人员应在路肩上行走,并注意察看线路状态,必须在线路上行走检查时,应安排双人,实行一人检查、一人防护制度。防护人员必须携带无线对讲机,行走在路肩,两者前后距离应保持 5 m 以上 20 m 以下,禁止并肩行走、闲谈或做与本职无关的事情,遇有来车,按规定提前下道避车、接车。

三、下道避车

作业人员下道避车规定:

(1)距钢轨头部外侧距离不小于 2 m,设有避车台(洞)的桥梁(隧道)应进入避车台(洞)避车。

(2)本线来车按下列距离下道完毕:

①$v_{max} \leqslant 60$ km/h 时,不小于 500 m。

②$60$ km/h$< v_{max} \leqslant 120$ km/h 时,不小于 800 m。

③$120$ km/h$< v_{max} \leqslant 160$ km/h 时,不小于 1 400 m。

④$160$ km/h$< v_{max} < 200$ km/h 时,不小于 2 000 m。

(3)邻线(线间距小于 6.5 m)来车下道规定:

①本线不封锁时:

a. 邻线 v_{max}≤60 km/h 时,本线可不下道。

b. 60 km/h<邻线 v_{max}≤120 km/h 时,来车可不下道,但本线必须停止作业。

c. 邻线 v_{max}>120 km/h 时,下道距离不小于 1 400 m。

d. 瞭望条件不良,邻线来车时本线必须下道。

②本线封锁时：

a. 邻线 v_{max}≤120 km/h 时,本线可不下道。

b. 120 km/h<邻线 v_{max}≤160 km/h 时,本线可不下道,但本线必须停止作业。

c. 邻线 v_{max}>160 km/h 时,本线必须下道,距离不小于 2 000 m。

四、施工作业安全制度

认真执行施工作业安全制度是保证施工质量和确保安全生产的重要措施,其主要内容包括以下几项。

1. 施工技术责任制

严格执行设计文件的各项要求和有关技术标准,合理控制施工和慢行地段长度,积极采用新技术、新材料、新工艺、新设备,提高施工技术水平;加强与工务段驻车间人员的联系,协助检查施工安全和质量。

2. 施工三检制

每次开工前、施工中、线路开通及收工前,施工负责人应组织有关人员,各自对分管地段的施工准备、施工作业方法和线路设备状态进行检查。

3. 巡查养护制

施工现场设置巡查养护人员,对施工地段进行巡检,发现危及行车安全的处所要及时消除,无力消除的要及时向上级报告,采取措施,保证行车安全。

4. 工序交接制

前一道工序完成后,施工负责人组织相关工序负责人进行交接。

5. 隐蔽工程检查制

隐蔽工程每个阶段结束时,由施工单位会同接管单位共同检查,确认符合设计要求后,填写记录,方可继续施工。

6. 职工岗位培训制

新员工上岗前,必须进行安全教育和技术培训,考试合格后,才能上岗工作;采用新工艺、新设备,必须先制订操作规程和安全保障措施,并对有关职工进行培训,考试合格后,方能上岗操作。

7. 安全检查分析制

安全工作应抓早、抓小、抓苗头、抓薄弱环节,做好定期的、季节性的及节假日和工地转移前后的安全检查,及时消除隐患;组织群众,开展事故预想活动,防止事故发生,对事故苗头和已发生的事故,应及时分析、处理,吸取教训。

8. 材料管理制度

质量、规格不符合标准或出厂证件不符合要求的材料不得使用;新旧材料及时清点入库,堆码整齐,防止损坏或丢失;材料的收发、运送、使用和交换,要严格按规定办理账务手续。

9. 施工机械管理制

建立、健全施工、运输、大型养路机械、装卸机械的设备台账、技术档案和管理制度,实行岗位责任制,严格执行维修保养制度,提高设备完好率。

五、机械操作安全

(1)作业时,机组人员应根据线路实际情况选择作业方法,随时观察各部分的工作情况,监控各种仪器、仪表、监控设备的显示状态和内容,发现异常应立即停止作业并处理。

(2)收、放工作装置应选择线路比较平直的地段,在多线地段应与防护员联系确认邻线无列车通过时进行作业。收、放工作装置及进行连结作业时,应按岗位分工各负其责,做好车上与车下人员的协调,统一指挥,防止伤人。

(3)捣固车、动力稳定车和打磨车的测量小车、前后张紧小车、起拨道装置、稳定装置、打磨小车等的下放位置应正确,避免产生误动作或损坏设备。

(4)捣固车作业中,应确保数据输入正确,下镐位置准确,捣镐使用标准,避免镐头碰伤钢轨或轨枕。

(5)打磨作业中,作业司机应注意监视各打磨头的角度和压力变化情况,发现异常立即停止作业;遇有不能打磨的地段时,应按要求及时提起测量小车和打磨小车。

(6)打磨电机运转时严禁提升或下降打磨小车;大超高曲线上不得提升打磨小车;打磨电机完全停转后,方可进行砂轮更换作业。

(7)铣磨作业中,作业司机应经常检查刀盘和磨盘的运转情况,开启铣磨车集尘装置,并在保养时进行彻底清洁。

(8)配砟整形车配砟不应超出轨面,不得妨碍捣固车作业。

(9)清筛机作业中,应严格遵守各道工序启动与停机的顺序。非正常停机后需要重新启动时,需先清除污土带上堆积的污土与道砟(电气化区段需停电),避免满负荷启动机器。在收放左右导槽时严禁下方钻入人员。

(10)严禁非机组人员扳动大型养路机械各种操作手柄、紧急按钮等装置。

任务 4　保养检修及作业驻地安全

一、保养检修安全

（1）大型养路机械在作业前后的保养工作应在驻地停留线上进行。保养时应采取防溜措施，按规定防护。

（2）保养工作应分工进行，注意相互配合与协调，穿好防护服、戴好安全帽。当进入车体内擦拭机器或调整更换零部件时，应严格执行操作规程，注意防止磕碰头部和手脚。

（3）需要登踏车体上部时，电气化区段应申请办理接触网停电手续，手要紧握扶手，挂好安全带，不得穿戴钉鞋或塑料底鞋登高。

（4）登高人员与车下人员同时作业时，尽量避免垂直上下作业，遇特殊情况时，上部人员应防止物件下落击伤他人，下部人员也应避开有危险的位置。

（5）加注燃油时，应注意防火，严禁在油箱附近及加油作业中吸烟。

（6）严禁在车上或附近使用明火，必须就地使用电焊或气焊时，应尽量远离油箱，并应准备足够的灭火器具，清除附近的易燃物品。

（7）在作业现场处理临时故障时，应采取防溜措施，视情况停止发动机运转、关闭电源，并在邻线一侧设专人防护。在检修人员清除故障部位及轨面油脂并全部撤离至安全区后，方准重新启动发动机。

（8）在现场拆卸较大零部件时，应根据拆装的条件事先制定安全措施，防止砸伤手脚，损坏机件及影响行车安全。

（9）使用过的油脂及棉线应妥善保管，严禁乱扔乱放，以防发生火灾。

（10）返回基地检修时，在布置检修工作的同时，应提出安全注意事项。当拆卸较大或较复杂的零部件时，技术人员应在场指导，严禁蛮干。

（11）需要在库内动车时，应检查并确认各工作装置的位置正确、车上车下无障碍物，就位后应放置止轮器防溜。

（12）使用起重机械吊装物件时，应由专人指挥，吊车司机与司索工应经过培训并考试合格，捆、挂应牢固平稳，起落应缓慢，严禁吊钩下站人。

（13）使用叉车的人员必须经过培训并有操作证方能上岗驾驶。作业时应有专人指挥，装卸物件应起落平稳，严禁在车间内高速行驶。

（14）使用架车机或千斤顶架车时，应有专人指挥，步调一致，同起同落，防止受力不均造成偏斜。支撑物应牢固可靠，支撑物的承载能力必须大于被支撑物的重量，其所在地面应坚硬无下沉。用枕木垛时,应搭成井字形,并用扒钉固定。

(15)各种试验设备应由专人负责保养与使用,使用规则与技术要求应明文写出并挂在设备附近的墙上,以利提醒和监督。

(16)清洗配件一般使用清洗剂,清洗油槽应有铁盖。清洗过的废油及各种油脂、线头应妥善处理,不准随意泼洒或丢弃。使用刺激性或有毒化学溶剂时应在室外或通风环境良好时进行,并做好防护。

(17)检修库内应按规定配齐消防器材,并严禁动用明火。需使用电焊或气焊时,应采取相应的安全措施,由相应人员在场监督。

(18)在检修、保养带有回转输送带的大型养路机械后,必须将回转输送带可靠落位、锁定后,方准进行调车作业或连挂运行。

(19)每天工作结束后必须清扫保养检修现场,清理油脂及易燃物,按要求清点各种工、机具。

二、作业驻地安全

(1)机械段应选派胜任人员负责作业驻地巡守工作,巡守人员在岗期间严禁擅离职守。

(2)机械段应建立严格的巡守人员交接班制度,交接班时应对设备及备品进行全面检查并填写交接记录。

(3)巡守人员当班时应严格遵守巡视制度,做到定时、定点巡视,发现问题及时报告。

(4)巡守人员在巡视时,不得在邻线道心或枕木头上行走与坐卧,跨越邻线时应注意瞭望,夜间应有照明以防跌倒摔伤。

(5)各种车辆在无人时应锁好车门,防止车上设备或物品丢失。

(6)停留车辆两端的防溜设施及防护红牌(夜间为红灯)由巡守人员负责安放与撤除。

(7)作业驻地应确保存放油品的安全。存放的油品与辅属车辆间应按规定保持距离,设置安全隔离措施,并加强人员巡守。

(8)转移至新驻地时,应事先根据驻地站情况选定职工上下班及人员行走安全通道,竖好安全警示牌。严禁邻线开门上、下车。

任务5 应急处理

一、应急管理基本要求

(1)铁路局、机械段应结合大型养路机械运用情况,制定应急处置管理办法、应急预案,建立健全应急专家库。

(2)应急处置工、机具实行"定人、定置"管理,不得挪作他用,缺损或遗失应及时向上级管理部门说明情况并申请补充到位。

(3)大型养路机械成组作业应至少配备一套液压起复设备,每台设备配备人字形复轨器一套、止轮器四个、手拉葫芦(不小于3 t)两个、枕木头及撬棍若干等用于脱轨及工作装置复位的应急救援起复设备,所有设备必须状态良好。

(4)铁路局应每年至少组织一次大型养路机械应急起复演练,根据实际变化情况及时总结,修订完善应急预案。

(5)机械段应定期对机组人员进行相关专业知识培训。每个机组应每月进行一次故障应急处置实作演练,按应急处置预案规定步骤、方法逐项开展,提高故障应急处置能力,同时运用新装备、新技术不断优化和完善细化应急处置预案。

二、施工与运行应急处理

1. 发生故障或其他原因在区间内被迫停车不能继续运行

(1)大型养路机械司机应立即排除故障,争取在规定的时间内到达前方站。

(2)如故障不能排除或发生事故等无法继续运行,司机应立即采取防溜措施,保压制动,拧好手制动机,两端用止轮器止轮制动,并按规定做以下工作:

①鸣示报警信号(一长三短声),并利用列车无线调度通信设备通知两端车站值班员或列车调度员及后续列车,报告停车原因和位置。

②按《铁路技术管理规程》有关规定设置防护,如影响邻线行车时,应立即使用列车无线调度通信设备通知邻线上运行的列车和两端站,分别在列车头部和尾部附近邻线上点燃火炬;在自动闭塞区间,还应对邻线来车方向短路轨道电路。司机应亲自或指派人员沿邻线一侧对列车进行检查,发现妨碍邻线时,应立即按规定防护。如发现邻线有列车开来时,应鸣示紧急停车信号。

③采取紧急措施,组织抢修或起复,尽快开通线路,需要救援时,应立即通知车站值班员。请求救援后,不得继续动车。

④从救援列车开来方向(不明时,从列车前后两方面),距离列车不少于300 m处设置响墩防护。每组为三枚,其中两枚扣在来车方向左侧的钢轨上,一枚扣在右侧的钢轨上,彼此间隔20 m。防护人员应站在距最外方响墩不少于20 m的路肩上。放置响墩时,要将响墩放于钢轨顶面上(有环带的应将环带紧扣于钢轨头部两侧,防止震掉),并注意不要在下列处所安放:

a. 道岔、钢轨接缝、平交道口及有特殊设置的地方。

b. 无砟桥及隧道内(连续为长隧道的线路,按该区段的具体情况确定)。

c. 积雪和浸水地点。

2. 出现机械故障

对于发动机熄火的故障，先不要关作业电源，尝试利用液压蓄能器和总风缸的储存压力收起各工作装置，在安装有应急泵的大型养路机械上还可以启动应急泵向液压系统补充工作压力，实现液压工作装置的收起。对于电路短路、失电、控制电路紊乱等故障，应尽量在建立作业风压和液压后，关闭相关工作装置控制开关，然后尝试手动按下换向阀以实现工作装置的收起。对于以上方法均尝试失败后，可采用以下方法：

(1)捣固装置提起：先卸压(拆提升油缸的油管)，正确用手拉葫芦拉起(包括使用千斤顶，垫厚度不同的枕木垫)，拉到位后立即锁定好。

(2)稳定装置提起：先卸压(拆垂直油缸的油管)，用千斤顶(并及时用厚度不同的枕木垫)把稳定头顶到位后立即锁定好。

(3)用小千斤顶或人工抬的方法等收起各小车。

(4)起拨道装置提起：先卸压(拆夹轨轮的油管)，再分开夹轨轮，用千斤顶(或手拉葫芦)起到位后立即锁定好。

(5)抛碎机、清筛机挖掘链导槽提升：将液压泵上的液压管卸下连接到应急手泵上，利用应急手泵将挖掘链导槽提升到位并锁定。

3. 冒进信号

(1)大型养路机械冒进进站(进路)信号机后应立即停车与车站值班员取得联系，机组需待车站值班员确认接车条件具备后，由车站派出的引导人员领入站内。

(2)大型养路机械冒进出站(进路)信号机(未设出站信号机为越过警冲标)时，应按下列规定处理：

①在使用自动闭塞、方向电路闭塞、半自动闭塞(调度集中)的区间，冒进出站信号机时，机组应按车站值班员的指示退回，待开放出站信号机后，方准开往区间。如不能退回，能开放出站信号时，凭开放的出站信号和调度命令(自动闭塞区间为开放的出站信号和绿色许可证)开车；不能开放出站信号时，方向电路闭塞、半自动闭塞(调度集中)区间须停止基本闭塞法，改用电话闭塞法。双线自动闭塞区间在车站准备好发车进路并接到填发的绿色许可证后发车；单线自动闭塞区间，须先按下越站调车按钮(控制发车方向)后再填发绿色许可证发车。

②按上述方式发车不能锁闭发车进路时，须确认进路正确后，以单独锁闭方式锁闭进路上的道岔和邻线上的防护道岔。

③在使用电话闭塞的区间，原则上机组应根据车站值班员的指示退回。如无列车交会而发车进路又已准备妥当时，可不退回，在接到车站发给的占用区间凭证后发车。

④如出现挤岔时必须立即向车站值班员汇报，确认道岔情况是否具备动车条件，绝不能盲目动车，以防造成"四开"道岔或脱线。

4. 遇恶劣天气

(1)恶劣天气是指遇暴风雨、雪、雾、扬沙等在平直道路上能见度低于200 m时的天气。

(2)出车前,确保大型养路机械及其连挂的平车(含运行监控记录装置、机车信号、列车无线调度通信设备)处于完好状态,工具备品及响墩、火炬、防护用具齐全良好。

(3)动车前,列车管压力应达到500 kPa,必须进行制动机试验,确认制动良好后,方可动车。

(4)恶劣天气运行中应打开大型养路机械头灯及侧灯,多鸣喇叭,严格控制车速。加强车机联控和与工务看(巡)守(呼叫点)人员呼唤应答。

(5)遇天气恶劣,信号显示距离不足200 m时,司机或车站值班员须立即报告列车调度员,列车调度员应及时发布调度命令,改按天气恶劣难以辨认信号的办法行车。

①列车按机车信号的显示运行。当接近地面信号时,司机应确认地面信号,遇地面信号与机车信号显示不一致时,应立即采取减速或停车措施。

②当无法辨认出站(进路)信号显示时,在列车具备发车条件后,司机凭车站值班员(运转车长)列车无线调度通信设备(其通信记录装置须作用良好)的开车通知,启动列车,在确认出站(进路)信号机显示正确后,再行加速。

遇确认信号困难或线路桥梁等行车设备有异状(发现倒树、山洪、塌方、线路被水淹没)或其他异物危及行车安全时,应立即采取停车措施,查明情况,及时报告车站值班员。

(6)汛期行车时,应严格执行有关规章和相应条例。

(7)实行列车无线调度电话直接发车的区段,可根据车站值班员无线调度电话通知开车,不实行列车无线调度电话直接发车的区段,车站发车人员应向前行至轨道车司机可见距离显示发车信号,司机和副司机共同确认发车手信号后方可动车。

(8)恶劣天气进入区间作业时,在接近施工慢行点应一度停车,根据防护人员要求进入施工区段作业。

(9)恶劣天气时,站内转线作业、大型养路机械出入库应严格控制速度,确保在瞭望距离内能随时停车。

5. 运行监控记录装置、机车信号等发生故障

大型养路机械列车运行监控记录装置、机车信号、列车无线调度通信设备,在运行中发生故障时,司机应立即使用列车无线调度通信设备报告车站值班员,并根据实际情况掌握速度运行,在自动闭塞区段,以不超过20 km/h的速度运行至前方站。到站后,司机将发生故障的时间、地点、现象、车次等做好记录并报修,同时与车站值班员联系,得到准许命令后严格按照地面信号继续行车。

6.自动闭塞区段运行时通过信号机显示停车信号(包括显示不明或灯光熄灭)

(1)司机严格执行自动闭塞区段运行时的具体规定,控制好运行速度。

(2)机组人员应提高警惕、加强瞭望,严禁臆测行车。

7.信号设备发生故障

1)进站(进路)信号机发生故障时的行车办法

(1)凡进站、接车进路信号机不能使用或在双线区段由反方向开来列车而无进站信号机时,应由车站开放引导信号或派引导人员接车。

(2)引导接车时,车组以不超过 20 km/h 速度进站,并做好随时停车准备。由车站引导人员接车时,引导人员在引导接车地点标(未设时引导人员应在进站、进路信号机或站界标外方)处,显示引导手信号接车,直到机组头部越过引导信号后才关闭信号或收回引导手信号。

2)进路信号机、出站信号机发生故障时的应急处理

(1)出站信号机临时发生故障时,机组应在接到车站按规定交递的行车凭证(行车凭证接到后司机应进行确认)和信号机故障事由的口头说明后才能在出站信号机关闭的情况下出发。

(2)在装有进路表示器或发车线路表示器的出站信号机,当该信号机表示器不良时,机组应在接到办理发车人员的通知后方可凭出站信号机的显示出发,机组人员须认真确认道岔开通方向,如不相符,应立即停车,及时与车站联系。

(3)半自动闭塞的车站,发车进路信号机临时故障不能开放时,机组应在接到车站发给司机发生进路信号机故障的书面通知同时确认进路后才可越过该信号机,按次一信号机的显示运行。

(4)单线自动闭塞的车站,发车进路、出站信号机故障不能开放时,机组应在接到车站开出的绿色许可证后方可发车。

3)因临时停车轨道电路瞬间故障,使已开放的信号机恢复定位而造成机组冒进信号的处理办法

(1)冒进进站信号后,机组须在接到车站值班员情况说明和签注后,在车站引导人员的手信号引导下进入站内停车或通过。

(2)冒进出站信号后,如进路未解锁,机组可不必退回,在接到车站发车人员的原因说明和签注后重新发车继续运行。

8.发生路外交通事故的应急处理

1)机器碰撞处理

大型养路机械在区间碰撞设备、机动车辆,并造成大型养路机械或线路设备损毁时,司机应立即用列车无线调度通信设备报告就近车站。立即查看并保护事故现场,对大型养路机械等设备破损情况进行全面检查和处理,如需停电、救援或需派救护车时,应立即报告就近车站。如影响邻线或不能继续运行时,需按规定进行防护和采取防溜措施。

2)路外伤亡事故处理

发生路外伤亡事故后,大型养路机械司机必须立即停车(有特殊规定的除外),对事故现场做好标记,记录时间、地点、姓名、单位、年龄、性别、伤情、关系人和现场处置情况,并迅速将事故情况报告就近车站。待伤亡人员处置完毕,继续运行至前方站停车,向车站交送记录。

3)受伤人员处置

在区间发生路伤事故时,大型养路机械司机将伤者带上本车交前方车站组织抢救。在有人看守道口发生事故,由道口看守人员组织护送到就近医院抢救,并办理手续。在段管线发生事故时,由所属段负责送就近医院抢救并办理手续。在站内发生事故或接收区间伤员,由车站送就近医院抢救。

4)死亡人员处置

在区间(无人看守道口)发生事故造成人员死亡,尸体妨碍行车时,由司机做好标记,将尸体移至路旁,尽量找人看守,再继续行车;如找不到看守人员,通知就近车站,由车站处理。在站内发生事故造成人员死亡,尸体由车站负责看守;在有人看守道口由看守单位负责;在段管线由所属段负责。

9. 退行

(1)在不得已情况下,大型养路机械必须退行时,单机时应立即换端操作,并进行制动机试验,确认良好后方可运行;多车联挂时,本务司机在与补机司机联系转换操纵权后,由取得操纵权的司机进行制动机试验,确认完全获得操纵权后方可运行。

(2)未得到后方站(线路所)车站值班员准许,不得退行到车站的最外方预告标或预告信号机(双线区间为邻线预告标或特设的预告标)的内方。车站接到大型养路机械退行的报告后,除立即报告列车调度员外,根据线路占用情况,可开放进站信号机或按引导办法将轨道车接入站内。

(3)大型养路机械需退回原发站时,应报告车站值班员,在得到准许后,方可按进站信号机的显示或引导接车人员显示的引导接车手信号进站;如未得到后方站车站值班员的准许,只能退到车站最外方预告标或预告信号机外方(禁止跟踪调车的车站,可退至进站信号机外方)。

(4)规定不准退行的大型养路机械,在运行中遇有山洪、泥石流或其他突然灾害被迫停车,如不立即退行撤离现场将严重危及列车安全时,准按如下办法退行:

司机应立即鸣示警报信号(一长三短声)和退行信号(二长声),以不超过 15 km/h 的速度退行。退行中须连续鸣示警报信号,待退至安全地段停车后,迅速与车站值班员及列车调度员联系。

10. 脱线起复

(1)迅速确定抢救方案,是起复还是撤离线路,是就现有人员、工具进行还是请求就近车站、工区支援。同时还要确定具体起顶位置、移动方向、预计起复需要时间和确定抢救临时负责人,并将以上信息向车站值班员报告,按规定设好防护。

(2)根据方案积极准备起复工具材料,如液压起复器、起道机、撬棍、短轨、索具、枕木头、铁线、克丝钳、活扳手等。

(3)临时负责人一旦明确,其他人员均要服从指挥,统一行动。

(4)用索具把台车(转向架与轮对)和车体捆绑牢固,并在其顶端第一轮前后装好止轮器。

(5)临时负责人在指挥中要充分考虑脱线周围地形情况、车辆偏离程度及水平倾斜角度,据此确定合理的起复步骤。

(6)起顶和移动时不宜过急过猛,边起边观察车辆有无异动。

(7)横移量一次不足时,可分多次进行。

(8)注意起高量,多次起高时,要加垫枕木头支撑,以防下坠或倾覆。

(9)如要把车辆移出线路外,一般需要8~12人,并需长撬棍4根、中粗麻绳2根(长20 m),选择较低地势为撤出方向,采用起、拨、拉等办法,可在较短时间撤出线路。进行此项工作时,必要时联系接触网断电,以防意外。

(10)起复完毕,应检查车辆走行部和脱线处线路情况,如无异常,应撤出防护,开通线路,降速行至车站后再做全面检查修复工作。

三、线路大修应急处理

1. 线路胀轨跑道应急处理

作业人员或巡查人员一旦发现线路胀轨跑道情况后,应严格执行"先防护后处理"的原则。

1)安全防护

(1)当发现胀轨时,应立即用对讲机或电话通知运行列车和车站,拦、扣停列车并封锁区间,同时派人员分头进行防护,并在故障地点设置停车信号。

(2)设有固定信号机时,应先使其显示停车信号。当确知一端先来车时,应先向该端放置响墩,再向另一端放置响墩。如不知来车方向,应在故障地点注意倾听和瞭望,发现来车应急速奔向列车,用手信号旗或徒手显示停车信号,并将响墩放置在能赶到的地点,使列车在故障地点前停车。

(3)站内线路发生胀轨时应立即通知车站值班员采取措施,使机车、车辆不能通往该故障地点,并按《普速铁路工务安全规则》《高速铁路工务安全规则(试行)》在站内线路或道岔上施工使用移动停车信号防护的具体规定,设置停车信号防护。

2)应急处理

(1)当巡查人员发现线路轨向不良,有明显的横向位移时,应立即设置停车信号,封锁区间,并通知车间派人进行紧急处理。

(2)采取夯拍道床、填满枕盒道砟和堆高砟肩等措施,防止胀轨继续发展。

(3)拧紧胀轨地段两端50~100 m范围内线路扣件和接头螺栓,从胀轨地段两端50~100 m处向中间轻浇慢淋水(最好在轨腰上覆盖草袋以利吸收水分)或喷洒液态二氧化碳降低轨温,降低轨温后将胀轨部分拨回原位。

(4)曲线地段只能上挑,不宜下压。

(5)拨道后补充石砟,夯拍道床,限速放行列车,并派人看守,待轨温降至锁定轨温时,再恢复线路和正常行车速度。

(6)若降温不能恢复线路,在地形许可情况下,非电气化地段可采用反向曲线法,从胀轨处两端向中间拨成半径不小于200 m的反向曲线,曲线夹直线不得小于10 m,如图2-1所示。拨好后回填石砟,夯拍道床,限速15 km/h直至拨正线路。

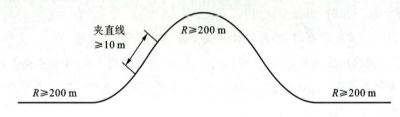

图2-1 反向曲线法示意图

(7)在电气化铁路困难条件下处理线路胀轨跑道,可用乙炔切断钢轨,松开扣件放散应力,用夹板和急救器加固,限速5 km/h开通列车,在24 h内按《普速铁路线路修理规则》《高速铁路线路维修规则》的相关规定进行临时或永久性处理。

(8)在普通线路发生胀轨跑道时,应立即设置停车信号,封锁区间,如有轨缝可利用时,应串动钢轨恢复线路,并加强防爬锁定。

(9)胀轨跑道处理后放行第一趟列车时,限速5 km/h,并派人看守。以后放行列车速度视线路恢复情况确定。

2.钢轨折断应急处理

1)安全防护

当发现钢轨折断危及行车安全时,应严格执行"先防护后处理"的原则,按线路故障要求立即设置防护。

2)应急处理

(1)当钢轨全断面断成两部分时应进行以下处理:

①当钢轨断缝不大于50 mm时,在断缝处上好夹板或鼓包夹板,用急救器固定,在断缝前后各50 m范围内拧紧扣件或打紧防爬器,断口两端安装轨距拉杆,并派人看守,限速5 km/h放行列车。当断缝小于30 mm时,限速15 km/h放行列车。

②当钢轨断缝大于50 mm或钢轨全断面粉碎性折断时,应立即封锁区间。普通轨线路应更换钢轨;无缝线路临时处理时可沿断缝两侧对称切除伤损部分,两锯口间插入长6 m的同型钢轨,轨端钻孔,上接头夹板,用10.9级螺栓拧紧。

③在断轨前后各 50 m 范围内拧紧扣件后,按正常速度放行列车,并在处理时做好记录。

无缝线路地段,临时处理或紧急处理时,均应在断缝两侧约 3.8 m 处轨头非工作边上作标记,并准确测量断缝值,做好记录,以便原位复焊。

(2)当钢轨裂缝贯通整个轨底或轨头截面时应进行以下处理:

①若钢轨折断在轨枕上,能钉上道钉或安设扣板时,可在钢轨内外两侧各钉上一颗道钉或用扣板卡住。

②如钢轨折断位置离轨枕较近,可方正轨枕于断缝处,然后用道钉或扣板把折断处钢轨固定在轨枕上。

③当钢轨折断在轨枕盒内或长轨条发生折断且断缝小于 50 mm 时,在断缝处上好鼓包夹板,用急救器固定,如断缝处能穿入螺栓,可用两块夹板穿上螺栓夹紧,断缝下垫入短枕,以防止钢轨上下、左右错牙,再安装轨距拉杆保持轨距。

④对以上情况处理后限速 15 km/h 放行列车,昼夜派人看守,并立即组织更换。

(3)当轨头顶面上有长大于 50 mm、深大于 10 mm 的掉块时应进行以下处理:

①应封锁区间,普通标准轨线路立即通知车间更换;长轨条沿掉块两侧对称切除伤损部分,两锯口间插入 6 m 的同型钢轨,轨端钻孔,上接头夹板,用 10.9 级螺栓拧紧。

②在断轨前后各 50 m 范围内拧紧扣件后,按正常速度放行列车。

③发现人在进行好防护和临时处理后,应立即报告施工负责人和车站值班员。

④施工负责人立即报告片区指挥部调度,组织带领人员赶赴现场抢修。

⑤当发现钢轨裂纹,又不能确定伤损程度时,应按"先封锁处理,后开通放行"的原则办理,做到"宁可错拦、不可错放"。

3. 钢轨接头夹板折断应急处理

线路作业人员或巡养人员一旦发现接头夹板折断,危及行车安全时,应严格执行"先防护后处理"的原则。

1)安全防护

(1)当内外两侧夹板同时折断时,应按钢轨折断的防护办法进行防护。

(2)当一侧夹板折断时,设置慢行信号,派人看守,并通知车间更换。

2)应急处理

(1)当内外侧两块夹板同时折断时,应立即设置停车信号,封锁区间,用备用夹板及时换上。如没有备用夹板时,可从其另一股钢轨接头上取下一块夹板,与折断夹板调换,同时上紧两股钢轨接头的接头螺栓,限速 5 km/h 放行列车,然后通知车间更换折断夹板。

(2)当接头上一块夹板折断时,应立即设置慢行信号,并迅速通知车站,办理临时封锁施工手续,利用封锁时间更换夹板,放行列车条件视具体情况决定。

(3)发现人员设置好防护后,应立即报告施工负责人或车站值班员。

(4)施工负责人应立即组织材料、人员赶赴现场抢修。

4. 胶结绝缘接头失效应急处理

1)安全防护

胶结绝缘接头失效发生联电,应严格执行"先防护后处理"的原则,能立即处理的情况下组织人员尽快恢复。

2)应急处理

(1)绝缘接头发生拉缝时应进行以下处理:

①立即拧紧接头两端各 50 m 范围内线路扣件,接头失效不能立即恢复的将失效部分拆除,更换为普通绝缘接头材料或插入等长胶结绝缘钢轨,用夹板连接进行临时处理,并尽快用较长的胶结绝缘钢轨进行永久处理。

②进行永久处理时,应严格掌握轨温、胶结绝缘钢轨的长度和预留焊缝,确保恢复后无缝线路锁定轨温不变。

(2)当胶结绝缘钢轨发生重伤或折断处距绝缘接头 1 m 以外时,可比照普通钢轨折断处理。

5. 施工中导致电务信号故障应急处理

(1)线路换轨、换岔,抬运钢轨、辙岔等金属物件,不应担在两股钢轨上,路基施工须扣轨梁,在有轨道电路区段必须注意绝缘程度,防止扣轨梁造成电务信号故障。

(2)施工中发生电务信号故障,应立即查找原因,查找范围主要是:

①道口钢筋和混凝土板钢筋头。

②轨端是否有肥边突出。

③单轨车、捣固车等机具的走行轮是否压住绝缘接头。

④道岔配件是否脱落或组装错误。

⑤散置在线路上的钢轨、道岔或其他金属物等。

(3)在有轨道电路的钢桥上施工,不应把连接钢梁杆件的金属线绑在螺栓、道钉上,防止导致电务信号故障。

(4)在有电缆的桥上施工,要注意防止挖断、碰湿电务送受电线和电缆。

(5)施工中意外挖断电缆、电线,应立即通知有关单位配合人员进行抢修。

6. 复线地段发生行车事故应急处理

(1)施工作业人员发现复线地段发生行车事故时,除立即对本线进行封锁防护外,应立即确认是否对相邻线路造成侵限和破坏。

(2)若对邻线行车造成影响,应按规定设置防护,并及时将情况通知相邻车站,封锁相邻线路。

项目五　材料管理

任务1　材料管理制度

一、材料管理基本任务

材料供应与管理必须满足工务机械段各项施工生产的要求。保证生产任务的顺利完成和施工安全是材料管理工作的宗旨。

材料管理的基本任务：供应好、周转快、消耗低、费用少。材料管理必须遵守的原则：坚持从生产出发，一切为生产服务；坚持质量第一，确保生产供应合格材料；管供、管用、管节约、管回收；做到计划有依据、供应有道理、消耗有核算、节超有分析；讲求经济效益，在保证供应的前提下做到材料储备越少越好；周转快，资金利用率高，采购成本低，储运费用省，以提高企业的整体效益。

材料工作者必须严格执行物资政策和纪律，自觉维护和遵守国家法令，坚决抵制商品流通中的不正之风，实事求是，不弄虚作假。工务机械段材料管理统一由材料科负责，执行上级物资部门制定的材料归口管理的各项制度，建立健全归口管理制度，明确责任范围，消除管理上的混乱现象。同时，材料管理工作要充分依靠各车间共同管理，认真编制和考核材料供应消耗、计划和储备定额的执行情况。

二、材料供应计划编制及审核程序

材料申请计划是材料平衡分配和供应的主要依据。材料的供应要根据生产实际的需要，防止积压和浪费，充分考虑节约、代用、修旧利废的原则。材料申请计划一般采用滚动计划，具有充分的灵活性、连续性、均衡性和预见性。

(1)工务机械段材料申请计划分为工班计划、车间计划和段计划，实行逐级上报。其中工班主要采用周计划提前报车间，车间以月计划形式将下月计划报段。段材料申请计划根据技术科提供资料及线上料、大堆料等用料计划编制。

技术科及各车间要加强施工用料的计划性，特别是施工部门在安排施工计划的同时，要认真准确地安排材料计划，做到早计划早安排，减少不必要的自购料及越权采购行为。

(2)工班材料申请计划经工班长批准由工班料具员提出报车间材料员。车间材料申请计划经过各车间会议审查、车间技术核实、主任签章后由材料人员上报段材料科。各车间一律以材料人员(工班以料具员和工班长)为有权领料人,其余没有车间介绍证明一律不发料。

(3)预算以外的主要材料的申请,由技术科提用料计划,经材料科会签后报段长或主管段长批准,材料科供应。一般材料、工具备品、机电配件、燃料等的申请计划由车间报下月计划送材料科审批,确认段材料科供应和零星料自购。一般材料采用单位工程指标资金总额控制原则,主要由车间自购。

(4)申请计划的内容包括物资编号、品名、规格、计量单位、单价、质量标准(技术要求)、计划申请数量、金额、用途等。

(5)凡是要用火车运输的大堆料申请计划程序:

①砂石、石砟每月由车间提用料计划,经技术科会签送材料科办理下月用料申请计划。

②申请计划要注明卸车区间及里程,申请计划要注明月、旬、日需要数量。

(6)申请计划遗漏或临时变更需要的料具,允许每月报补充计划一次。

因任务变更,发生计划外用料时,可临时开具造册报上级批准后,可以自购。未经批准的料具,任何部门、车间、班组、个人均不得采购。

(7)材料的申请、领取、催促归口由材料人员办理(工班由料具员向车间申请并办理),除材料人员委托办理者(须有材料人员书面委托)外,拒绝其他人员对以上事宜的办理。

三、材料采购

材料采购应明确分工,专人负责,在材料科的指导下进行工作。

(1)外购料申请由料库人员根据库存情况和材料科审批的各单位材料申请,提出具体的数量、质量、规格,及时组织进货。

(2)材料采购时,应根据材料科审批的计划进货,不得超计划、无计划进货。

(3)各单位自购材料规定:

①各单位自购材料时,由材料员提出申请计划(含品名、规格、数量、编号、用途)由车间负责人签认,由材料员按计划执行。

②大宗材料(如钢材、水泥、木材、砂石料等)的自购,必须事先签订协议或合同,按经济合同的规定办理。

③为了减轻运输压力,现场的自购材料以就地采购为宜,但必须报材料科批准后执行。就地无条件采购时,由材料科联系协助组织供应。

四、工具备品管理

合理使用、妥善管理工具备品对完成各项任务,确保安全生产起着重要作用。也是企业管理、班组管理的重要方面。段主管部门及各车间负责人必须加强管理,专群结合,防止损坏或丢失,用好、管好工具备品,有效地发挥其作用。在使用管理中,好的应表扬或奖励,因管理不善而造成损失,情节严重的须追究责任,严肃处理。

(1)工务机械段的工具备品分层次负责管理,交由材料科统一管理,设专人负责,并建立工具备品台账。各车间由材料员负责管理并建立工具备品台账。工班使用的工具由工班工具保管员负责统一管理(个人使用的工具备品由使用人保管)。未经保管人员同意,任何人不得随便动用。

(2)因违章使用造成损坏或因保管不当,发生变质或丢失时,必须由责任者写出损坏和丢失原因,填写《物品损失损坏评定表》,主管单位注明意见交段领导批复后负责赔偿。贵重物品不论年限多少,一般按原价赔偿,特殊情况需由段长批准方能折价。职工调离或者变动工种未交回的工具也按此条办理。

(3)各车间在年度分批计划内领用工具,逐级严格执行"交旧领新"制度,并在《低值易耗品保管卡》上登记更换日期,小型机具的报废须经段鉴定小组鉴定后方能更换,各车间工具应妥善保管于专门库房内。

(4)工具备品互相调剂交接时,必须由交接双方签字,并将交接凭证交材料科。

(5)各车间材料员必须每季度清点一次库内工具备品,并将清点结果报材料科。

(6)工具备品保管人员离职、调动时,必须将自己保管的工具、备品点交清楚,方能办理离职、调动手续,未点清楚不得离职。

(7)各车间的材料库应保持清洁整齐,门窗牢固,关闭严密,防止被盗。同时,所有库房均应有严密的防火安全措施,防止失火。

(8)奖惩。

①在料具管理工作中,对认真负责、成绩显著的材料人员,应予以表扬或奖励。

②任何人都无权将工具备品外借或出售,凡违反相关标准或其他有关规定,使国家财产受到损失,视其情节给予经济制裁或纪律处分,性质恶劣、后果严重的交有关部门处理。

五、账目管理

材料账目由专人负责,及时登记,字迹清晰,准确显示收、发、存动态,确保账、卡、物相符。材料账卡是反映流动资产的收、发、使用、保管和定期清查盘点的重要凭证。如何正确地填制、整理、传递、登记材料账卡,对于加强流动资金的管理,确保集体财产完整,降低成本,节约资金具有重要的作用。

1. 材料账、卡的建立

(1)工务机械段仓储管理实行分库制,对于发放到沿线料库和存料地点存储的材料,不应作为支出列账,只有直接发交工班用于生产时,方能作为支出列账。各料库和存料地点都应建立材料账卡,以便进行材料动态的核算。

(2)材料账、卡统一。

(3)卡片上的各项项目要工整、清晰地填写。如果有材料目录中没有规定的标准料价、品名、规格和编号,可比照目录中近似数据、编号、规格、单价设立卡片。在同一卡片上不能出现多种规格、单价、编号,但同一规格、单价和编号也不得建立多卡。

(4)实行账卡合一法(余额法),即财务与材料部门共设一套物资卡片的核算办法。日常物资卡片由材料员在计算机上登账,月末财务科根据材料移交的材料动态逐项和机上材料卡片核对,进行余额核算,并在料卡的检查栏内签章。每月对账结算后,对应所有物资应从机上下载月度收、支、存卡片,存放在材料科做档案及备查。

2. 材料收入

(1)材料厂、物资供应段及路内厂家组织供应的材料,料库收料时要与材料单核对,严格检验和计量,相符后方能入库进账,并把发料移交材料科。如有不符,管库员应与提料员交涉,通知供应单位提出处理意见,在未解决之前,不得入库和进账。

(2)总公司及局规定的直达料,运送沿线料库和工地时,材料科收到供应单位的电话及通知后,以电话通知收料库,由料库负责人根据运输部门的运输单据或材料科通知的车号、品名、数量组织卸车和验收。如发现数量、品种、质量等不符,应联系材料科派人验收复验,在未经对方查对或提出处理办法前,到达的材料不得动用。同时,验收记录交材料科。

(3)自购材料无论价值大小、数量多少都应办理进账管理手续。月度报销时,凡大宗产品批量进料按有关规定应与销售单位签订购销协议或合同,并报财务科作报销凭证。

(4)单位自制材料,由各主管业务科提供技术资料,主管人员下派工单,并与各车间提出用料计划交材料科,材料科组织各车间加工,加工完毕经业务科、材料科等有关人员检验合格,由车间填制交接单按管理权限发给各使用单位。

3. 材料发出

各料库必须根据发料凭证发出材料,并按下列要求办理。

各库发料时,要根据材料科开制的发料单或调拨单发料,在特殊情况下(防洪、抢险等)可根据段领导的交涉发放,但领料人和管库员必须相互办理签认手续。

(1)各车间发料给工班,严格按定额发放。如果没有消耗量定额,可根据施工负责人和技术人员提供的用料计划进行发放,超计划时,要会同有关人员查找原因,提出意见,用料单按项目填写清楚。

各车间相互调拨材料,要经材料科主管人员同意后方可办理调拨手续,并上交一份到材料科作为材料移交的凭证。

(2)发料时,要以材料本身的计量单位为依据,严格计量,严禁估算和推算。

4.材料报销

材料使用后逐月报销。各车间应将使用的材料分别按工程项目、材料类别汇总上报材料科业务主管人员进行核对、登记下账。在《材料支出汇总表》中要有上月结存、本月收入、本月支出、支出合计及其账面结存、实物结存栏。另外,工作量、材料编号、单价、规格也应填写清楚。用料单与《材料支出汇总表》中的数量相符,材料科登记下账后,再移交给财务核算,并返回各车间一份《材料支出汇总表》,如有出入,应以返回为准。

六、材料装卸

1.易燃、易爆物品装卸

(1)装卸、搬运易燃、易爆物品,要有专人负责,严禁撞击、抛掷、拖拉或滚动,严禁接近烟火。

(2)雷管和炸药要分开,严禁同一地点同时装卸。

2.笨重物品装卸

(1)搬运及装卸重物时应尽量使用机具,人力操作时要统一指挥,动作协调一致,夜间要有充足的照明,用滑行轨装卸钢梁及其他重型机械时,滑行轨应支撑牢固,坡度适当,并有保险缆绳。

(2)抬运钢轨、辙岔等笨重物品时,要检查抬运工具是否良好。人员配备要得当,统一指挥,起停平稳,步调一致,禁止倒退行走。要有专人指挥,原则上不准夜间装卸,必须在夜间作业时,要有充分的照明。

3.靠近铁路的材料堆放

(1)靠近铁路堆放路料,距轨头内侧不少于810 mm,坡度不陡于1∶1。

(2)放在道心的钢轨与线路上一般钢轨净距不少于300 mm,不高出轨面25 mm,放在枕木头时与线路上一般钢轨净距不少于150 mm,不高出轨面25 mm。

(3)卸道砟和枕木时应有专人领导,卸钢轨应尽量使用滑竿、滑车,严禁碰伤。

4.车辆装货卸货

(1)装车前先准备好各种工具及加固材料,检查货物包装是否完好。

(2)根据各种货物的特点,按规定进行作业,严禁偏载、超限,对笨重物品要捆扎、加固、加盖篷布,对超重货物要在车辆前后扎上红旗。

(3)货物装完后,要检查装载情况、货物的加固毡盖是否良好。

5.安全措施

(1)作业前装卸负责人应检查作业人员精神状态是否良好,交代安全注意事项,严禁酒后作业,对精神状态不好的人,应责令其离岗。

(2)劳保用品应穿戴齐全。

(3)检查装卸机具、工具的技术状态,不符合要求的禁止使用。

(4)在作业时,应正确使用各种机具、工具等,严禁违章使用。

▶ 任务 2　油料和配件管理

大型养路机械油料和配件是确保机械设备持续使用以及状态完好的重要一环。由于大型养路机械种类繁多、涉及技术专业性强、技术系统知识面宽,且配件分类广、通用性差、供应渠道窄等,大型养路机械的配件管理具有一定的难度。我们必须充分认识和重视油料和配件管理,确保大型养路机械的正常、安全运用。

一、油料管理

(1)机械段应设专职化验员,按要求对大型养路机械使用的液压油、润滑油类等各种石油类及电解液、冷却液等进行质量检验。

(2)化验人员应由具有中专以上文化程度和必要的物理、化学及机械基础理论知识、工作认真的人员担任。

(3)化验人员的职责是:

①对新购进的液压油、润滑油类等进行质量检验。

②对储存的油料定期进行检验。

③按要求对使用中的润滑油类定期进行油质检验,为换油提供科学依据。

④定期使用光谱仪、铁谱仪、污染度测试仪等对使用中的润滑油类等进行监测,对机械的磨损及运行情况进行诊断,掌握机械的技术状态,提出修理建议。

⑤按要求对机械所使用的电解液、冷却液等进行质量检验。

⑥掌握机械各运动部件和传动系统的磨耗、润滑情况及柴油机积炭等运用状态,针对液压油、润滑油类的质量问题提出改进措施。

⑦对机组人员及维修人员进行科学加注润滑油类方法的指导。

⑧检查指导机组人员定期取采油样作业。

⑨总结推广先进经验,积极采用新技术和新油料。

(4)对新购进的液压油、润滑油类,应由材料部门采集油样,及时交化验人员进行检验,检验合格后方准入库和发放使用。检验方法和质量指标执行石油产品化验的有关规定和标准。

(5)库存液压油及其他油脂每半年进行一次质量检验,其检验项目、质量指标和检验方法同于新油。

(6)对新购进的润滑油类,在使用之前应进行清洁度检验,其清洁度等级应符合相应机械的使用要求,并应使用专用的加油设备,防止加油过程污染。

(7)对使用中的液压油等应定期监测其颗粒度、黏度、水分、闪点和 pH 值,超过规定者应及时予以过滤或更换。

(8)对使用中的柴油机润滑油的黏度、闪点、水分、机械杂质、pH 值、酸值应定期进行化验。增压柴油机除上述项目外,加做碱值(不做酸值)。

(9)柴油机润滑油、液压油等经化验部门检验不合格时,方可进行更换。

(10)油料必须设专库存放,库房应通风、干燥,符合防火安全的要求。

(11)加注柴油时,必须经装有 200 目滤芯的过滤器过滤。

(12)油料入库后,应妥善保管,防止混杂和污染。储存油料的器皿应清洁并加盖,不得露天存放。

(13)油库内必须配备标定合格的计量器具,油库管理人员应加强油料的计量管理,发放油料时应做好记录,并定期对发放情况进行统计分析,提出相应的改进措施。

(14)机械段必须采购和使用符合规定牌号、质量合格的油料,变更牌号时必须有充分的依据,并经段总工程师批准。

(15)对回收的废油,机械段必须分类用专用油桶存放,且油桶上必须有明显标志。

(16)机械段应加强油料的消耗管理,做好日常油料消耗记录,根据机械运转台时计算月、年的油料消耗量定额,并在实践中不断完善,使之接近实际消耗。

(17)抽取、加注油料时,应使用专用加注设备和容器,严禁混用。

二、配件管理

(1)使用大型养路机械配件应具备高可靠性、安全性、经济性、耐久性等性能,以提高大型养路机械少维修、免维修的程度,满足方便检修,通用互换要求。

(2)各级大型养路机械管理部门应加强大型养路机械配件管理工作,做好配件的采购、修复及其供应工作。

(3)大型养路机械各总成及部件按其质量特性,对整机行车安全、使用安全和作业性能的影响程度,分为 A 类配件、B 类配件和 C 类配件。A 类配件是指其质量特性不合格有可能对大型养路机械运行、使用造成重大安全影响或导致作业性能丧失的零部件;B 类配件是指其质量特性不合格有可能对大型养路机械运行、使用造成较大安全影响或导致作业性能显著降低的零部件;C 类配件是指除 A、B 类配件以外的其他零部件。

(4)机械段应根据大型养路机械数量和需要,对检修难度较大、检修时间较长、检修费用较高的总成大部件,如柴油机、变速箱、液力机械变速箱、捣固装置、稳定装置、车轴齿轮箱、轮对、分动箱、发电机组等,按需要储备,并实行总成互换修。

(5)机械段应积极反馈运用情况,促进整机造修和配套企业不断提高大型养路机械配件质量、配件供应能力及售后服务水平。

(6)大型养路机械的配件应设专库存放。库房应明亮,具有良好的通风条件和防火设施,保持干燥、清洁,并配备足够的货架和一般常用的计量检验工具。

(7)配件的储备应以成品为主,并根据设备的数量和技术状态,以及年度检修计划制定合理的库存量。

(8)配件库应设专人管理。管库员应具有一定的技术基础知识和物资管理知识,了解大型养路机械的构造和性能,熟悉各类配件的存放方法。

(9)配件入库必须按装箱单进行清点,并建立账卡。存放配件时,应根据其体积、重量、材质、性能要求及型号等合理分类和存放,并设置料签。

(10)管库员应经常检查和循环盘点库存配件,每月不得少于物资管理规定的自点率,确保账、卡、物相符;应按月填报配件库存动态表,以便于设备技术管理人员及时提报配件采购计划,合理使用配件购置费用。

(11)配件发放时,应严格执行如下规定:

①检查物资的数量、质量、包装等是否齐备完好;检查领、发料凭证是否准确无误;检查应附技术证件和有关单据是否齐全。

②实物与账卡相核对;账卡与发料凭证相核对;发料凭证与发放实物相核对。

③一般配件必须经有关技术人员签认,较大部件必须经主管领导签认方可领取,做到领发料手续齐备。

(12)领取配件时,应注明机械设备编号、配件名称、型号、图号、规格、数量及领取日期,以便进行分类统计和单机核算,并以此总结消耗规律。

(13)机械段应积极开展修旧利废活动。对经修复能够再用的零配件,应建立旧件回收制度,坚持以旧换新。对回收的废旧零部件必须经技术人员检查并出具检验手续,管库员据此填写入库状态档案,并将其分门别类,妥善保管。

(14)用于日常维修保养的随车配件应严格控制在低值易耗件的范围内。管库员应按机械台数逐一建立台账。消耗后,由司机长按规定手续领取补充。对随车配件应严加管理,防止损坏和丢失。

(15)领取配件时,必须由领料人填写领料单,并按第11条的规定进行签认。配件更换情况,必须由司机长及时整理,并按期填写《大型养路机械配件消耗月报》,由车队审核后报段。

(16)对更换下来的重要零部件,必须经过技术鉴定后方可报废。

(17)对选用的国产代用件、自制的或与其他单位合作开发的配件,其技术性能指标必须达到原件的规定标准,并按有关规定分类别验收认证后方可装车使用。

复习思考题

1. 材料管理的定义是什么？
2. 材料管理的意义是什么？
3. 材料管理的目标是什么？
4. 如何进行材料账目管理？

项目六 线路机械化修理

任务1 岗位设置与管理

(1)担任大型养路机械运行司机和作业司机,必须经过专业培训、技能鉴定、考试考核,取得大型养路机械职业资格证书和岗位培训合格证书后,方可任职。

(2)驾驶大型养路机械的运行司机必须取得大型养路机械驾驶证。实习或学习驾驶大型养路机械的人员,必须在大型养路机械运行司机指导和负责下,按相应申请考试机型进行实际驾驶操作训练。

(3)持有大型养路机械驾驶证的人员每年应按规定参加资格年鉴工作,鉴定不合格者,不准驾驶大型养路机械。

(4)运行司机需要转换驾驶车型的,应由机械段按照转驾车型的技术性能、运行特点、装运要求进行培训后,方可担当驾驶工作。

(5)大型养路机械运行期间,运行司机必须按日填写《大型养路机械运行日志》,详细记录设备运行情况。

(6)大型养路机械实行定人、定机使用制度。作业司机应按取得的岗位资质操作设备。未经岗位培训并考试合格,作业司机不得跨机型操作。

(7)每台大型养路机械应设司机长、运行司机、作业司机等岗位;每个维修车间或大修车间应配备机械工程师、电气工程师、机械师和指导司机;钢轨打磨机组还应设专职的粉尘清理人员。

(8)大型养路机械机组人员为:三枕捣固稳定车6人,双枕捣固车5人,道岔捣固车6人,动力稳定车3人,配砟整形车3人,边坡清筛机7人,48头钢轨打磨列车8人,96头钢轨打磨列车12人,道岔打磨车6人,钢轨铣磨车7人,路基处理车20人,大修列车17人,清筛机9人,道岔清筛机9人,带式物料运输车1人,焊轨车5人,高精度测量车5人。具体定员标准由铁路局按照生产、轮休和各种预备率的需求确定,并根据生产实际优化调整劳动组织。新型车机组人员按车型岗位需要配置。

(9)在高速铁路上运行和作业,机组人员必须经过高速铁路基本知识、行车规章、施工(维修)管理办法等内容的理论培训,并经考试合格。

(10)大型线路机械司机应每年进行一次身体检查,对健康状况确实不宜担任大型养路机械工作的人员,应及时调整其岗位。

(11)机械段应配备技术教育人员,负责机组人员的日常技术教育工作。

任务2 维修作业

一、线路维修概述

由于轨道结构的组合性和散体性,以及所承受列车荷载的随机性和重复性,轨道结构在运营过程中不可避免地会出现残余变形积累,造成轨道的各种不平顺和病害。轨道不平顺一经出现,就会加剧轮轨动力作用,造成轮轨系统的剧烈振动,缩短车轮和轨道部件的使用寿命,降低行车平稳性,严重时危及行车安全,并同时促使轨道不平顺进一步增大,形成恶性循环。为了终止轨道残余变形的恶性循环,确保列车能以规定速度安全、平稳和不间断地运行,就必须对轨道在运营过程中出现的各种变形采取相应的修养措施,借以保持和提高线路设备的质量,使轨道处于良好的工作状态,符合规定的技术标准,并最大限度地延长各设备的使用寿命。由此可见,科学合理的线路维修工作,不仅是安全运输的必要保障,同时可节省大量的运营投入。为此,应当合理地划分与组织线路维修工作,规定各类工作的性质、内容、标准、要求和实施周期。

线路维修应在全年内有计划地进行,其根本任务是:消除线路上各种不平顺现象,防止自然因素对线路的侵扰;更换个别伤损部件,保证轨道的轨距、水平、方向、高低等几何形位符合规定的技术标准;保证道床和路基稳固、坚实,排水性能良好,轨道各部件无病害,线路外观整洁。

为适应轨道变形多样性和不均衡性,充分体现"预防为主、防治结合、养修并重"这一经长期总结形成的技术原则,线路维修划分为综合维修、经常保养和临时补修三种维护工作。

综合维修是根据线路变化规律和特点,以全面改善轨道弹性、调整轨道几何尺寸和更换失效零部件为重点,按周期有计划地、对线路进行综合性修理,以恢复线路完好的技术状态。综合维修的周期应根据线路大、中修周期,并结合线路条件、运输条件及自然条件等具体情况确定。

经常保养是根据线路的变化情况,有计划、有重点地进行养护,以保持线路质量经常处于均衡状态。经常保养的时间是全年度,范围是线路全长。

临时补修主要是及时整修轨道几何尺寸超过临时补修容许偏差管理值及其他不良处所进行的临时性整修,以保证列车运行平稳和安全。

二、维修作业一般要求

(1)大型养路机械维修作业的主要内容包括:线路和道岔的起道、拨道、捣固,道床砟肩夯拍、边坡清筛、道床稳定、配砟、整形和钢轨、道岔打(铣)磨、作业检测等。

(2)大型养路机械维修作业天窗时间,普速线路每次应不少于 180 min,高速线路每次应不少于 240 min。

(3)大型养路机械的驻地与作业地段的距离,普速线路不宜超过 25 km,高速线路不宜超过 50 km(视线路区间确定)。

(4)维修作业一般要求:

①作业计划由工务段(含桥工段、高铁工务段)负责申请,无缝线路地段大型养路机械作业应避开高温时段,作业轨温应符合铁路线路修理规则的有关规定。

②作业命令下达后,大型养路机械按规定进入封锁区间。大型养路机械在封锁区间内作业时,各机械间隔不得小于 10 m。

③步进式捣固车的捣固频次不宜超过 18 次/min,连续式双枕捣固车的捣固频次不宜超过 22 次/min,连续式三枕捣固车的捣固频次不宜超过 20 次/min,其他机型捣固车捣固频次按产品性能及作业要求掌握;动力稳定车的作业速度应控制在 0.8～1.8 km/h;配砟整形车的作业速度应控制在 2～5 km/h。各车应形成流水作业,确保作业后的线路迅速得到稳定。

④双线区段邻线未封锁,且线间距不足 4.2 m 时,配砟整形车靠邻线一侧的侧犁禁止作业;线间距不足 4.9 m 时,边坡清筛机在两线间的工作装置不得作业。

⑤影响大型养路机械作业的各类设备、障碍物等应提前拆除,拆除的设备应在作业机组结束当日该地段的作业后,方可恢复。

⑥大型养路机械维修后的线路几何状态应达到铁路线路修理验收标准。

三、维修作业技术规定

1. 线路维修捣固作业的技术规定

(1)捣固时应设置不少于 10 mm 的基本起道量。当起道量不超过 50 mm 时应捣固 1～2 遍,超过 50 mm 时应捣固不少于 2 遍,一次拨道量不宜超过 80 mm,曲线地段上挑下压量应尽量接近。接头、桥梁两头、道口处应加强捣固。作业后,道床肩宽应符合有关规定。

(2)在需变更曲线超高地段,当里股起道量大于 20 mm 时,应至少分 2 次进行起道、捣固,并进行稳定。

(3)曲线地段线路方向的整正应采用轨道几何状态自动校正装置自动拨道或查表输入修正值用手动拨道。按精确法进行拨道时,应每隔 2.5 m 提供准确拨道量。在长大直线地段,应采用激光准直系统进行拨道。

(4)捣固作业结束前,应在作业终点做出标记,并以此开始按铁路线路修理规则规定的坡度递减顺坡,达到安全放行列车的要求。一般情况下不应在圆曲线上顺坡,严禁在缓和曲线上顺坡结束作业。

(5)在有砟桥上,枕下道砟厚度不足 150 mm 时严禁进行捣固作业。

(6)在线路道床严重缺砟、镐头一次下插不能进入枕底面以下的板结地段,严禁捣固作业,道床翻浆冒泥地段不宜捣固作业。

(7)高铁线路作业,每日作业前应对捣固车执行机构和测量误差进行标定并满足要求;应充分利用精测网测量的线路数据,指导捣固车作业;大型养路机械作业司机应根据地面标注数据,每隔 100 m 核对一次轨道参数计算机数据。

(8)在电气化区段作业,应按《普速铁路工务安全规则》《高速铁路工务安全规则(试行)》的规定控制起拨道量,作业后钢轨顶面至接触网距离应符合《铁路技术管理规程》的有关规定。

(9)在技术状态不良的桥梁上或在线路几何状态严重不良地段,不应进行动力稳定作业。桥梁上动力稳定作业应严格控制。必须在桥梁上进行作业时,应制定安全措施,并应根据道床情况采用合适的作业参数,稳定装置应尽可能在桥台外或桥墩处起振、停振,随时观测桥梁状态,遇异常时,及时停止稳定作业。

2.道岔维修捣固作业的技术规定

(1)作业范围包括岔区及其前后各 50 m 的线路,一次起道量应控制在 10~50 mm,拨道量不超过 20 mm,接头、辙叉、尖轨曲向可弯部位增加捣固次数。

(2)钢枕、辙叉附近轨枕和尖轨转辙器 2 根枕等捣固车不能捣固的区域,以及受运输条件限制,捣固车不能同时捣固的曲股,应采用小型机械捣固。

(3)采用小型机械捣固曲股,应与道岔捣固车同步作业,并在道岔捣固车对第三点起道时进行。

3.钢轨、道岔打磨作业的技术规定

(1)打磨作业前,应仔细调查线路,确定各区段的主要病害,采用钢轨轮廓(磨耗)测量仪测量钢轨廓形,根据钢轨表面状态、钢轨伤损和轮轨接触情况,确定打磨方案。

(2)相连两段线路重叠打磨的区域不少于 10 m,两组道岔间的线路应与道岔一并打磨。

(3)有砟轨道线路的打磨作业宜安排在捣固车维修作业后进行。

(4)打磨作业前,应全面检查并紧固打磨砂轮,并进行打磨参数调整试验,合理确定打磨电机提升的位置,尽量缩短提升位置到道岔的距离,发挥避障功能。

(5)进行大角度打磨作业时,遇有不能拆除的应答器等障碍物应提前调整打磨电机角度避让。

(6)在打磨列车作业停顿间隙,应及时对打磨列车进行除渣工作,同时清理洒落在轨面和轨道上的残留物。

(7)打磨车作业时应使用集尘装置,每日保养时应对集尘装置进行彻底清洁。

(8)道岔打磨区域为道岔及其前后不小于 25 m。

(9)对岔心和岔尖,根据安全运行要求和维修养护需要确定是否打磨。

(10)在打磨侧股时,对直股已经打磨过的尖轨转辙部分可跳过。交叉渡线和翼轨高于基本轨的区域不打磨。

(11)打磨列车经过道岔时必须确认道岔内无磨屑块掉落。

(12)道岔打磨结束后,应及时清除滑床板上的残留物。

4. 钢轨铣磨作业的技术规定

(1)作业前应调查线路,明确各区段的主要病害及线路参数,在制定铣磨方案时,应剔除极个别病害特别严重的部位,以减少铣磨遍数和金属切削量,提高作业效率。

(2)轨头高度(轨顶面至轨鄂的距离)大于 18 mm 方可作业,作业时应选用合适的仿形连杆。

(3)作业走行速度应控制在 1.5 km/h 以内。

(4)钢轨轨顶和外侧切削量小于 1.5 mm、内侧轨距角切削量小于 3 mm 时应作业 1 遍;超过时应作业 2 遍;病害特别严重地段,应作业 2 遍以上。

(5)铣磨作业起止点应避开病害严重地段。分段作业时,应注意衔接,重叠区域应在 1.5～3 m 范围内。

(6)有砟轨道线路的铣磨作业宜安排在捣固车维修作业后进行。

(7)应根据曲线资料选择转向架转向的手动/自动模式,当曲线半径不足 800 m 且超高大于 80 mm 时,应选择手动模式。

5. 边坡清筛作业的技术规定

(1)边坡清筛最大挖掘宽度 2 800 mm(线路中心距离),轨枕端至挖掘斗间应保持 100 mm 距离。

(2)最大挖掘深度应距轨面下 900 mm。

(3)只进行边坡清筛时,不得使用松砟器。

四、维修作业组织

(1)大型养路机械维修作业应由大型养路机械维修车间承担,每个维修车间下设若干大型养路机械维修队,每个维修队由一个大型养路机械作业机组及一定数量的附属车辆组成。

(2)线路捣固作业机组一般应配备捣固车 2 台、动力稳定车 1 台(或捣固稳定功能合一的捣固车 2 台)、配砟整形车 1 台;道岔捣固作业机组一般应配备道岔捣固车 1 台、道岔动力稳定车 1 台;边坡清筛作业机组一般应配备边坡清筛机 1 台、配砟整形车 1 台;线路或道岔打磨作业机组应配备钢轨打磨列车或道岔打磨车各 1 台。

(3)附属车辆的种类、编组及技术要求参照《大型养路机械附属车辆装备标准》执行。

(4)根据需要,各维修队可合并作业,充分利用天窗时间,以加快作业进度。

五、相关单位的工作配合

大型养路机械施工涉及车务、工务、电务、供电、机务、车辆等有关单位和部门，因此，施工前由铁路局组织召开施工协调会，统一安排施工配合、行车组织及后勤保障等具体事宜。

1. 工务段

（1）机械段在作业前应与工务段及其他需要配合单位进行技术交底，提出需要配合的具体事项，签订施工安全协议。全面调试、检修大型养路机械，使其保持良好的技术状态。

（2）工务段应根据维修作业项目内容配合完成以下工作：

①提供作业地段的里程、坡度、曲线要素、线路平、纵断面资料和线路实际锁定轨温、起拨道量资料以及站场资料。提前补充和均匀道砟，按规定调整轨缝、调直钢轨及拧紧扣件，并进行线路测量和标记。

②对作业地段进行抽板、方枕、改道、更换失效轨枕等作业，并指派专人在作业中随时测量轨温变化。

③拆除影响大型养路机械作业的线路设施及障碍物，如观测桩、曲线桩、道口报警器、急救夹板、木撑、石撑、防爬器、有砟桥护轨等。轨距拉杆应串移紧靠一侧轨枕，使枕木间捣固净空范围不小于 200 mm，对不能拆除的障碍物，在线路上做出醒目标记。

④拆除道口铺面、护轮轨、护木以及线路中心线两侧 3.5 m 范围内妨碍机械作业的一切设施。轨枕间隔必须符合标准。

⑤对影响作业的其他固定设备，应提前通知相关单位移除或处理，避免作业时损坏相关设备。

（3）道口是否采用大型养路机械进行作业由工务段决定。公路道口的封锁由工务段与地方管辖部门联系办理。

（4）对大型养路机械无法作业的地段，工务段应提前准备好小型机械进行作业。

（5）大型养路机械作业后，工务段应及时恢复有关的线路标志、道口板、护轮轨等线路设施。其他配合单位应及时整理、恢复、调试相关设备，使其达到放行列车条件。

2. 电务段

作业前，电务段需派专人负责处理钢轨接头处的连接线、计轴磁头及电容补偿器等妨碍大型养路机械作业的电务设施。

大型养路机械道岔捣固维修作业时，电务段负责重新恢复电务导线及道岔电务调试。

施工结束后，电务段会同相关设备管理单位、大型养路机械施工负责人、车站值班员共同确认开通条件，并及时签认。

3. 供电段

作业前，供电段需派人负责提前处理接触网接地线，使其紧靠轨枕一侧。

供电段负责供电作业车的作业指挥及要点停电。供电作业车与大型养路机械作业车连挂进入封锁区间作业，双方施工负责人保持联系，行动一致，在封锁点结束前双方作业车连挂后整列返回站内。

作业时，供电段应派人及时跟进，同步测量并根据需要调整接触网网高及拉出值，当大型养路机械作业起、拨道量较大时，施工方应预留足够时间作为供电段停电调网时间，保证接触网安全供电、正点开通。

4. 车务段

车务段需提前安排好作业区段的大型养路机械停留车站及停留线，组织好大型养路机械站内调车编组工作。作业时，施工主体单位负责封锁时间的请求、登记，在《行车设备检查登记簿》登记清楚使用项目、地点、所需时间，并经车站值班员签认后，方可进行。作业完后，车务段应会同相关设备管理单位、车站值班员确认正确后，及时销记开通线路。

车站根据车间的登记，及时向行车调度办理相关手续，确保大型养路机械及时进入封锁区段作业。封锁时间结束后，有关车站应及时与行车调度联系，尽快使大型养路机械返回停留车站进行机械保养。

大型养路机械道岔维修施工时，车务段负责作业中道岔开通位置的转换、锁闭和确认工作。

5. 车辆段

车辆段需提前处理安装在施工区段、由车辆段管理的车辆运行安全监控装置，无法拆除的需派专人负责监控。大型养路机械作业后，车辆段应及时恢复有关设备。

6. 施工配合中的安全保证措施

各配合单位须遵循"分工明确，责任清楚，措施具体，管理到位"的原则。

行车组织部门必须严格按照《铁路技术管理规程》的规定指挥行车。要积极做好施工的组织、协调工作，按规定组织召开好施工前准备会议，并做好各项会议纪要。一般施工要根据施工方案及安全卡控措施，对运输影响较大的施工，施工单位还要运用"两图一表"（施工方案示意图、施工作业流程计划图、安全关键卡控表）完善施工方案，严格落实施工天窗和封锁、慢行计划，为施工创造条件。

配合单位、监护人员无故不到场，影响施工计划执行的，追究配合单位、临护人员和设备管理单位责任。

施工单位在施工前，要做好充分准备，并向设备管理单位进行技术交底，特别是影响行车安全的工程和隐蔽工程。施工中，要严格执行技术标准、作业标准、工艺流程和卡控措施，严禁超范围作业，确保施工质量。各设备管理单位进行的施工、维修作业，需其他设备管理单位配合时，必须提前3天以配合通知书的形式向其他设备管理单位提出配合要求，配合单位不得无故拒绝配合；确因工作需要无法按时配合时，应立即书面回复作业单位。

施工单位至少在正式施工2天前向设备管理单位提出施工计划、施工地点及影响范围。设备管理单位接到施工单位的施工请求后,应对施工方案和计划及影响范围进行认真核对,并在施工开始前派员进行施工安全监督。

六、安全防护及质量验收

(1)作业期间,机械段和工务段必须分别派驻站联络员,根据需要派驻所联络员,以便传达封锁、开通及预报列车往来等信息。

(2)大型养路机械作业的安全防护由机械段设置,随车防护。大型养路机械作业区段两端及工务段作业范围的安全防护由工务段设置。

(3)机械段和工务段应派出质量检查监督人员,跟随大型养路机械检查作业质量,发现作业质量问题,应及时通知机组人员进行返工处理。

(4)大型养路机械作业后的静、动态质量验收按铁路线路修理规则的有关规定执行。

大型养路机械施工作业验收采用静态为主、动态为辅的验收办法,以其中最差成绩作为该千米线路的验收结果。

①静态验收。以稳定车记录仪资料作为验收依据,发现超限处所应立即组织返工。返工后仍有4处及以上达不到作业验收标准、2处及以上超过Ⅰ级偏差或无法返工(每处长度不超过5 m,超过5 m按2处计),判该千米线路为失格(验收项目不含轨距)。

②动态验收。大型养路机械维修作业地段完成后30天内,以轨道检查车、动车组综合检查车、车载式轨道检查仪检查结果作为验收依据(不计轨距扣分)。

线路综合维修、线路综合养护大型养路机械施工作业验收应当日作业、当日验收、当日交接,并填写《大型养路机械日作业验收单》。

(5)作业结束后,列车放行条件由工务段、机械段及配合单位共同签认。

任务3 大修作业

一、线路大修概述

线路大修施工是在运营线上,利用天窗时间进行的一项大规模的施工。在线路封锁以前,应将有关大型养路机械安排到位,相关配合人员、材料及机具预先就位以充分利用封锁时间。由于作业时完全破坏了既有轨道结构,因此必须在规定的封锁时间内完成大修作业并顺利恢复线路,确保安全正点地开通线路。

线路大修的基本任务,是根据运输需要及线路的损耗规律,周期性地、有计划地对损耗部件进行更新和修理,恢复与增强设备强度,延长设备的使用寿命,恢复和增强轨道承载能力。线路大修通常取决于钢轨伤损的发展情况,以全面更换新轨为主要标志。

线路大修分为两大类,即线路大修(或换轨大修)和单项大修。单项大修主要包括成段更换再用轨、焊接铺设无缝线路、成段更换新混凝土枕、再用混凝土枕或宽混凝土轨枕、成组更换道岔或岔枕、成段更换混凝土轨枕扣件、路基大修、道口大修及其他设备大修等。

线路大修施工管理较为复杂,需要进行周密的施工组织设计和管理。线路大修施工管理的主要内容包括施工计划、施工组织设计、施工业务管理、施工材料管理、施工机械管理等。

线路大修计划一经确定,施工单位即应根据大修任务和施工条件编制施工组织设计。其主要内容包括线路设备现状、施工技术和技术标准、施工方法、施工程序、施工进度、施工配合、劳动组织和机具配备、工程数量及所需材料供应;编制施工进度指标图表;保证施工进度、质量和安全的措施;施工临时设施;职工生产保障安排等。施工组织设计是大修施工的行动纲领,是组织施工过程中各阶段和施工程序的依据,是有组织、有秩序、高质量完成大修的保证。在施工计划的实施过程中,要进行及时统计,深入现场进行施工指导,严格质量检查和工程验收,尤其需要注意确保施工前后的行车安全。

大修施工一般是从大修区段的起点逐段向终点推进,每个施工地段的进度要根据年度大修计划、施工期限、每次封锁时间的长短及其他情况确定。在每个施工地段上,大修工作分为准备工作、基本工作和整理工作三个阶段,为保证大修施工的正常进行,还需要先期安排一些预备性工作。先期预备性工作属超前的准备工作,早于大修施工基本工作之前一段时间完成,目的在于保证行车安全,提高施工质量。准备工作是基本工作的序幕,通常在基本工作开始前完成,如拆除多余接头螺栓、设置临时方向桩、拆除道口及合龙口等。基本工作是指在封锁线路条件下进行的拆除旧轨排、平砟、铺设新轨排、清筛道床及捣固等作业,是完成大修任务的主体工作。整理工作是指完成基本工作后紧接着对大修线路进行最后整正和清理的一切工作,经过整理工作后,应使线路达到大修验收标准。为提高劳动效率,充分发挥大型养路机械和施工机具的效能,施工前应编制好技术作业过程。在每项工作的技术作业过程中,应说明与该工作有关的原线路特征、施工后应达到的技术标准、采用的施工方法、机具和材料、需要的封锁时间以及人员配合等情况。准确确定各项作业的程序、工作量、工时消费、生产人员数量及劳动组织形式等。

二、大修作业一般要求

大型养路机械大修作业的主要内容包括成段更换钢轨、轨枕,清筛道砟,更换道床,整治路基翻浆冒泥,物料储运以及线路、道岔作业后的起道、拨道、捣固,线路砟肩夯拍,稳定、配砟和整形等。大型养路机械大修作业的天窗时间,普速线路每次应不少于180 min,使用大修列车每次应不少于210 min,使用路基处理车每次应不少于360 min,并根据准备作业和整理作业需要,适当增加天窗时间。作业开通后的慢行时间和开通速度按有关规定执行。

(1)无缝线路地段大型养路机械作业的天窗时间应避开高温时段,当预测作业轨温高于原锁定轨温时,必须进行应力放散,以使作业轨温符合铁路线路修理规则的有关规定。

(2)作业前应根据清筛深度和道床的脏污率备足道砟。全面检查钢轨接头螺栓和扣件状态,对路基处理车、清筛机作业项目应全面拧紧扣件。

(3)清筛机清筛深度一般不小于300 mm(枕下,下同);道床总厚度不足300 mm时,应清筛至路基面(垫层面),并做好排水坡,以利排水;在桥梁上和车站内作业,受建筑物限制时,可酌情减小清筛深度,但不得小于250 mm,并按原线路标准进行起、拨道。使用大修列车更换轨枕,轨枕长度不得超过2 600 mm,枕端露筋不得长于5 mm,换枕后轨枕间距误差不大于±10 mm。

(4)作业时,清筛机枕下导槽应按1∶50的坡度向道床排水侧倾斜,作业至路基面的坡度不少于1∶25。

(5)被清筛线路两侧的建筑物(包括埋设在道床中的固定物)至线路中心的距离应不小于2 100 mm。

(6)在道砟质量不良或线路翻浆冒泥地段,可采用清筛机等进行换道床或垫砂(垫布)作业。

(7)基床下沉外挤或翻浆冒泥地段,可采用路基处理车进行路基整治作业。

(8)大型养路机械作业回填道砟应均匀,曲线外股适当多配道砟。换道床作业应在两股钢轨枕下垫道砟袋。

(9)影响大型养路机械作业的各类设备、障碍应提前拆除,拆除的设备必须在作业机组结束当日该地段的作业后,方可恢复。

(10)捣固车、动力稳定车作业的技术要求参照有关规定执行。作业中,清筛机、配砟整形车、捣固车、动力稳定车采取流水作业方法,使道床在清筛后能及时得到补砟、捣固,尽快恢复道床稳定。

(11)对清筛、更换道砟、路基整治等作业,应采用多次捣固和稳定的方法,整细捣固应采用精确法严格按照线路大修设计技术资料进行作业。

(12)细整捣固顺坡率应符合铁路线路修理规则的规定。当作业终点有拨道量时应输入拨道递减量,以便将线路拨顺,达到安全放行列车的要求。

(13)大型养路机械大修作业后线路质量应达到铁路线路修理标准。

三、大修作业技术规定

1.清筛作业的技术规定

(1)作业准备工作:

①拆除当天计划清筛地段内影响机械作业的障碍物,包括宽2.75 m以下的人行道口、电务硬面化基座等。调整电务、电力、通信、车辆、车务部门的电缆线至距轨枕端800 mm以外,线路两侧的箱盒应满足清筛机作业宽度要求。

②在当日清筛作业的起点开挖长度沿轨道方向1 000 mm、宽度比计划清筛宽度宽出

300 mm、深度等于计划清筛深度的导槽坑,两边导槽深度应比底梁略深,整个导槽坑向作业方向形成30°角。导槽坑下方的道砟堆积角应小于30°。

③作业司机应提前掌握当日作业地段的清筛深度、设计标高、线路平纵断面几何尺寸的大修设计要求以及当日作业的里程、各车分解方式等。提前发动机械,检查车辆状态。

(2)作业机组连挂进入封锁区间,在指定作业地点解体并按要求分别就位。

(3)双线地段作业时,在确认邻线无来车时,连接清筛机导槽和挖掘链。

(4)清筛机起道高度不宜超过30 mm(在道床厚度不足的特殊地段可适当提高),轨向应尽量保持平顺,两侧边坡道砟回填应均匀,在曲线地段外股道砟应略多于内股,道床肩宽应符合有关规定。

(5)清筛开始后,施工负责人应立即组织配砟整形车上砟、捣固车起拨道捣固作业、动力稳定车稳定道床作业,使线路尽快达到放行列车的条件。

(6)各车应注意相互间的联系,保持各车作业间隔不得小于10 m。邻线来车时应加强防护,不得进行可能侵入邻线限界的作业。

(7)各配合单位应按照与施工单位签订的施工配合协议做好配合工作。

(8)作业完毕后,由施工负责人组织各车连挂整列或分组返回车站。

2. 更换道床作业的技术规定

(1)作业准备工作:

①在计划更换道床地段,如面砟可用,应将轨枕盒表面及轨枕头外可利用的道砟进行人工清筛处理,并按每根枕两袋的数量将道砟装袋,堆放在线路两侧不侵入限界处待用。

②在作业机械后编入风动卸砟车,卸砟车数量视换道床所需新砟量和作业机械牵引能力而定。

③其他准备工作同清筛作业。

(2)作业机组与工程车辆连挂或分组进入封锁区间,在指定地点解体并按要求分别就位。

(3)根据污土输送带的运送能力确定作业机械的作业速度。

(4)当道床道砟被挖出后,应迅速将事先堆放于线路两侧的砟袋填于轨枕下,使枕底道砟厚度保持不少于200 mm,防止线路下沉量过大。

(5)风动卸砟车应及时均匀补砟,捣固车应进行分层多次起道、捣固作业。

(6)其他作业要求同清筛作业。

3. 大修列车更换钢轨、轨枕作业的技术规定

(1)大修列车运行由机车牵引,作业时自行。

(2)作业前应预卸长钢轨,并根据当天的作业量将新轨枕预先装在轨枕运输车上。

(3)作业准备工作:

①将当天需更换的长钢轨放置在枕端;清除影响大修列车作业的各种障碍物,包括石桩、防爬装置及其他轨旁设备等。

②作业命令下达后,在大修列车到达当天作业地段前,地面作业人员按"隔8留1"的要求拆除作业地段轨枕扣件。

③在作业起终点位置,分别扒出8～10孔道心的道砟。

(4)大修列车机组连挂(或分组)进入封锁区间,到达作业地段后,立即解体并按要求分别就位,同时拆除剩余扣件。首次作业时,在作业起点切开钢轨,然后使用接头夹板或快速夹具将钢轨连接。根据大修列车作业进度,适时确定作业终点并切开钢轨。

(5)龙门吊车应提前上枕,并保证新、旧轨枕的及时运输,以保证大修列车作业连续性。

(6)对已换下的旧钢轨,由施工负责人根据需要确定放置位置。放置在线路中心时,旧轨两端应捆扎牢固。其他旧轨料应及时回收。

(7)对已换轨换枕的线路,由配砟整形车、捣固车、动力稳定车立即进行线路整理作业,使线路尽快达到放行列车条件。

(8)大修列车只进行换枕作业时,还需准备长度为6.25 m及以上的短轨1对。作业后应根据道床缺砟情况补充道砟,满足道床断面要求。

(9)大修列车只进行换轨作业时,可不编挂轨枕运输车(包括龙门吊车),并且换枕机构停止工作。

4. 路基整治作业的技术规定

(1)路基处理车作业地段的线间距应达到4.3 m;不足时应提前采取拨道等措施满足作业线间距要求,且作业时邻线限速45 km/h;线间距在5 m以内的,切入、切出作业必须在邻线封锁条件下进行;在切入、切出地段,枕木外侧1.7 m范围内应无障碍物。

(2)作业前,根据当天的作业量,准备符合路基回填要求的混合料并装于物料车上,混合料应适当撒水加湿。

(3)作业准备工作:

①根据当天工作量准备足够的道砟袋,并摆放路肩。

②对作业地段影响路基处理车作业的各种障碍物等进行清除,包括影响当日作业的电务信号基础、道口、石桩、防爬装置及影响夹轨钳的轨撑等障碍物;短轨地段拧紧接头螺栓。

③切入龙门口前12 m,后6.25 m及切出龙门口前6.25 m,后15 m范围内应无钢轨接头。

④在作业起始点开挖枕下深度0.3～0.35 m,宽度大于4.5 m,长度为1.1 m导槽坑。

(4)作业过程中,应随时根据设计要求测量挖掘深度、夯实厚度、排水坡设置比例、导向索到钢轨头外侧的距离等数据,不符合要求时应及时调整。

(5)在条件允许的情况下,挖出的污土可直接经输送带向线路外侧抛弃,困难地段应由输送带送到物料运输车上。

(6)地面人员应及时将道砟向钢轨底、道心处上砟,清理两股钢轨两侧影响捣固车夹钳的道砟,以露出轨腰为准,确保捣固车有足够的道砟起道、捣固。

(7)路基处理车作业地段,由捣固车进行线路整理恢复作业,达到放行列车条件。

四、施工配置

(1)大型养路机械大修作业应由大型养路机械大修车间承担,每个大修车间可由一个大型养路机械作业机组及一定数量的附属车辆组成。

(2)大型养路机械大修车间由大修列车、清筛机、捣固车、动力稳定车、配砟整形车等设备和一定数量的附属车辆组成。大修列车用于成段更换钢轨和轨枕作业。

(3)作业时,每台清筛机后面应有捣固车配合作业,并由捣固车、动力稳定车、配砟整形车等完成对清筛、换枕地段线路的恢复工作。

(4)线路清筛作业机组一般应配备清筛机2台、捣固车4台、动力稳定车2台、配砟整形车2台,还可配备带式物料运输车;道岔清筛作业机组一般应配备道岔清筛机1台、道岔捣固车1台和带式物料运输车2台;大修列车作业机组应配备大修列车1列、轨枕运输车3组(根据更换轨枕数量确定)、捣固车1台、动力稳定车1台、配砟整形车1台;路基整治作业机组应配备路基处理车1台、捣固车2台及一定数量的物料运输车。

(5)附属车辆的种类、编组及技术要求按照《大型养路机械附属车辆装载标准》执行。

(6)各车基本作业人员为:大修列车17人;清筛机9人;边坡清筛机7人;双枕捣固车5人;动力稳定车3人;配砟整形车3人。实行轮休制的机组应相应增加足够的备班人员,并根据生产实际优化调整劳动组织。

(7)每个大修车间应设主任、副主任、机电工程师和线路工程师等人员。

五、施工监护与配合工作

1. 工务机械段与工务段安全协议

(1)明确责任地段的划分:以施工地段前后50 m为界。

(2)起始时间:自施工开始至工程验收交接时止。

(3)履行职责:工务段委派施工安全监督人员,全面掌握施工方案、工艺流程、作业标准,全方位、全过程履行施工行车安全检查、监督;对违章作业等危及行车安全的施工,有权停止作业;对检查发现的设备隐患,应发出安全整改通知书,限期整改。

工务机械段在施工过程中,严格执行《铁路技术管理规程》《大型养路机械使用管理规则》《高速铁路工务安全规则(试行)》《普速铁路工务安全规则》《关于加强营业线施工安全管理的规定》等各项安全生产规定;按施工方案、施工工艺、作业流程,制定具有前瞻性、预见性、可操作性的安全防范条例和施工安全保障措施以及在出现非正常情况下的应急措施,确保施工安全。

2. 工务机械段与电务段安全协议

电务部门应积极配合施工,根据提供的计划,提前做好电缆探测。在钢轨腰部或枕木上标明过轨位置及电缆埋设深度。配合人员应在封锁前到达现场,配合施工。

工务机械段应向电务段提供大型养路机械营业线施工安全措施,配合电务人员进行过轨电缆全面探测和全过程开挖,暴露整个过轨电缆,按要求下落至轨枕下 500 mm;对未落至规定深度的过轨电缆,严禁大型养路机械越过地下电缆处所。卸下的长轨,须与使用中的钢轨、箱线隔离,并于接触部分采取绝缘措施,不得损坏信号设备,确保既有设备良好使用。

3. 工务机械段与车务段安全协议

遵守铁路局月度施工计划,封锁时间的调整、变更应以调度命令为准,配合施工的路用车、轨道车、大型机械的开行计划于前一天向有关部门报告。双方加强联系,为施工车辆在站内停留、调车、开行等创造有利条件。施工车辆在车站进行调车作业时,必须接受车站值班员统一指挥,调车作业计划由施工联络员提供作业要求及内容,由车站值班员编制并下达书面计划,调车作业时严格执行问路式调车作业制度及车辆防溜等有关调车作业规定。一切机车、车辆在站内停留时按规定采取防溜措施,未经车站值班员同意,不得擅自移动。一切机车、轨道车及动力设备要保证无线列调正常使用,昼夜有人值班;接到动车通知后,及时动车,同时,严格执行无线列调使用规定,不得对正常的车机联控产生干扰。在作业中严格执行联控作业标准。

任务 4　特殊情况下的施工管理

一、夜间和暴风雨雪施工

良好和稳定的施工环境有利于保证施工安全、顺利地进行,有利于提高作业质量和工作效率。由于大型养路机械施工是在"天窗"时间内,即在线路封锁状态下进行的作业,这样难免会遇到某个区段只有夜间才有列车间隙时间进行线路封锁,因此,大型养路机械在夜间施工不可避免。另外,如果施工过程中遇到暴风雨雪等恶劣天气也会增加施工难度,给施工和配合人员带来一定的困难。为了保证大型养路机械保质、保量、保安全地完成作业,必须加强夜间和暴风雨雪施工管理。

(1)夜间施工前,除按规定对大型养路机械各部件进行检查外,还应重点对照明车灯进行严格检查,施工人员要备好带齐手电筒、探照灯等。

(2)线路调查人员在夜间施工前,要将施工区段的桥梁、隧道、危岩、道口、小半径曲线等特殊地段的具体位置向施工负责人汇报清楚,同时要注明在施工作业命令单上,使所有人员心中有数。

(3)夜间施工时,除按规定要求工务段在两端设关门防护外,每台车前方 100 m 要安排一名巡视员,以便发现磁头、计轴器、红外线探测仪等障碍物或其他紧急情况时及时通知机组人员采取措施。

(4)大型养路机械应在夜间施工前配备发电机和照明灯组,以便在紧急情况下进行应急照明。

(5)大型养路机械在施工运行、施工作业中突遇大风、暴雨、暴雪等瞭望困难或情况不明时,应立即停止施工和减速运行,并及时向车站通报情况。对未顺坡线路要通知工务人员对线路进行处理,协同工务人员商定列车放行条件,严禁盲目放行列车。

(6)汛期和夜间运行前,要严格按相关规定仔细检查各零部件,确保设备正常,严禁设备带病上道作业。

(7)汛期和夜间运行时,要严格按规定速度通行并不间断瞭望,确认信号,如信号显示不正确或不明确时均视为停车信号,立即停车,同时按车、机、工联控规定与车站或工务看(巡)守(呼叫点)人员呼叫应答。

(8)汛期中,大型养路机械施工人员要严格执行原铁道部《汛期安全行车措施》,对施工地段的"洪水通过危险地段""防洪看守点""道口"及"重点病害施工点"等需做到心中有数。

(9)大型养路机械施工工作人员在施工和运行中,发现灾害、险情要及时用列调台报告就近车站值班员。

二、大型养路机械跨局施工

为了顺应我国铁路现代化改革的步伐,大型养路机械逐渐呈现出规模化、集团化的发展趋势,有利于国铁集团对全路大型养路机械进行统一管理。在保证重点线路、高速线路的作业效能的基础上,统筹解决各铁路局施工作业供需缺口的矛盾,充分发挥和利用大型养路机械作业效能,从而进一步促进了全路向着高速、重载和舒适化方向发展。因此,大型养路机械只在本局管内施工的传统将被打破,跨局施工将是大型养路机械发展的必然之路。

1. 基本规定

(1)铁路局大型养路机械为委托作业的铁路局或工程建设单位提供大型养路机械作业,或路外单位大型养路机械为委托作业的铁路局提供大型养路机械施工的,按委托施工管理。大型养路机械所属方为承担方,委托作业的铁路局或工程建设单位为委托方。

(2)委托方和承担方应根据大型养路机械施工计划,商定所需大型养路机械种类和设备数量。承担方为铁路局时,其使用的设备种类和数量需报国铁集团运输局(工务部)备案,用于局管内工程建设的大型养路机械由铁路局自行掌握。

(3)委托作业应由出发地所属铁路局发挂运电报,主送双方及沿线铁路局有关部门和单位,抄送国铁集团运输局(工务部、调度部);国铁集团安排委托作业的大型养路机械由国铁集团运输局发挂运电报。

（4）委托路外大型养路机械承担铁路局作业时，承担方应在大型养路机械出发地铁路局办理过轨运行手续；到达委托作业地后，由属地铁路局组织对大型养路机械的技术状态检查，合格后出具准予作业临时运行证明。作业期超过1年的，属地铁路局应对大型养路机械组织年检并发放作业运行证明。

（5）大型养路机械作业前，由委托方和承担方指定的单位完成委托作业合同和安全协议签订。委托作业计划由委托方和承担方双方协商确定。

（6）大型养路机械在委托方管内自轮运行时，委托方应向承担方提供有关区段列车运行监控数据、无线列调频率、列车信号制式等与行车有关的技术资料，同时委托方负责安排带道司机。

（7）承担方附属车辆在委托方管内运行的技术检查由委托方负责。

（8）委托方应向承担方提供与大型养路机械有关的行车、作业、安全等规章制度，承担方应制定和完善在委托方作业的各项措施和办法。施工作业过程中因机械故障或操作不当等原因造成的安全事故由承担方负责。

（9）委托方负责组织主持召开施工协调会和技术交底会，协调和明确施工组织、作业方案、行车组织方案、重点安全注意事项和相关配合单位的安全责任及配合任务，决定事项以会议纪要形式发布。

（10）委托方负责为承担方大型养路机械及附属车辆停靠车站提供便利，无偿提供停留股道，协助解决燃油就近供给及接水、接电、通信联络等生产、生活问题。

（11）委托方应在天窗时间、机械返回驻地运行、转场衔接、作业配合等方面为承担方创造条件。委托方对承担方驻地的安全保卫提供协助。

（12）在承担方为委托方提供大型养路机械作业期间，由委托方制定相应实施细则，明确各部门配合作业要求。

（13）需夜间作业时，承担方和委托方配合单位应自备各自所需的照明设备。

（14）作业中，由委托方和承担方共同对作业线路进行检查，确认线路质量达到验收标准后，办理验收交接手续。

（15）工程建设调用大型养路机械对线路进行整治，线路作业条件应满足相关规定。

（16）作业结束后，承担方和委托方应及时进行费用清算。

2.施工计划管理

（1）设备管理局根据大型养路机械施工需要制定相应的实施细则，明确工务、供电、电务、运输、车辆等部门配合施工要求。

（2）为保证跨局施工的顺利实施，设备管理局向施工局工务机械段提供本局与大型养路机械施工有关的行车、施工、安全等规章制度,施工局工务机械段据此制定和完善在设备管理局施工的各项措施和办法。

(3)设备管理局根据《铁路线路修理规则》的规定,结合本局线路的具体技术状态,制定线路大、维修计划,以满足铁路运输生产和安全工作的需要。

(4)根据线路大、维修计划,设备管理局于每年下半年,向施工局提出下一年度大型养路机械各项施工需求计划,内容包括线别、行别、地段、施工项目、数量、施工日期、封闭天窗时间以及其他需要说明的相关事项。

(5)施工局根据设备管理局施工需求计划,结合自身年度计划安排,考虑既有机械施工能力,综合平衡施工时间段,进行总体施工年度安排后,会同设备管理局确定最终年度实施计划并报部运输局基础部。

(6)按设备管理局的月度施工计划,由施工局机械段根据年度实施计划提出并向设备管理局提报,具体提报时间、程序和要求按照设备管理局的有关规定执行。

(7)因某种原因确需变更计划时,变更方要及时通知对方,以便提前商定解决办法。

(8)未纳入年度计划的临时跨局施工由设备管理局和施工局双方协商确定。

3.施工组织管理

(1)月度施工计划确定后,施工前由设备管理局主管领导主持召集局内有关业务处室和施工配合单位、施工局工务机械段,召开施工协调会议,确定具体施工方案、行车组织、施工计划及重点安全注意事项,明确相关配合单位的安全责任和配合任务,决定事项以会议纪要形式发布并抄送施工局,报送部运输局基础部。

(2)设备管理局根据《铁路营业线施工安全管理办法》的规定为施工提供足够的封闭天窗时间,并保证天窗兑现率。施工局工务机械段要优化施工组织管理,充分利用天窗时间,保证天窗利用率。

(3)按照批准的施工计划和方案,由设备管理局负责与管内有关施工配合单位签订配合协议。

(4)设备管理局成立现场指挥协调组,负责协调现场施工。组长由设备管理局指定人员担任,施工局机械段施工负责人作为成员参加协调组。首日开工前召开施工预备会,每日施工后召开当日现场协调会,总结当日工作,协调次日施工事项。

(5)设备管理局负责为施工局机械段与调度部门联系施工计划登记等事宜。施工局机械段安排专人协助设备管理局驻站员工作。

(6)根据合同规定,由施工局承担的机械作业项目或相应的作业项目,由施工局机械段负责组织实施。合同外项目由设备管理局组织实施或配合。

(7)设备管理局对施工局机械段车间停靠车站提供便利,无偿提供停留股道,协助解决燃油就近供给及接水、接电、通信联络等生产、生活问题。

(8)设备管理局在施工给点、机械返回驻地运行、转场衔接、施工配合等方面为施工局机械段创造条件。

4.机械运行管理

(1)进入设备管理局施工的大型养路机械大修机组、维修机组、钢轨打磨车、道岔捣固车组、大修列车等,按照《铁路货物运价规则》的有关规定,由机车牵引挂运时不核收运输费用。

(2)原则上,大型养路机械由施工局运行进入设备管理局由施工局发电报,从设备管理局运行返回施工局由设备管理局发电报。电报主送双方有关部门和单位,抄送部运输局。

(3)在设备管理局施工转移工地时,由设备管理局根据施工局机械段的请求,及时安排运行计划。

(4)大型养路机械运行执行《铁路技术管理规程》、《大型养路机械使用管理规则》、设备管理局《行车组织规则》等有关规定。如设备管理局《行车组织规则》未规定大型养路机械车组运行办法,由设备管理局会同施工局协商制定具体运行办法并发布执行。

(5)大型养路机械自轮在设备管理局管内运行时,设备管理局向施工局机械段提供有关区段列车运行监控记录装置录入数据、无线列调频率、列车信号制式等与行车有关的技术资料,同时设备管理局负责安排相应区段轨道车驾驶员带道。

(6)施工局机械段附属车辆在设备管理局管内运行的技术检查由设备管理局负责。

5.安全管理

(1)进入设备管理局的大型养路机械必须取得年检合格证。

(2)施工期间,严格遵守《铁路技术管理规程》《普速铁路行车组织规则》《高速铁路行车组织细则》《大型养路机械使用管理规则》《高速铁路工务安全规则(试行)》《普速铁路工务安全规则》中的各项安全规定。施工局工务机械段、设备管理局等施工配合单位要根据具体施工项目、区段、时间、季节等情况细化安全措施,确保安全。

(3)施工封锁天窗的安排和线路开通速度,要严格执行铁道部《铁路营业线施工安全管理办法》的有关规定。

(4)施工局工务机械段负责机械挂运、调车、运行、施工、防火、防溜、驻地停留以及本单位设备、人身等安全,设备管理局对机械驻地的安全保卫提供协助。施工过程中因机械故障或操作不当等原因造成的安全事故由施工局机械段负责。

(5)大型养路机械的安全防护由施工局机械段设置,现场两端防护由设备管理局负责。

(6)设备管理局负责施工中配合单位作业的各项安全工作和责任。

6.施工质量标准及管理

(1)施工地段的施工条件要满足机械施工的要求。为保证施工质量和效率,设备管理局要根据机械施工的要求提前准备,并将有关施工测设资料提交施工局机械段。现场条件不具备时不能施工。

(2)施工局机械段严格执行操作规程,加强机械检修和保养,保证机械技术状态良好,提高施工质量。

(3)施工中施工局机械段进行质量自检,发现问题及时处理。保证施工机械成组配套,机组施工项目齐全,单机各功能有效,施工程序符合规定要求。

(4)设备管理局派出质量检查监督人员,每日跟随机械检查施工质量,发现质量问题及时通知机组人员立即返工。

(5)施工中,由设备管理局采用轨道检查仪或利用大型养路机械轨道测量记录仪对施工线路进行检查,线路质量达到验收标准后,设备管理局和施工局机械段双方办理验收交接手续,填写《大型养路机械施工验收单》。

(6)施工质量验收标准应执行《铁路线路修理规则》等有关规定。

复习思考题

1. 施工过程的类型是什么?
2. 施工作业的方式有哪些,施工作业方式的综合运用有哪些内容?
3. 什么是网络图?网络图有哪些要素?
4. 线路维修的意义是什么?
5. 实际生产中,维修车组合要考虑哪些因素?
6. 线路大修的基本任务是什么?
7. 清筛作业的方法是什么?

模块三

操纵与运用

学习引导

依托捣固车、清筛机、动力稳定车、配砟整形车几种典型的大型养路机械,就大型养路机械司机室运行操纵系统功能模块认知及其使用前准备、整备作业、柴油发动机的启动、制动性能试验、区间运行及施工作业等进行描述。其中使用前准备、整备作业、柴油发动机的启动及制动性能试验各机种大同小异,只在捣固车项目中介绍,其他车型参照执行。

学习目标

1. 知识目标

(1) 掌握司机室运行操纵系统功能模块,包括控制箱、按键、按钮、操控手柄及仪表名称。

(2) 掌握典型铁路大型养路机械用前准备、整备作业、柴油发动机的启动及制动性能试验。

(3) 掌握典型铁路大型养路机械区间运行、施工作业程序、注意事项及操纵要领。

2. 能力目标

(1) 能够正确操作典型铁路大型养路机械。

(2) 能够正确运用典型铁路大型养路机械并熟悉维修方式。

3. 素质目标

(1) 精通操纵规则,培养严谨的职业操守与执行力。

(2) 强化安全意识,确保使用安全,勇于担当责任。

(3) 注重环保运行,推动技术创新,实践绿色发展理念。

模块三 素质教育向导

正确操作与运用避免事故

案例1：××局××大型养路机械运用检修段职工死亡一般B类事故。

2012年10月19日10时26分，××局××大型养路机械运用检修段机械化清筛二队，在京沪上行线南京东上行场至南京东到达场间K1163地段进行集中施工，一名大型养路机械司机在道心行走检查线路时，被后部跟进的配砟整形车挤轧，造成死亡，构成铁路交通一般B类事故，××大型养路机械运用检修段负全部责任。

汲取的教训：工作人员不得违章在道心行走。

案例2：××线客车6834次碰撞工务机具铁路交通一般C类事故。

2015年10月8日，××电力机务段8K-88号机车担当客车6834次牵引任务。14时28分××线陈家沟站Ⅰ道开车，14时29分运行至Ⅰ道对应宁线K9+679处时，司机发现运行前方线路右侧钢轨上有异物，立即采取紧急制动停车措施，停车过程中与其发生碰撞。经检查机车正常，处理后14时36分开车。

事故原因：××工务段五寨线路车间在××线陈家沟站Ⅰ道与Ⅱ道间（对应宁线K9+350处），进行线下配轨、打眼作业，点外无计划、无登记、无驻站联络员，违章使用改装小车上线运送机具，作业完毕不清点机具，将小车遗留在线路右股钢轨上，造成客车6834次与其相撞。

汲取的教训：不得违规施工、违章使用改装机具，作业完毕及时清点机具。

案例3：××北站调车人员漏撤除铁鞋造成车辆脱轨。

2015年8月9日17时34分，××北机务段DF7-5512号机车单机Ⅱ场6道挂2辆工务轨道平车向南牵出运行时，侯马北站调车人员未认真检查，漏撤除工务轨道车司机在6道南部第一辆轨道平车运行方向左侧安设的铁鞋，违反《铁路技术管理规程》（普速铁路部分）第290条调车作业前检查停留车辆防溜的规定，导致调车列压鞋动车，运行至260号道岔辙叉心后引轨接头处，铁鞋卡滞，造成车辆脱轨。

汲取的教训：专用线管理人员要做好防溜相关工作。

项目七　捣固车操纵运用

▶ 任务1　司机室操纵系统

DCL-32型捣固车前后司机室通过橡胶减振器,分别安装于主车架的前后端部,具有安全性、操作性、舒适性的特点。捣固车工作装置多,自动化程度高。作业或运行的所有操纵手柄、按钮、开关及各种显示仪表监控均集中分布在两个司机室内,其中前司机室主要是线路轨道几何参数自动或手动输入及运行操作,后司机室主要是作业操作、动力传动装置监控及运行操作。

一、车体前部

DCL-32型捣固车车体前部见图3-1。

DCL-32型车体前部

1—顶大灯;2—顶式空调;3—高低音喇叭;4～6—激光起道指示灯;7～9—激光拨道指示灯;10—前大灯;11—标志灯;12—机车信号感应接收器;13—列车管。

图3-1　车体前部

二、前司机室

1. 驾驶操作台 B11 箱

前司机室驾驶操作台 B11 箱见图 3-2，B11 箱操作面板左部分及右部分分别见图 3-3、图 3-4。

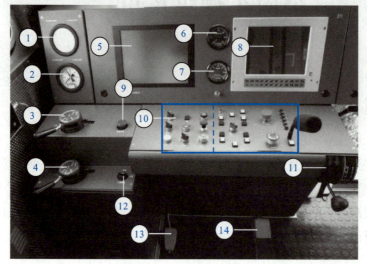

DCL-32 前司机室

DCL-32 前司机室（视频）

1—双针压力表（主风缸、制动缸）；2—双针压力表（列车管、均衡缸）；3—自动制动阀；4—单独制动阀；5—显示器；6—发动机转速表；7—行车速度/里程表；8—运行监控显示器；9—紧急制动按钮；10—操作面板；11—挂挡控制盒；12—主辅机转换开关；13—运行监控警醒踏板开关；14—风喇叭踏板开关。

图 3-2 驾驶操作台 B11 箱

1—前仪表照明开关；；2—前司机室照明开关；3—前雨刷喷水按钮；4—前预热指示灯；5—前停机按钮；6—前上雨刷开关；7—前 ZF 变速箱走行钥匙开关；8—前发动机启动拉杆；9—电喇叭按钮。

图 3-3 B11 箱操作面板左部分

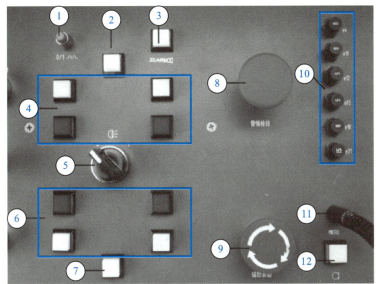

1—前点动行车按钮;2—前顶灯按钮;3—前报警切除按钮;4—前行车照明灯及标志灯按钮;5—前行车照明接通开关;6—后行车照明灯及标志灯按钮;7—后顶灯按钮;8—运行监控警惕按钮;9—前紧急停机按钮;10—保险;11—麦克风;12—通话按钮。

图 3-4　B11 箱操作面板右部分

2. 前司机室左前方

前司机室左前位置见图 3-5。

1—CIR(机车综合无线通信设备)操作显示终端;2—紧急/辅助制动报警;3—轴温报警显示器;4—运行控制柜 B11 箱;5—运行监控喇叭;6—机车信号柱;7—六路视频显示器。

图 3-5　运行前司机室左前方

3.运行前司机室左后方

运行前司机室左后位置见图 3-6。

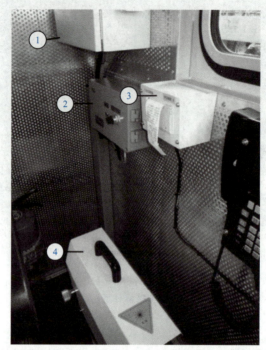

1—柴油发电机组控制柜;2—激光发射枪充电盒;3—CIR 打印终端;
4—激光发射枪固定充电位。

图 3-6 运行前司机室左后方

4.运行前司机室右侧操作台 B4 箱

运行前司机室右侧操作台 B4 箱见图 3-7,B4 箱操作面板上部及下部分别见图 3-8、图 3-9。

1—作业 2 号位操作面板 B4 箱;2—ALC 键盘支座;3—ALC 键盘;4—轨道几何参数记录仪。

图 3-7 运行前司机室右侧操作台 B4 箱

1—功能键按钮；2—输入键；3—手动前段偏移量输入旋钮；4—手动基本起道量输入旋钮。

图 3-8　B4 箱操作面板上部

1—停机按钮；2—前作业照明开关；3—雨刷、喷水开关；4—记录仪启动开关；5—电喇叭开关；
6—通话按钮；7—风喇叭按钮；8—紧急停机按钮。

图 3-9　B4 箱操作面板下部

三、后司机室

1. 后司机室作业位

后司机室作业位(1号作业位)见图3-10,其部件见图3-11～3-15。

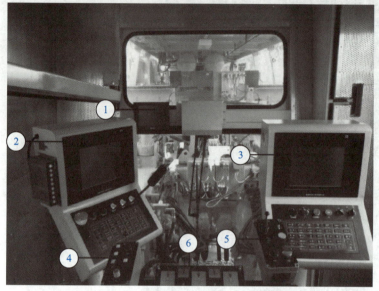

1—六路视频显示器;2—B19箱;3—B2箱;4—左扶手面板B51箱;
5—右扶手面板B52箱;6—作业指示面板。

图3-10 后司机室作业位(1号作业位)

DCL-32后司机室

DCL-32后司机室
作业位

1—紧急停机按钮;2—夹持压力调节电位器;3—作业速度调节电位器;
4—液压系统总开关;5—气动总开关;6—作业电源开关;7—麦克风;
8—功能按键操作面板。

图3-11 B19箱操作面板

DCL-32后司机室
(视频)

DCL-32作业位
(视频)

项目七　捣固车操纵运用

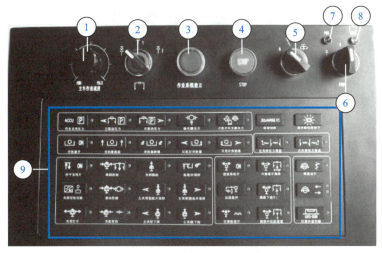

1—作业速度调节电位器；2—捣固头控制开关（在左位时手动提升，中位和右位时捣固头自动控制）；3—系统开始按钮；4—正常停机按钮；5—作业位雨刷、喷水开关；6—作业怠速/作业转速开关；7—作业转速指示灯（怠速）；8—作业转速指示灯（作业转速）；9—功能按键操作面板。

图 3-12　B2 箱操作面板

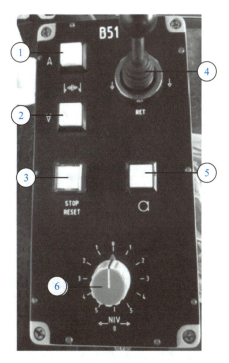

1—左侧捣固头加宽开关（开—宽）；2—左侧捣固头加宽开关（开—宽）；3—自动循环复位（在中断时）；4—捣固装置控制开关；5—内部通话按钮；6—起道修正电位计。

图 3-13　1 号位左侧扶手操作面板 B51 箱

1—工作小车前后距离调节控制手柄;2—自动模式开关;3—手动拨道开关;4—距离修正开关(±8 cm);5—距离修正电位计(修正距离 0~14 cm);6—电喇叭开关。

图 3-14　1 号位右侧扶手操作面板 B52 箱

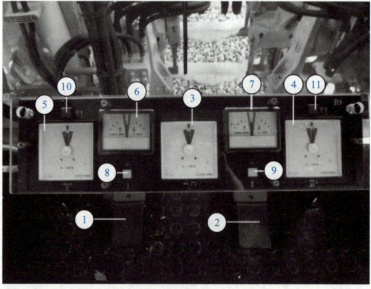

1—捣固装置操作踏板开关;2—作业走行踏板开关(向前);3—横平表(作业区域电子摆);4—横平表(后电子摆);5—拨道表;6—左起道表;7—右起道表;8—左侧起道指示灯;9—右侧起道指示灯;10—左夹钳脱轨指示灯;11—右夹钳脱轨指示灯。

图 3-15　作业指示面板 B9 箱

2.后司机室作业位左侧面板

后司机室作业位左侧面板 B8 箱见图 3-16。

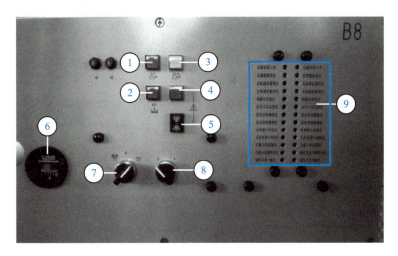

1—集中润滑开关按钮;2—辅助润滑与黄油罐加油开关;3—集中润滑打油工作指示灯;4—集中润滑故障指示灯(蜂鸣器复位);5—总报警蜂鸣器;6—集中润滑作业计时器;7—室内照明灯开关;8—作业灯开关;9—指示灯。

图 3-16 后司机室作业位左侧面板 B8 箱

3.后司机室左侧墙

后司机室左侧墙及墙上部件见图 3-17。

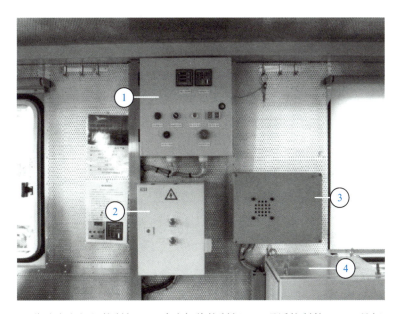

1—柴油发电机组控制柜;2—玻璃加热控制柜;3—通话控制箱;4—工具柜。

图 3-17 后司机室左侧墙及墙上部件

任务 2　使用前准备工作

首次使用或停放较长时间的 DCL-32 型捣固车,在使用前都应做好以下准备工作。

(1)除去机械的防锈保护涂层和包装。

(2)观察整机是否有明显的损伤,如有必要,需用油漆进行修补。

(3)检查各部件、零件有无丢失、松动或损坏。

(4)对于首次使用的 DCL-32 型捣固车应安装上长途挂运时拆除的万向传动轴,注意万向传动轴的安装位置。

(5)检查确认各处燃油、润滑油的液位,并根据需求加注至规定的液面高度。

(6)按照润滑保养要求对机器的所有润滑点加润滑油脂,保证 DCL-32 型捣固车处于良好的润滑状态。

(7)检查抄平起拨道捣固车的所有工作装置、检测装置的安全锁定机构,保证锁定机构都处于正确可靠的锁定状态。

(8)检查各测量弦线的位置,弦线有无折断。

(9)检查制动闸瓦间隙,如有必要,予以调整。

(10)关闭空气制动系统各风缸、集尘器下部的排水阀,两端折角塞门应处于关闭位置。

(11)对柴油发动机周围做全面的检查后,关闭发动机两侧可升降的侧壁(寒冷冬季、北方地区执行)。

(12)检查所有的操纵手柄和开关,确保处于下列状态:

①三个作业液压泵驱动离合器的"接合-脱开"手柄都处于脱开位置。

②ZF 驱动主开关处于断开位,动力换挡变速箱处于脱离状态,末级离合器脱挡指示绿灯亮。

③作业控制主开关关闭。

④前、后司机室 ZF 换挡手柄置于空挡位。

⑤前、后司机室内发动机油门控制手柄处于怠速位。

⑥气动控制台上的作业气动塞门处于断开位,塞门手柄在下位。

⑦所有液压作业系统均处于泄压位。

⑧全部照明系统开关均处于关闭位。

⑨所有的电路熔断器(自动保险)应处于接合位。

(13)检查行车备品,如信号旗、响墩、消防器材、随机工具等应符合要求。

(14)检查材料车上备品是否摆放牢固,不影响司机运行中的瞭望。装载重量不超过规定载重重量,且无偏载。

(15)检查蓄电池的电量。

(16)施加安装在后司机室内的手制动。

(17)在后司机室套装上空气制动阀(自动控制阀、单独控制阀)操纵手柄,并放在运转位。

任务3 整备作业

整备作业就是出车前的准备工作,由机组人员在规定的时间内完成。整备作业包括燃油、润滑油、液压油等的补充,随车备品的准备以及制动机等系统的性能试验。

捣固车整备检查
(视频)

一、柴油发动机燃油的整备

柴油发动机是在气缸内将燃油的化学能转变为机械能的一种动力机械,因此,燃油是柴油发动机的"粮食"和动力,具有特别重要的作用。

1. 燃油的规格与选用

DCL-32型捣固车柴油发动机燃油应采用优质轻柴油,包括10号、5号、0号、-10号、-20号、-35号、-50号七种标号燃油。标号中的数字代表轻柴油的凝点,即在失去流动性时的温度值,各标号轻柴油的凝点依次不高于10℃、5℃、0℃、-10℃、-20℃、-35℃、-50℃。柴油在接近凝点之前,局部油液内就有石蜡状结晶析出,柴油的流动阻力增大,结晶物易使通路阻塞,造成供油不足、雾化不良,甚至供油中断等问题,所以在柴油发动机使用时要正确选用燃油标号。

选用燃油标号的原则是:在捣固车运用的最低环境温度下,燃油不会析出石蜡;凝点必须低于抄平起拨道捣固车运用的最低环境温度,燃油品质必须符合要求;在保证捣固车正常运用的前提下,尽可能使用低标号燃油,以降低运营成本。

因此,在不同地域、不同季节,选用的柴油标号也不同,通常选用凝点低于捣固车运用最低温度环境强度之下3~5℃的轻柴油为宜。0号轻柴油适于在全国各地区4~9月使用;-10号轻柴油适于长城以南地区冬季使用;-20号轻柴油适于长城以北地区冬季使用;-35号、-50号轻柴油适于东北、西北等高寒地区冬季使用。使用单位在具体选用时应根据不同地区、季节和气温作出相应的规定。

2. 燃油整备注意事项

燃油整备应注意以下几点:

(1)确认所用燃油的标号及质量状况。

(2)用专用设备加油,禁止与其他任何油种及其加油设备混用。

（3）加油口应设滤清装置，防止异物混入，加油时必须经过燃油箱加油口滤网，滤网应完好。

（4）燃油添加前须在容器内经过一昼夜以上的沉淀。加油时，加油设备的吸油管在盛油容器内不要插到底，以免吸入沉淀的杂物。

（5）添加燃油时，捣固车应停在平直线路上。若遇线路不平造成车身倾斜，应注视油量显示，防止燃油外溢。

（6）DCL-32型捣固车燃油加注容量为900 L，在加注燃油时应加到燃油箱上油标（油位计）的上位；在运用中，应保持油位不低于燃油箱下油标的下位。

（7）加油完毕，拧紧注油口盖。

二、柴油机机油的整备

运动零件的摩擦副必须润滑，润滑对于柴油发动机的正常、持久和经济地工作非常重要，高品质的机油被视为柴油发动机的"生存血液"。机油在柴油发动机中起着减少机件间摩擦和磨损、冷却散热、清洗、密封等作用。

1. 机油的规格与选用

因为机油黏度随温度而变化，所以对黏度等级（SAE标准）的选择是以柴油发动机工作处的环境温度为依据的。特别在冬季，外界温度较低，为了保证柴油发动机具有较好的冷启动性能，更应选用合适黏度的机油。DCL-32型捣固车采用BF12L513C型风冷柴油发动机，可选用的机油品种较多，推荐使用的机油见表3-1。

柴油机机型代号

表3-1 推荐用国产机油

季节	环境温度	机油牌号
夏季	>25 ℃	14号中增压机油/CD40机油
	<25 ℃	11号中增压机油
冬季	>0 ℃	11号中增压机油/CD30机油
	+30 ℃～-30 ℃	寒区中增压机油
	<-30℃	严寒区中增压机油

随季节的变化需要更换不同牌号、黏度的机油，若使用多品种机油就可以避免由于环境温度的变化所引起的换油事项。目前，推荐使用质量符合API SG/CD级、黏度牌号为15W-40的复式黏度机油。

2. 机油整备注意事项

机油整备应注意以下几点：

(1)确认所用机油的标号及质量状况。

(2)用专用设备加油,禁止与其他任何油种及其加油设备混用。

(3)DCL-32型捣固车机油储备量为29 L。柴油发动机机油油标尺有点刻度和线刻度之分,点刻度用于检查冷机状态下的机油油位,线刻度用于检查热机状态下的机油油位。

(4)在柴油发动机启动前,从加油口加注机油油面达到油尺上部的点刻度为止。

(5)启动柴油发动机,急速运转片刻,停机1~2 min后马上按照线刻度检查机油油面。具体操作过程为先抽出机油标尺,用无纤维的擦布将其擦净,再重新插入油底壳,插到限制位置后抽出,检查并加注机油,油面应尽可能达到最上面的线刻度。

(6)停车后,柴油发动机在测定机油油面时应保持水平。

(7)加油完毕,拧紧注油口盖。

三、齿轮润滑油的整备

DCL-32型捣固车的传动系统中,有车轴齿轮箱、分动箱、过桥传动轴轴箱等,为了减少各运动部件间的摩擦和磨损,减轻齿轮副冲击,应加注适量的齿轮润滑油。

1. 齿轮润滑油的规格

各齿轮箱通常采用重负荷车辆齿轮油(GL-5),推荐黏度牌号为85W-90,也可选用进口齿轮润滑油。

2. 齿轮润滑油整备注意事项

齿轮润滑油整备应注意以下几点:

(1)确认所用齿轮润滑油的标号及质量状况。

(2)应用加滤网的专用加油漏斗加油,禁止与其他任何油种及其加油设备混用。

(3)加注齿轮润滑油时应加到相应齿轮箱油标的上位;在运用中,应保持油位不低于齿轮箱油标的下位。

(4)加油时应注意其他零件表面的清洁,以免被油垢污染。

(5)加油完毕,拧紧注油口盖。

四、液压油的整备

DCL-32型捣固车的高速走行驱动采用液力机械传动,而作业低速走行和工作装置皆采用液压驱动。液压油是液压传动系统中传递动力的工作介质,它的性能将影响到整车的运行品质、作业性能以及液压部件的使用寿命。

1. 液压油的规格与选用

液压油为矿物油,其种类很多,常见的有机械油、汽轮机油、普通液压油、抗磨液压油、低温液压油、航空液压油等。DCL-32型捣固车通常采用具有良好抗磨、抗氧化和防锈性能的液压油。

2. 液压油整备注意事项

液压油整备应注意以下几点：

(1) 确认所用液压油的标号及质量状况。

(2) 用专用设备加油，禁止与其他任何油种及其加油设备混用。

(3) 液压油必须经过精滤油车精滤后（过滤精度 20 μm）才能进入油箱。

(4) 加油口应设滤清装置，防止异物混入。

(5) 添加液压油时，捣固车应停在平直线路上。若遇线路不平造成捣固车车身倾斜，应注视油量显示，防止液压油外溢。

(6) 加注液压油时应加到液压油箱油标的上位；在运用中，应保持油位不低于液压油箱油标的下位。

(7) 加油完毕，拧紧注油口盖。

五、捣固车加油部位及加油容量

DCL-32 型捣固车加油部位及容量见表 3-2。

表 3-2　DCL-32 型捣固车加油部位及容量

部位	油料	容量/L
燃油箱	柴油	900
柴油发动机油底壳	CD15W-40 柴油机机油	29
分动齿轮箱	重负荷车辆齿轮油 85W-90	1.8
车轴齿轮箱		6.8
过桥传动轴油箱		1.5~2
作业走行液压驱动减速箱		2.5
ZF 变速箱	SF/CD 15W-40	44
捣固装置振动轴油箱	HM 100 抗磨液压油	2~2.5
液压油箱	YB-N46 液压油	1 254

任务 4　柴油发动机的启动与停机

捣固车按规定进行静态检查和准备工作后，在各部状态良好下应启动柴油发动机进行动态试验和动态检查。试验检查正常，捣固车才能处于运用状态。本任务以 DCL-32 型捣固车为例，介绍其柴油发动机的相

捣固车启车
（视频）

关操作。

　　DCL-32 型捣固车的初次启动应该在后司机室进行,这是因为主电源开关、发动机主钥匙开关只设在后司机室的 B5 箱上,发动机启动控制仪表及报警指示灯也大多布置在后司机室的 B5 箱上,便于观察各显示参数或信号。当再次启动发动机,并且在没有关闭后司机室 B5 箱上主电源开关和发动机主钥匙开关的前提下,可以从前司机室的 B11 箱重新启动柴油发动机。柴油发动机的启动过程在前、后司机室内的操作方法是一致的,只是操控用到的开关按钮、仪表显示分别为相应司机室内控制面板上的器件。

一、接通电源

　　在后司机室 B5 箱上,插入主电源开关钥匙并旋至右位,下列各仪表电源接通,显示相应的参数或状态。

　　(1)电压表指针处于绿区,24 V。

　　(2)电流表指针处于左侧放电状态。

　　(3)发动机运转计时表保持原来数字不转动。

　　(4)发动机转速表指针处于"0"位。

　　(5)速度里程表速度指针处于"0"位,里程显示原来的累计数。

　　(6)燃油箱油位指示表显示与当前燃油箱油位的对应值。

　　(7)发动机油压表指针处于"0"位。

　　(8)发动机温度表指针处于"0"位。

　　(9)ZF 变速箱油温表指针处于"0"位。

　　(10)ZF 变速箱油压表指针处于"0"位。

　　(11)主风缸压力低或无风时,总风压力报警指示红灯亮。

　　(12)发动机油压报警指示红灯亮,表明机油压力偏低。

　　(13)ZF 变速箱油压报警指示红灯亮,表明润滑油压力偏低。

　　(14)末级离合器脱挡指示绿灯亮。

　　(15)主驱动和辅助驱动脱开指示绿灯亮。

　　(16)如果某锁定机构未锁定到位,则 B7 箱上相应指示灯和锁定总指示灯亮。

　　(17)故障报警蜂鸣器发出报警声(确保报警蜂鸣器转换开关不在断开位)。

　　前司机室内相应指示灯和仪表显示同样信号。

二、柴油发动机的启动过程

　　(1)插入发动机主钥匙开关并旋至右位,接通发动机系统控制电源。

　　(2)柴油发动机启动前的检查确认。

　　①确认作业控制主开关处于断开位置。

②确认 ZF 驱动主开关处于断开位置。

③确认 ZF 换挡手柄处于空挡位置。

④为保证启动时蓄电池有充足的电压,其他的耗电设备均应断开。

⑤确认燃油箱油位指示表显示油位正常。

⑥将发动机油门控制手柄置于怠速位。

⑦确认无人处于柴油发动机危险区域内。

(3)检查确认工作完成后,在启动柴油发动机之前,按下电喇叭按钮,鸣笛一长声,发出启动柴油发动机的信号。

(4)将发动机启动开关直接拉至启动位,柴油发动机着火后,迅速松开启动开关,柴油发动机启动完成。

(5)天气较冷时(环境温度低于5℃),将发动机启动开关拉至预热位并保持,待发动机预热指示灯亮后即刻将启动开关拉至启动位,柴油发动机着火后,迅速松开启动开关。

(6)柴油发动机开始运转后,操纵发动机油门控制手柄,适当提高柴油发动机转速,使柴油发动机在短时间内预热到使用状态。

(7)DCL-32型捣固车用BF12L513C型风冷柴油发动机的调整怠速为(900±50) r/min,额定最高转速为 2 300 r/min,在发动机油门控制手柄的操控下,可以实现柴油发动机转速的无级调速,相应地,也就实现了捣固车运行速度的调节。

三、柴油发动机启动注意事项

(1)如果发动机启动开关拉至启动位置 10~15 s 后,柴油发动机启动失败,应立即松开启动开关至停机位,等待 1 min,再次进行启动。

(2)若第 2 次仍不能启动,应查明原因并处理好后,方可进行第 3 次启动。禁止未判明原因或任意切除安全保护装置,强制启动柴油发动机。

(3)天气较冷时发动机启动开关需在预热位保持 15~20 s,冬季低温下需预热 1~2 min。

(4)若柴油发动机预热后启动失败或排出灰白色烟雾,须将发动机启动开关再恢复到预热位补充加热。补充加热时间不得超过 3 min,连续启动时间不超过 15 s。只有当部分着火能带动柴油发动机旋转时,连续启动时间才可为 20~25 s。如果柴油发动机第 1 次启动没有转起来,为了保护蓄电池,到下一次启动前应休息 2 min。

(5)柴油发动机启动时,注视操作台各仪表的显示,注意倾听各部音响,如发现异状、异音时,应立即停止启动。

四、柴油发动机启动后的信号显示

柴油发动机启动后,应仔细观察各仪表显示是否正常,发现有异常现象或出现报警声,应立即停机检查。柴油发动机启动后信号显示如下。

(1)电压表显示值约 28 V。

(2)电流表指针指向充电侧,30～60 s 后显示全充电位。

(3)发动机运转计时表开始计时。

(4)发动机转速表指针处在与油门控制手柄位置相对应的转速值。

(5)速度里程表速度指针处于"0"位,里程显示原来的累计数。

(6)燃油箱油位指示表指针将随着燃油的消耗而略有下降。

(7)发动机油压表显示值范围为 0.2～0.4 MPa。

(8)发动机温度表显示值上升。

(9)ZF 变速箱油温表温度显示值上升。

(10)ZF 变速箱油压表显示值上升到 1～1.2 MPa。

(11)主风缸压力上升。

(12)发动机油压报警指示红灯熄灭。

(13)ZF 变速箱报警油压指示红灯熄灭。

(14)末级离合器脱挡指示绿灯亮。

(15)主驱动和辅助驱动脱开指示绿灯亮。

(16)故障报警蜂鸣器停止发出声响(确保报警蜂鸣器转换开关不在断开位)。

(17)空气干燥器工作指示绿灯 30 s 亮灭转换。

五、柴油发动机的停机

1. 正常停机

(1)正常情况下,柴油发动机不得从满负荷工况突然停机。

(2)操纵发动机油门控制手柄至怠速位,降低柴油发动机转速。

(3)在怠速状态下保持柴油发动机运转 4～5 min。

(4)按下发动机停机按钮,柴油发动机停止转动。

(5)关闭发动机主钥匙开关。

2. 非正常停机

(1)非正常停机是指在发动机未卸载、未减速的情况下,直接按下发动机停机按钮,使柴油发动机从满负荷工况下突然停止转动。

(2)仅在发生紧急情况时才可进行紧急停机。

(3)DCL-32 型捣固车在前、后司机室控制面板上各设有 1 个发动机停机按钮,供操作司机在作业走行或高速运行时遇到紧急情况停机使用。

(4)在主车架两侧共设有 6 个发动机停机按钮,供车下操作人员在捣固车作业时遇紧急情况停机使用。

任务 5　制动机的性能试验

对 DCL-32 型捣固车的空气制动机进行性能试验,检查空气制动机的制动、保压和缓解作用是否良好。捣固车制动性能试验必须启动柴油发动机后进行,制动机试验程序如下。

一、风缸压力的检查与调整

(1)检查总风缸压力是否达到(700±20) kPa。

(2)调整列车管压力为 500 kPa。

(3)总风系统压力 3 min 泄漏不得超过 20 kPa。

二、自动制动阀制动性能试验

(1)单独制动阀置运转位。

(2)自动制动阀从制动位转至缓解位：

①均衡风缸压力自 0 充至 480 kPa 的时间为 5～7 s。

②制动缸压力从最高值缓解至 35 kPa 的时间为 5～8 s。

(3)自动制动阀从缓解位转至制动位：

①均衡风缸压力自 500 kPa 降至 360 kPa 的时间为 5～8 s。

②制动缸最高压力为 340～380 kPa。

③制动缸压力从 0 升至最高压力的时间为 6～9 s。

(4)自动制动阀置于保压位：

①均衡风缸压力 1 min 泄漏不得超过 5 kPa。

②列车管压力 1 min 泄漏不得超过 10 kPa。

三、单独制动阀制动性能试验

(1)自动制动阀置缓解位。

(2)单独制动阀从运转位转至制动位：

①调整制动缸最高压力为 360 kPa。

②制动缸压力从 0 升至 340 kPa 的时间不大于 4 s。

(3)单独制动阀从制动位转至缓解位:制动缸压力自 360 kPa 降至 35 kPa 的时间不大于 5 s。

(4)单独制动阀于保压位:制动缸压力 3 min 泄漏不得超过 10 kPa。

四、紧急制动性能试验

(1)自动制动阀缓解后的运转位,单独制动阀置运转位。

(2)下压紧急制动(放风)阀：

①列车管压力由定值排至 0 的时间不大于 3 s。

②制动缸最高压力为(450±10) kPa。

③制动缸压力从 0 升至最高压力的时间为 6～9 s。

④在下压紧急制动(放风)阀的同时，将大闸手把转至制动位。

(3)下压非常(旁路)制动按钮：

①制动缸最高压力为 360 kPa。

②制动缸压力从 0 升至最高压力的时间不大于 4 s。

任务6　区间运行操纵

一、运行操纵前的准备工作

为保证运行安全，在 DCL-32 型捣固车的运行操纵前，应进行以下准备工作。

1. 运行前的常规检查

(1)检查各电气装置、液压管路的连接状况，对脱落、泄漏问题进行处理。

(2)检查前后端部车钩缓冲装置，车钩的"三态作用"(闭锁、开锁和全开三种作用状态)应良好。

(3)对转向架及走行部的各零部件的状态进行外观检查，应无明显的缺陷、裂纹及变形。

(4)基础制动装置各连接销、开口销应完好，制动杠杆和制动梁无严重损伤和变形。

(5)闸瓦无裂纹、严重偏磨，闸瓦间隙均匀，其值在 3～10 mm 范围内。使用中的闸瓦如果在其最薄的地方厚度小于 12 mm 时，必须更换。

(6)三个作业液压泵驱动离合器的"接合-脱开"手柄都处于脱开位(向里推)。

(7)检查主、辅车转换阀置于主动位。

(8)检查万向传动轴有无裂纹，连接螺栓有无松动。

(9)对捣固车出现的故障要及时排除，杜绝带故障运行和作业。

(10)检查必备的随机工具及关键备件，要求齐全、状态或功能良好。

(11)检查随机配备的安全备品和装置(如信号旗、火炬、响墩、信号灯、复轨器、灭火器等)，要求时刻处于良好状态，严格遵守铁路有关安全行车规章。

(12)启动柴油发动机，检查确认各仪表、指示灯、电气设备等应工作正常，具体如下。

①各锁定指示灯全部熄灭。

②ZF 变速箱油压为 1～1.2 MPa。

③ZF变速箱油温至少为40 ℃。

④主风缸压力为0.7 MPa。

⑤列车管压力为0.5 MPa。

⑥均衡风缸压力为0.5 MPa。

⑦检查照明设备、雨刮器及报警指示灯、电喇叭、气喇叭等是否工作正常。

⑧主驱动和辅助驱动脱开指示绿灯亮。

⑨制动闸瓦磨耗报警指示灯应在熄灭状态。

⑩各系统或装置的滤清器报警指示灯均熄灭。

(13)确认车下无人和障碍物,材料车上无人搭乘。

2. 制动系统运行前的检查

制动系统必须确保安全和动作准确。运行前必须试验制动和缓解是否正确(俗称试风试闸),同时观察制动缸的密封性能是否良好、制动传动装置是否可靠。

1)间接制动检查(自动制动阀)

(1)制动动作在所有相关联的车轮上起作用。自动制动阀制动后,用锤子敲击每个转向架上的闸瓦来检验制动的情况,不能出现闸瓦松开现象。

(2)制动后,车轮闸瓦必须能可靠缓解,所有闸瓦除了有损伤的以外都可使用。

(3)检查泄漏。将自动制动阀置于保压位,观察列车管的压力下降情况,要求在1 min内压力下降小于20 kPa。检查完毕,将自动制动阀手柄置于运转位后,列车管压力应升至500 kPa。

(4)检查制动缸行程。正常情况下前后转向架制动缸的活塞行程为45~50 mm,材料车制动缸的活塞行程为30 mm。

(5)灵敏度检验。将自动制动阀手柄从制动位快速移到缓解位,缓解制动,观察是否所有制动闸瓦都离开车轮。

2)直接制动检查(单独制动阀)

(1)将单独制动阀手柄放在缓解位直到制动缸压力降至0,再将单独制动阀手柄置于制动位,制动缸中的压力必须升至360 kPa。

(2)用锤子敲击检验每个转向架上的闸瓦,观察是否所有闸瓦都抱死。

(3)将单独制动阀手柄放在缓解位直到制动缸压力降到0,并观察所有闸瓦是否脱离车轮。

3)紧急制动检查

施加紧急制动,检查制动压力、升压时间是否符合相关技术规定。

4)手制动(停机制动)检查

(1)手制动机各部位润滑良好,手轮回转灵活,手制动作用正常。

(2)手制动时,制动闸瓦必须抱死。

(3)将手制动机手轮转到完全缓解状态,确认制动闸瓦已处在缓解状态。

制动系统检查时手制动必须松开。当捣固车有溜车危险时,要用止轮器将车轮止住(试验后去掉)。

二、运行操纵方法

一般情况下,单机运行采用单独制动阀来控制。所以,制动系统检查完毕,往往将自动制动阀置于运转位,单独制动阀置于制动位,并取出非操纵司机室的自动制动阀和单独制动阀手把,最后施加手制动,撤除止轮器。

1. 运行司机室的选择

(1)根据机器运行方向选择司机室,驾驶位置应面对预定的行驶方向。

(2)选择司机室后,需进行以下确认和检查。

①非运行司机室内的 ZF 换挡手柄置于空挡位。

②非运行司机室内的 ZF 驱动主开关位于切断位,取下 ZF 驱动主开关钥匙。

③非运行司机室内的发动机油门控制手柄置于急速位。

2. 运行准备

(1)在选定的司机室内启动柴油发动机。

(2)用单独制动阀施加空气制动。

(3)当制动压力大于 300 kPa 后,插入 ZF 驱动主开关钥匙并旋至右位,观察末级离合器挂挡指示灯,若红灯亮,说明 ZF 变速箱输出轴处于啮合状态,捣固车已做好运行准备。若末级离合器挂挡指示红灯未亮,可按下短时驱动控制旁通(俗称点动)按钮进行挂挡。

(4)松开手制动。

3. 一般情况下机器的驶离

(1)确认柴油发动机在急速下运转。

(2)操纵 ZF 换挡手柄由空挡换至第一挡(进入需要的方向)。

(3)鸣风喇叭一长声。

(4)缓解空气制动。

(5)操纵发动机油门控制手柄,缓慢增加柴油发动机的转速,提高机器的运行速度。

4. 运行速度控制

(1)正常运行后,为提高机器运行速度,应加大油门,先将发动机转速升至 1 500 r/min 以上。

(2)待机器在一挡内逐渐加速至最高速度(约为 25 km/h)时,操纵 ZF 换挡手柄将挡位升至二挡。

(3) 待机器在二挡内逐渐加速至最高速度(约为 47 km/h)时，操纵 ZF 换挡手柄将挡位升至三挡。

(4) 机器的运行速度受柴油发动机转速和动力换挡变速箱挡位的控制，在任一挡位，均可通过提高柴油发动机的转速来提高机器的运行速度。

(5) 降低柴油发动机转速，机器的运行速度下降，以此起到控制运行速度的作用。

(6) 在转换挡位时，遇到由高速挡位换为低速挡位，即降速运行工况，应先减油门，使发动机转速降至 1 500 r/min 以下，必须当本机的运行速度与相应的挡位控制速度相一致，动力换挡变速箱的自动控制锁闭机构已脱开，方可换入低一挡位。

如果确实需要快速换挡减速，在降低柴油发动机转速的同时应施加空气制动强制减速。施加空气制动时，制动压力不能太高，应在 100 kPa 左右。

5. 停车

(1) 操纵发动机油门控制手柄至怠速位，降低柴油发动机转速。

(2) 施加空气制动并保持制动状态，直至完全停稳。

(3) 机器完全停稳后，将 ZF 换挡手柄置于空挡位。

(4) 强制降速并停止运行期间，在任一挡位内均可实施制动停车，速度挡位可不做转换，待车完全停稳后再将 ZF 换挡手柄置于空挡位。

(5) 断开 ZF 驱动主开关，末级离合器脱挡指示绿灯亮。

(6) 在前、后司机室都有一个紧急放风阀(后改成紧急制动按钮)，还各有一个非常(旁路)制动按钮，用以在紧急情况下停车。

(7) 当制动压力大于 100 kPa 时，控制系统将使柴油发动机的转速自动降至怠速；当制动压力大于 260 kPa 时，控制系统将自动切断 ZF 变速箱的动力输出。

6. 改变行驶方向

(1) 降低柴油发动机转速并施加空气制动，使机器停止运行。

(2) 停车时确保空气制动机处于制动状态。

(3) 先操纵 ZF 换挡手柄回到空挡位，再操纵 ZF 换挡手柄到反方向运行的一挡位。

(4) 鸣风喇叭一长声。

(5) 缓解空气制动。

(6) 操纵发动机油门控制手柄，缓慢增加柴油发动机的转速，提高机器的运行速度。

注意，只有当机器完全停稳后才能更改运行方向。

7. 变换运行司机室

(1) 降低柴油发动机转速至怠速，施加停车制动并保持制动状态。

(2) 操纵 ZF 换挡手柄换至空挡位。

(3)将 ZF 驱动主开关钥匙旋至左位,再将钥匙取下。

(4)将自动制动阀手把从运转位取出,单独制动阀手把从缓解位取出。

(5)进入另一端的运行司机室,将自动制动阀和单独制动阀手把套装到空气制动阀上。

(6)插入 ZF 驱动主开关钥匙并旋至右位。

(7)操纵 ZF 换挡手柄从空挡至第一挡。

(8)鸣风喇叭一长声。

(9)缓解空气制动。

(10)操纵发动机油门控制手柄,缓慢增加柴油发动机的转速,提高机器的运行速度。

注意:只有当机器停车后才能变换运行司机室。变换司机室时,不需要停止柴油发动机的运转。

8.停机

(1)降低柴油发动机转速至怠速,施加停车制动并保持制动状态。

(2)操纵 ZF 换挡手柄置于空挡位。

(3)将 ZF 驱动主开关钥匙转至左位,再将钥匙取下。

(4)按下发动机停机按钮,使柴油发动机在怠速下停机。

(5)将后司机室发动机主钥匙开关旋至左位,关闭发动机系统控制电源,并将钥匙取下。

(6)切断空气加热器或空调器。

(7)关闭所有照明装置。

(8)将主电源开关钥匙旋至左位,切断整车电源,再将钥匙取下。

(9)缓解空气制动,去除施加手制动时必须上止轮器。

(10)对空气系统中的储风缸、集尘器、空气干燥器、油水分离器等进行排水。

(11)关闭窗户,锁固车门。

(12)按照相关规定,对捣固车设好防护。

9.运行中操作司机注意事项

(1)运行中随时注意观察仪表显示是否正常,密切监视机械运转状态,发现异常及时处理。

(2)杜绝超速行驶,运行速度应与轨道条件相符合。根据线路状态和运行条件随时调整运行速度:

①当通过道岔、道口、不良线路时,降低行车速度。

②爬坡或下坡时,应及时换挡至较低挡位,不得在空挡位下坡滑行。

(3)只在紧急状况下才可施加紧急制动。

(4)操纵发动机油门控制手柄,注意不得用力过猛,不能快速向前或向后移动,不论加速还是减速都要平稳操作。

(5)若因捣固车牵引载荷过大,在某一挡位内使柴油发动机转速由高速降至1 400 r/min以下,需将 ZF 换挡手柄转换至低一级速挡,防止 ZF 变速箱油温过高。

(6)ZF 变速箱的油温应控制在 80～110 ℃,短时间内允许达到 120 ℃。若温度过高,需将 ZF 换挡手柄转换至空挡位,柴油发动机转速维持在 1 200～1 500 r/min,强制冷却油液,直至温度降至允许范围。

(7)在捣固车未停稳前,严禁转换运行方向。

(8)捣固车处于运行状态且处于非空挡位时,禁止柴油发动机熄火和重新启动。

(9)捣固车牵引其他车辆运行时,必须保证被挂车辆的制动系统作用与本机相一致,原则上考虑到捣固车的结构特点,一般不用于牵引其他车辆。

(10)缓慢启动,逐渐加速,运行中必须注意自运行速度最高不能超过 80 km/h,严禁超速行驶。

(11)在任何情况下停机,均应施加空气制动。

(12)运行时按规定鸣笛。在鸣笛标、道口、施工地段、隧道前,要鸣一长声,进出站、曲线、桥梁、交会做到"三鸣笛"。

(13)中间站停车,司机、副司机应巡视捣固车。进站停车必须严格控制速度,注意后部过标信号。

(14)捣固车到达目的地后,发动机须运转 10 min 才可鸣笛停机。

任务 7　运行监控

在 DCL-32 型捣固车前、后司机室的控制面板上,分布着许多仪表和报警指示灯,用以对关键部件的工作过程和工作状态进行监控。对危及行车安全或设备使用安全的情况及时发出警示,从而引起操纵者的注意,便于其立即加以处理。所以,仪表监视与报警系统是捣固车的核心控制部分。

一、仪表监视

仪表监视是由各类传感元件将温度、压力、转速、方向等信号传送到各个仪表中,供操纵者观察。

1.柴油发动机参数测量与监视

柴油发动机参数测量包括缸盖温度、机油压力、转速、工作时长等参数的测量与显示。

1)缸盖温度

缸盖温度测量由发动机温度表和缸盖温度传感器组成。

发动机温度表的工作电压为 24 V,指示范围为+30～+200 ℃。绿区指示的是缸盖正常温度,一般为+30～+170 ℃;红区指示的是缸盖危险温度,一般为+170～+200 ℃。发动机温度表指针进入红色区域,必须立即停机检查。

缸盖温度传感器一般安装在第二气缸的缸盖上,通过导线与温度表连接,其工作电压为 6～24 V,工作温度低于+200 ℃。

2) 机油压力

机油压力测量由发动机油压表和机油压力传感器组成。

发动机油压表的工作电压为 24 V,工作电流最大约 130 mA,指示范围为 0～0.5 MPa。

机油压力传感器安装在柴油发动机左侧主油道管路上,通过导线和发动机油压表连接,其测量范围为 0～0.5 MPa,触点报警压力为 0.2 MPa(当压力低于此值时,内部触点闭合),工作温度为−25～+100 ℃。

3) 柴油发动机转速

柴油发动机转速测量由发动机转速表和转速传感器组成。一个充电发电机 W 端子给电信号,最大驱动力矩为 50 N·m。发动机转速表的指示范围为 0～3 000 r/min。

4) 柴油发动机工作时长

柴油发动机工作时长测量是由发动机运转计时表接到柴油发动机的发电机上,经过电压的转换,累计柴油发动机运转的总时间,其主要参数工作电压为 9～28 V,电流消耗 18.5 mA,计时单位为 h。

5) 燃油量

燃油量的测量由燃油箱油位指示表和燃油油位传感器组成。燃油油位传感器安装在燃油箱的上部,利用浮球杠杆的作用原理,测量燃油油位,并转换成电压信号在燃油箱油位指示表上显示出来。

2. 累计运行里程和速度里程的测量与监视

DCL-32 型捣固车累计运行里程的测量由装在分动齿轮箱的速度里程传感器和速度里程表组成。通过测量分动齿轮箱输入轴的转速,可计算出捣固车的行驶速度和累计运行里程,并在速度里程表中显示出来。

3. ZF 变速箱的测量与监视

对 ZF 变速箱液力传动油的压力和油温进行测量与监视,油压的测量由 ZF 变速箱油压表和液压油压力传感器组成,油温的测量由 ZF 变速箱油温表和液压油温度传感器组成。

4. 制动系统的压力监视

为使制动系统工作正常,制动系统也采用压力表来监视主要管路的工作压力。

(1) 总风缸压力:调整为(700±20) kPa。

(2) 制动缸压力：自动制动阀制动时为 340～380 kPa；单独制动阀制动时为 360 kPa；紧急制动时为 420～450 kPa；非常（旁路）制动时为 360 kPa。

(3) 列车管压力：调整为 500 kPa。

(4) 均衡风缸压力：显示为 500 kPa。

二、报警系统

对捣固车工作情况的监视，除了采用上述的参数测量与仪表显示方式外，还设计有灯光报警系统，使操纵者能随时掌握机械、液压、电气系统的工作状况。当报警指示灯发光、报警器发出蜂鸣声时，应停车检查，处理故障。

不需要故障报警蜂鸣器发出声响，可将报警蜂鸣器转换开关置于切断位。

1. 柴油发动机监控报警

1) 发动机缸盖温度报警

当柴油发动机缸盖温度超过规定值（约 150 ℃）时，温度开关动作，发动机缸温报警指示灯亮，红色二极管发光，故障报警蜂鸣器发出蜂鸣声，同时 B11 箱发动机故障报警指示灯亮。

2) 发动机机油压力报警

发动机机油压力正常值为 0.2～0.6 MPa，当柴油发动机机油压力低于 0.2 MPa 时，压力开关闭合，发动机油压报警指示灯亮，红色二极管发光，故障报警蜂鸣器发出蜂鸣声，同时 B11 箱发动机故障报警指示灯亮。

3) 空气滤清器堵塞报警

当空气滤清器被脏物堵塞或损坏后，传感开关动作，空气滤清器报警指示灯亮，红色二极管发光，故障报警蜂鸣器发出蜂鸣声。

2. ZF 变速箱监控报警

1) ZF 变速箱温度报警

当 ZF 变速箱的油温达到 120 ℃ 时，温度开关动作，ZF 变速箱油温报警指示灯亮，红色二极管发光，故障报警蜂鸣器发出蜂鸣声，同时 B11 箱 ZF 变速箱油温报警指示灯亮。

2) ZF 变速箱油压报警

当 ZF 变速箱机油压力低于 1 MPa 时，压力开关闭合，ZF 变速箱油压报警指示灯亮，红色二极管发光，故障报警蜂鸣器发出蜂鸣声，同时 B11 箱 ZF 变速箱报警指示灯亮。

3. 制动系统监控报警

前转向架、后转向架、材料小车走行部都装有闸瓦磨损报警感应器，当任一处闸瓦磨损到规定极限值时，相应的制动闸瓦磨耗报警指示灯亮，红色二极管发光，故障报警蜂鸣器发出蜂鸣声。

4.锁定装置监控报警

(1)前张紧小车、测量小车、拨道小车、后张紧小车中,任一小车锁定装置的锁定不到位,则相应小车锁定指示灯和总锁定指示灯亮,红色二极管发光,故障报警蜂鸣器发出蜂鸣声。

(2)若捣固装置、夯实装置、起拨道装置的锁定不到位,则相对应的锁定指示灯和总锁定指示灯亮,红色二极管发光,故障报警蜂鸣器发出蜂鸣声。

任务 8　长途挂运

各种大型养路机械在出厂及远距离工地转移时,都要进行长途挂运。长途挂运时由机车牵引,大型养路机械仅作无动力回送。所以,DCL-32型捣固车的操纵人员必须了解长途挂运的操作方法和注意事项。

一、长途挂运的整备

(1)连挂前检查:

①确认各作业驱动液压泵离合器、ZF末级离合器必须处于脱开位。

②各车轴齿轮箱油位和分动齿轮箱油位必须达到标准的上限。

③基础制动装置的悬挂应正常,制动拉杆锁紧螺母紧固。

④检查闸瓦有无裂纹,闸瓦插销是否到位。

⑤检查各测量小车、激光小车、梯子等应锁定和绑扎牢固,系好安全索。

⑥检查捣固装置、夯实装置、起拨道装置应锁定和绑扎牢固,系好安全索。

⑦检查车钩状态是否良好。

⑧检查门锁是否正常。

(2)启动柴油发动机,施加空气制动,缓解手制动。

(3)将空气制动系统中的制动安全阀压力调整至180~220 kPa。

(4)将无动力回送主、辅车转换阀置于被动位。

(5)ZF换挡手柄置于空挡位。按下发动机停机按钮,柴油发动机停止运转。

(6)关闭ZF驱动主开关。

(7)关掉照明灯等用电设备,关闭发动机主钥匙开关,但不允许关闭主电源开关,因长途挂运必须打开轴温监控等。

(8)拆除万向传动轴。

(9)缓解空气制动,施加手制动,并将自动制动阀、单独制动阀操作手柄分别从运转位和缓解位取出。

(10)取下主电源开关钥匙、发动机主开关钥匙和 ZF 驱动主开关钥匙。

(11)进行机械连挂,连接风管,试风试闸,缓解手制动。

二、长途挂运注意事项

(1)捣固车与其他车列长途挂运时,其编挂位置应在列车尾部。

(2)在编组站内调车时禁止通过驼峰信号机,不允许溜放,并严禁利用捣固车为动力车,进行其他货物车辆的调车作业。

(3)大型养路机械自行编组并由机车牵引时,应将重车、轴距大的车编在前面,然后逐一连接软管,试风试闸良好。

(4)运行前,各车司机长或负责人员检查本车的装载、与相邻车的连挂及各作业装置的锁定情况等。

(5)捣固车连挂运行时的最大允许速度为 100 km/h(高速转向架连挂速度可以达到 120 km/h)。

(6)每车设两名押车人员。押车人员应携带必需的维修工具及物件(如活动扳手、螺丝刀、钢丝钳、铁丝等),以备急需。携带一套制动系统转换手柄,分别置于自动制动阀、单独制动阀的运转位和缓解位。

(7)运输途中,押车人员应严密监视本车的运行状态。

①在站内停车、会车时,押车人员应下车检查车轴齿轮箱温度、轴箱温度及制动闸瓦的情况,并巡查全车。一旦发现走行系统温度过高、有异响或制动缓解不良时,应及时通知押车指派负责人,以便采取应急措施,但不准随意动用停车设备。

②制动缓解不彻底,可用自动制动阀单缓功能予以处理。

③如发现危及行车安全的不正常现象,应及时做摘车处理。

(8)押车人员要注意安全。列车运行中,押车人员一律在司机室内,身体不得探出车外,关好车门。下车时,随时注意邻线来车,并随时做好上车准备,严禁钻车检查,避免与电气化接触网支柱及其附近的金属接触,严禁在列车停留间隙离开机械,防止漏乘。

(9)押运人员要做好安全保卫工作,以防捣固车被人为破坏或丢失零配件。

(10)押运途中,列车在车站等避、等发或停留时,禁止设防溜装置。

▶ 任务 9　施工作业

一、连挂运行

在一般情况下,大型养路机械都是按机组联合流水作业。从标准配置上来说,线路大修时,两台清筛机、三台捣固车、一台动力稳定车、一台

捣固车标准化作业
(视频)

配砟车组成一个大修机组;线路维修时,两台捣固车、一台动力稳定车、一台配砟车组成一个维修机组。但实际运用情况比较多样,特别是维修机组,可能是"两捣一稳",也可能是"一捣一稳",无论如何配置机组设备,捣固车都是线路大修、维修的主力机型。

大型养路机械机组作业,按规定必须连挂在一起进入封锁区间,也必须连挂在一起撤出施工工地。在捣固车进出施工封锁区间时,捣固车有时承担本务机的牵引功能,有时又作为无动力车附挂在其他机械的后面,车辆的连挂、摘挂作业则是每次施工都必须进行的工作。

1. 连挂作业

1)连挂准备(被挂车)

(1)施加空气制动,停稳捣固车。

(2)将主、辅车转换阀置于被动位。

(3)确认各检测小车和作业装置锁定状态良好,总锁定装置锁定位指示绿灯亮。

(4)将ZF换挡手柄置于空挡位,ZF驱动主开关置于关闭位并取下开关钥匙,末级离合器脱挡指示绿灯亮。

(5)按下发动机停机按钮使柴油发动机熄火,关闭发动机主钥匙开关并取下开关钥匙。

(6)不关闭主电源开关。

(7)检查确认三个作业液压泵驱动离合器的"接合-脱开"操纵手柄在脱开位。

(8)检查前后端部车钩缓冲装置,车钩的"三态作用"应良好。

(9)被挂车不停机,施加空气制动,不施加手制动。

(10)将自动制动阀、单独制动阀手柄分别从运转位和缓解位取出。

2)连挂过程

(1)连挂的牵引动车(也称本务车)试风试闸,以不超过30 km/h的速度按"十、五、三车"的距离信号运行,并调整运行速度。

(2)连挂作业执行"两停一挂"制度,10 m、2 m各停车一次。

(3)再次检查牵引动车与被挂车的车钩、风管,做好连挂准备。

(4)提起牵引动车及被挂车车钩装置的钩提杆,使车钩处于全开状态。

(5)牵引动车以不超过3 km/h速度平稳连挂,不须换向,试拉即可,确保连结可靠。

(6)接好制动软管,打开列车管折角塞门,检查确认无泄漏。

(7)缓解被挂车的手制动。

(8)由牵引动车向连挂车列的列车管充风,按规定进行制动机试验,确认制动、缓解良好后方可动车。

(9)将牵引动车ZF换挡手柄置于空挡位,降低柴油发动机转速至怠速。

(10)施加连挂车列的空气制动。

2. 连挂运行

(1)操纵牵引动车 ZF 换挡手柄由空挡换至前进方向的第一挡。

(2)鸣风喇叭一长声,待被连挂各车回示一长声后,牵引动车即刻再鸣笛一长声,方可开始动车。

(3)缓解连挂车列空气制动,并操纵发动机油门控制手柄,提高柴油发动机的转速,从而使连挂车列逐渐加速并换挡。

(4)牵引动车严格按"十六字令"行车,即彻底瞭望、确认信号、准确呼唤、手比眼看。驾驶司机随时检查本务车的列车管压力、制动缸压力,以及操作台上各种仪表的显示状况,发现异常及时停车,确保行车安全。

(5)被挂车上机组人员应加强瞭望,若发现紧急情况而又无法及时通知牵引动车司机时,可按下紧急制动按钮,使车列施行紧急停车。

(6)被挂车司机应随时检查本车上的列车管压力、制动缸压力、总锁定指示灯,以及操作台上各种仪表的显示状况,发现异常立即发出停车信号,确保行车安全。

3. 摘挂作业

机组到达施工地段,需对连挂车列进行摘挂作业。摘钩时,应严格执行"一关折角塞门、二摘软管、三提钩"的作业程序,注意安全。具体操作过程如下:

(1)将牵引动车的柴油发动机转速降至怠速,并给连挂车列施行空气制动停车。

(2)连挂车列进入封锁区间后,机组各机械车在施工地段前后的摘挂方式和顺序由施工负责人决定,并通过对讲机通知各车司机长。原则上,由被挂车上的指定专人负责摘车作业。

(3)关闭被挂车前部最后一辆机械车后端的列车管折角塞门。若被挂车前部仅是牵引动车,则直接关闭动车后端的列车管折角塞门。

(4)关闭被挂车前端的列车管折角塞门。

(5)摘开被挂车与前部相邻机械车的制动软管。

(6)提起被挂车前端和前部相邻机械车后端车钩装置的钩提杆,使前后车钩处于全开状态。

(7)根据摘钩人员的信号,鸣笛移动牵引动车。

(8)套上被挂车自动制动阀和单独制动阀操纵手柄,给被挂车施加空气制动。

(9)将被挂车主、辅车转换阀置于主动位。

(10)打开被挂车的主电源开关、发动机主钥匙开关,启动被挂车的柴油发动机。

(11)待空气制动系统充满风后,打开被挂车的 ZF 驱动主开关,并以不超过 40 km/h 的速度运行至指定地点停车。

(12)各机械车在封锁区间独自运行时,续行间隔不得少于 300 m,并做好随时停车的准备。

二、作业准备

1. 作业地点停车

(1)捣固车摘挂后行至作业地点或直接运行至作业地点后,降低柴油发动机转速,施加空气制动。

(2)下压 ZF 换挡手柄至空挡位,注意挡位转换时间不少于 1 s。

(3)逆时针旋转 ZF 驱动主开关钥匙到"0"位,切断动力换挡变速箱控制总电源。此时,末级离合器脱挡指示绿灯亮,ZF 变速箱输出轴处于分离状态。

(4)降低柴油发动机转速至怠速,按下发动机停机按钮,使柴油发动机停止转动。

2. 作业转换

作业转换是将捣固车从运行状态转换成作业状态。

(1)拉动作业系统 3 台液压泵驱动离合器的"接合-脱开"操纵手柄,使离合器置于接合位(向外拉)。注意,液压泵驱动离合器在接合和脱开转换时,一定要关闭柴油发动机。

(2)待确认液压泵驱动离合器已接合后,重新启动柴油发动机,并使转速略高于怠速。

(3)将作业控制主开关旋至右位,接通作业主电源,并确认开关指示灯亮。

(4)检查作业主驱动脱挡指示红灯亮。若主驱动没有挂上,可打开 ZF 驱动主开关钥匙,缓解空气制动,换挡手柄挂上第一挡,然后点动短时辅助驱动按钮,使主驱动离合器接合。再施加空气制动,换挡手柄回空挡位,关闭 ZF 驱动主开关钥匙。

(5)提拉作业气动塞门手柄至上位,接通作业风路。

(6)按以下顺序关闭液压系统开关阀:

①作业压力开关阀。

②作业油路蓄能器开关阀。

③高压油路开关阀。

④高压油路蓄能器开关阀。

⑤中间捣固镐臂张开压力开关阀。

(7)将车轴支承开关阀扳至作业位,使转向架及车体的支撑油缸处于作业位,同时,液压作业制动开始作用。

(8)缓解空气制动,将自动制动阀、单独制动阀手柄置于运转位。

(9)将辅助驱动挂挡开关旋至右位,接合作业驱动从动转向架的液压马达离合器,辅助驱动脱挡指示红灯亮。若没有挂上,可点动作业走行踏板,使辅助驱动液压马达离合器接合,直至辅助驱动脱挡指示红灯亮。

(10)提升发动机油门操纵手柄,将发动机转速调至 1 600 r/min 左右。

3. 落下测量小车和作业装置

落下测量小车和作业装置时，前、后张紧小车由地面操作人员操纵，拨道、测量小车由后司机室操作人员操纵，按照"提升-解锁-下降"程序，依次放下前张紧小车、后张紧小车、拨道小车、测量小车、起拨道装置和枕端夯实器，最后放下捣固装置。

1) 放下各测量小车

(1) 降下前张紧小车(D点小车)，脱开作业走行距离测量轮的锁钩，放下走行距离测量轮到轨面上。采用激光进行拨道时，打开激光接收器保护罩。

(2) 降下后张紧小车(A点小车)。

(3) 降下拨道小车(C点小车)。

(4) 降下测量小车(B点小车)。

2) 卸下激光小车

如果作业中使用激光矫直法拨道，则卸下激光小车、激光发射器及电源，并在位于捣固车前方的线路上进行安装和固定。

3) 放下起拨道装置

(1) 解开起拨道装置安全链。

(2) 将起拨道装置全提升开关旋至右位，提升起拨道装置，解除锁定机构的负荷。

(3) 确认起拨道装置已提升至上位后，旋转起拨道装置"锁定/解锁"开关至解锁位，使锁定机构的锁钩脱开。

(4) 起拨道装置锁定指示灯亮后，将起拨道装置全提升开关旋回至左位。

(5) 按下夹钳张开按钮，指示灯亮。

(6) 按下左侧起拨道装置提升并保持按钮，指示灯亮。点动右侧起拨道装置下降按钮，同时旋转手动拨道开关，调整右侧起拨道装置横向位置，直至右侧拨道轮与右股钢轨对中，使右侧起拨道装置降于钢轨上。

如果在起拨道装置下降过程中，由于横向位置调整动作不够准确，而出现拨道轮未能对中钢轨但装置已落在钢轨上(或其他位置)的情况，则按下右侧起拨道装置提升并保持按钮，待拨道轮轮缘略高于轨顶后即刻松开按钮，起拨道装置保持在该提升高度。下降操作重复上述操作程序，即又进行一次下降操作。

(7) 待右侧起拨道装置已落至正确的位置后，按下右侧起拨道装置提升并保持按钮。指示灯一亮即刻松开按钮，防止该侧起拨道装置又重新提升脱离钢轨。然后点动左侧起拨道装置下降按钮，同时旋转手动拨道开关，调整左侧起拨道装置横向位置，直至左侧拨道轮与左股钢轨对中，使左侧起拨道装置降于钢轨上。

如果在起拨道装置下降过程中，由于横向位置调整动作不够准确，而出现拨道轮未能对中钢轨但装置已落在钢轨上(或其他位置)的情况,则按下左侧起拨道装置提升并保持按钮,待拨道轮轮缘略高于轨顶后即刻松开按钮,起拨道装置保持在该提升高度。下降操作重复上述操作程序。

(8)待左侧起拨道装置已正确地降在钢轨上后,按下右侧起拨道装置下降按钮。

(9)视作业情况按下相应按钮选择夹钳轮工作方式,该项操作也可在作业中随时转换。

①捣固信号控制夹钳闭合按钮:夹钳轮闭合受控于捣固下插信号。

②驱动信号控制夹钳张开按钮:夹钳轮闭合受控于驱动走行信号。

③夹钳常闭按钮:夹钳轮在作业中始终处于闭合状态,机器行进时夹钳张开。一般作业,都选择这种工作方式。

(10)通过左右旋转夹钳前后选择控制开关,配合夹钳轮工作方式按钮,可以实现起拨道装置的前夹钳或后夹钳参与作业。如果夹钳前后选择控制开关处于中位,则表示起拨道装置的前后夹钳均参与作业。

4)放下枕端夯实器

(1)解开枕端夯实器安全链。

(2)将夯实器全提升开关旋至右位,提升枕端夯实器。

(3)发出信号告知地面作业人员脱开左、右侧枕端夯实器锁销。

(4)确认枕端夯实器锁销已脱开后,将夯实器全提升开关旋回至左位。

(5)旋转夯实器作业开关至右位。

(6)根据作业地段的具体情况选择枕端夯实器的单侧或双侧作业。如果需要且允许两侧枕端夯实器同时作业,则将夯实器左右选择开关置于中位;如果只需要单侧枕端夯实器作业,则将夯实器左右选择开关置于相应一侧。

(7)踩下捣固装置下插踏板,放下相应侧的枕端夯实器。此时,夯实器锁定指示灯亮。

(8)顺时针转动枕端夯实器振动驱动开关阀,直至旋紧,枕端夯实器处于作业准备位置。

(9)枕端夯实器的提升和下降与捣固装置的提升和下降是协调进行的。

4.捣固装置的作业准备

1)下降捣固装置

(1)解开捣固装置安全链。

(2)旋转捣固装置操纵开关至左位,提升捣固装置至上位,解除锁定机构的负荷。

(3)待捣固装置已提升至上位后,将捣固装置"锁定/解锁"开关旋至解锁位,使锁销脱离锁定位。

(4)捣固装置锁定指示灯亮后,再将捣固装置操纵开关旋回至右位。

(5)视作业情况旋转左右捣固装置选择开关,选择相应侧的捣固装置下降参与作业。

①左右捣固装置选择开关在中位:两侧捣固装置同时下降参与作业。
②左右捣固装置选择开关在左位:左侧捣固装置单独下降参与作业。
③左右捣固装置选择开关在右位:右侧捣固装置单独下降参与作业。
上述三种工况的选择在作业中也可随时进行调整,但只能选择其中一种作业方式。

(6)点动捣固装置下插踏板,放下捣固装置。

(7)顺时针转动左、右侧捣固装置振动驱动开关阀,捣固装置的振动驱动机构启动,捣固装置处于作业准备位置。左侧捣固装置和右侧捣固装置的振动驱动可以分开控制。

2)选择捣固装置下插深度

(1)为获得良好、持久的捣固作业质量,需要选择合适的捣固深度。捣固深度的选择是依据道砟的粒径和钢轨与轨枕的总高度而决定。

(2)在标准粒径道砟情况下,一般规定枕下与镐掌顶面间的距离不得少于15 mm,并自动地包括在必要的深度调整范围内。在调整时,将捣固深度给定编码开关置于"000"位,踩下捣固装置下插踏板,调整捣固镐掌顶面降至低于钢轨顶面15~20 mm 的高度。

(3)根据实际线路情况,预先设定捣固深度。一般将轨顶到枕底的总高度输入到捣固深度给定编码开关,捣固下插深度(捣固镐掌顶部)可以达到枕底以下15~20 mm 处。

3)选择捣固装置下插速度

(1)捣固装置的下插速度可根据作业场地的条件予以变更。对于较硬的道床(如板结道床),一般选择快速下插,疏松的道床一般选择低速下插,一般道床可选择正常速度下插。

(2)拨动捣固装置下降速度控制开关和捣固装置下降速度增益开关,选择需要的捣固装置下降速度,即为作业中的下插速度,在作业中也可随时调整。

①正常速度下插:捣固装置下降速度控制开关和捣固装置下降速度增益开关均置于"1"位。

②低速下插:捣固装置下降速度控制开关置于"2"位,捣固装置下降速度增益开关置于"1"位。

③高速下插:捣固装置下降速度控制开关置于"1"位,捣固装置下降速度增益开关置于"2"位。

(3)为防止在道床板结的线路上捣固下插减速过大,需要使用下插助力功能。此时把捣固装置辅助下插控制开关旋至右位,接通下插助力功能,从而起到加速下插的作用。

(4)捣固装置升降电流显示表可以显示控制捣固装置提升和下降的比例阀的供油状况,扳动捣固装置升降电流显示转换开关,可交替地显示左侧或右侧捣固装置的比例阀供油数值。

4)预设捣固镐头夹持时间

(1)夹持是指相对的镐头做相对靠近运动,使枕下的石砟密实,提高作业后的道床稳定性。

(2)设定夹持时间的原则,既要有效地发挥夹持的作用,又不会降低作业效率。

(3)夹持时间的设定根据线路实际状况确定,夹持时间长可以起到稳定捣固质量的作用。

道床松或有特殊要求夹持时间可长些,道床稳定则夹持时间可短些,作业中应视需要随时调整。

(4)夹持时间预设由夹持时间编码开关给定,编码开关每个单位数值间隔为0.2 s。

5)捣固装置的横移

(1)将捣固装置自动横移控制开关旋至右位,捣固装置横向移动自动受控于线路方向的变化。

(2)如果需要手动横向调整捣固装置,需在关闭自动横移控制开关后,视移动方向手动调节捣固装置横移手动开关旋向相应的一侧。

4. 前司机室的作业准备

1)调整开关位置及仪表显示

确认下列开关位置及仪表显示值,并做相应调整:

(1)前端给定理论超高电位计的显示为零,如不为零则需调整至零,并将旋钮锁定,防止数值发生异动。

(2)理论正矢给定电位计的显示为零,如不为零则需调整至零,并将旋钮锁定,防止数值发生异动。

(3)起道输入数据选择开关置于"4"位,起道输入数据显示器的显示值应为零,如不为零则调整前端给定起道量旋钮使其显示为零。

(4)拨道输入数据选择开关置于"4"位,拨道输入数据显示器的显示值应为零,如不为零则调整前端给定拨道量旋钮使其显示为零。

(5)激光拨道作业:

①未采用激光拨道作业时,将激光作业控制主开关置于"0"(左)位。

②采用激光拨道作业时,激光作业控制主开关首先置于中位,并将拨道输入数据选择开关置于"2"位,检查拨道输入数据显示器的显示值是否为零,如不为零则调整激光接收器左、右调整按钮直至显示为零。待轨道前方的激光发射器调整完毕后,再将激光作业控制主开关置于"ON"(右)位,即作业状态位。最后,将激光接收器电源开关旋至右操作位。

2)GVA数据输入

在作业前将作业地段的曲线各要素按照GVA操作方法输入GVA计算机系统。曲线原始数据由工务段提供。输入时要保证各参数正确无误,特别是曲线同步点的公里标、缓和曲线长度、曲线超高、曲线旋向及半径等一定要准确。

三、作业操纵

1. 测量小车预加载

1)张紧弦线

(1)确认A、B、C、D点检测小车已降到正确位置后,旋转拨道小车升降开关至左位,张紧前、后测量杆上的左、右股钢轨抄平钢弦。

(2)旋转拨道弦张紧开关至张紧位,张紧拨道测量钢弦和记录仪测量钢弦。

(3)拨道弦张紧的同时,通过预加载荷压力调节阀预先调整好的压力向所有测量小车进行竖向预加载。

(4)确认拨道测量弦和记录仪测量弦位于测量传感器的拨叉内。

2)选择基准轨

(1)基准轨由前司机室操纵人员选定,然后通知后司机室操纵人员完成相应的操作。前司机室操纵人员面向前方作业线路,便于观察线路状况。在前司机室还有相应的指示灯指示,以便确认和观察后司机室的操作是否有误。

(2)超高轨选择后,非超高股钢轨即为拨道基准轨。直线地段可任选一侧为超高轨,曲线地段则必须以实际的超高轨作为选定的超高轨。

(3)将横向水平超高选择开关旋至超高轨一侧,相应的超高股侧指示灯亮。

3)拨道预加载

(1)按照近似法进行拨道作业时,在直线地段可选任一侧钢轨作为预加载方向,在曲线地段预加载方向必须选择超高轨一侧,将测量系统预加载开关旋至预加载方向,相应侧的测量小车加载指示灯亮。

(2)按照精确法进行拨道作业时,预加载方向必须选择预先测量的钢轨侧,将测量系统预加载开关旋至预加载方向,该侧的测量小车加载指示灯亮。

(3)预加载方向选择哪一侧钢轨,A、B、C、D点检测小车的相应侧小车轮轮缘靠紧在该侧钢轨内侧,且该侧的测量小车加载指示灯亮。

(4)当各检测小车向钢轨适当预加载后,横向预加载压力即可达到适当程度,可避免检测小车脱轨。

4)起拨道作业系统操纵准备

(1)旋转起拨道控制主开关至右位,开关指示灯亮。

(2)旋转夹钳轮脱轨感应开关至右位,开关指示灯亮。作业中如果左侧或右侧起拨道装置夹钳轮脱轨,则相应侧的夹钳脱轨指示灯亮。

(3)视具体作业情况选择捣固装置与起拨道装置的配合模式,按压其中一种起拨道操作灯光按钮。

①对于只需要捣固作业而不进行起拨道作业的情况,按下起拨道控制关闭按钮,按钮指示灯亮。

②对于只需要进行拨道作业而不需要捣固作业情况,按下只拨道不捣固按钮,按钮指示灯亮。

③对于需要捣固装置一下降起拨道作业就开始的地段(如道床板结不易下插的作业地段),

按下起拨道开始带捣固装置下降按钮,按钮指示灯亮。

④对于需要捣固装置下降到位后,起拨道作业再开始的地段,按下捣固装置下降到位后起拨道开始按钮,按钮指示灯亮。

2.作业走行

作业走行前需提升发动机油门操纵手柄,将发动机转速调至最高作业转速(2 150 r/min)。

1)捣固车前行

(1)旋转作业走行方向控制开关至右位,选择捣固车向前走行,作业时驱动方向只能向前。

(2)踏下作业走行踏板,捣固车从一对轨枕移至下一对轨枕。

(3)松开脚踏板,自动施加液压制动,作业走行停止。

(4)走行速度以车轮走行起动时不在轨面上打滑为合适,如打滑则需要通过前、后转向架液压作业驱动速度调节流量控制阀对走行速度进行调整。

(5)如果制动距离达不到要求或制动不住,需调整液压制动压力,直至达到要求。

2)捣固车退行

(1)将作业走行方向控制开关旋至右位或向后走行,踏下作业走行踏板,捣固车后退。

(2)松开脚踏板,退行停止,液压制动开始作用。

(3)当捣固车完全停稳后,才可改变作业走行方向,否则会损坏作业驱动部件。不允许任意转换作业走行方向控制开关的位置。

3.捣固作业

1)捣固作业程序

(1)单步捣固。

确认捣固车已完全停稳且轨枕刚好处于两相对镐头中间后,踏下捣固装置下插踏板并保持,捣固装置按预定的速度下降,待达到预定的捣固深度后,捣固装置自动夹持。在达到预定的夹持时间后夹持动作停止,松开捣固装置下插踏板,捣固装置便自动提升回到原始位置。然后,踩下作业走行踏板,抄平起拨道捣固车即可驱动至下一对轨枕,松开踏板停止走行并自动施加液压制动。

再次踏下捣固装置下插踏板,重复循环以上的捣固作业程序。每个捣固循环均计入捣固循环计数器。

(2)半自动循环捣固。

①旋转自动捣固模式选择开关至"1×"位,确认捣固车已完全停稳且轨枕刚好处于两相对镐头中间后,踏下捣固装置下插踏板并保持,捣固装置按预定的速度下降,待达到预定的捣固深度后,捣固装置自动夹持。完成规定时间内的夹持动作后,捣固装置自动提升,抄平起拨道捣固车前行到下一根轨枕后松开踏板,液压制动压力上升,走行停止。

再次踏下捣固装置下插踏板,第二个作业循环开始,重复上述作业过程。每个捣固循环均计入捣固循环计数器。

②如果需要对同一对轨枕进行两次下插捣固（在大起道量下），则必须将捣固车保持在起道状态并保持开关旋至右位，自动捣固模式选择开关旋至"2×"位，踏下捣固装置下插踏板，捣固装置完成两次下插后，捣固车方前行到下一对轨枕位置。

③在半自动捣固作业中，只使用一个踏板。

(3)捣固作业注意事项。

①为防止捣固镐头碰撞轨枕，捣固装置下插前必须保证镐头处于两枕之间，如果未处于正确位置必须进行调整，通过移动捣固车位置达到这一要求。

②当道床轻微板结时，打开捣固装置辅助下插控制开关，当板结十分严重时禁止捣固车进行捣固作业。

③为防止产生惯性冲击，在捣固装置加速下插时不要松开下插踏板。

2)捣固夹持

捣固夹持分为手动控制夹持和自动控制夹持两种，作业中常用的夹持方式为自动控制夹持。

(1)手动控制夹持。

手动控制夹持是通过按下手动控制夹持按钮来实现的，夹持时间由手动控制，松开按钮，夹持动作结束，捣镐张开。

(2)自动控制夹持。

自动控制夹持是在自动捣固模式选择开关接通后自动进行，在捣固装置下降到有效捣固深度约 40 mm 处开始，下降到预定深度后自动完成。

为了达到良好的捣固作业质量，作业中需根据不同的道砟工况对夹持压力和夹持时间给予相应的调整。夹持压力可根据不同的道床，通过左、右捣固夹持压力阀分别进行调整，并显示在液压控制台的压力显示表上。

3)捣固加宽

在作业中经常遇到捣固地段轨枕间距不标准的情况，此时需及时调整外镐的张开宽度，以免镐头碰撞轨枕，同时可提高作业质量。

(1)轨枕间距较大。

在轨枕间距较大但间距一定的作业地段，捣固装置处于作业状态时，按下手动控制夹持按钮，待外侧油缸活塞杆完全伸出后，旋转前、后外捣镐张开宽度控制开关至右位，待加宽调整填块完全打开后，松开手动控制夹持按钮，则外镐油缸活塞杆完全收缩。如果需要对前、后外捣固镐头行程单独调整，则只操作前、后夹持按钮和相应的外捣镐张开宽度控制开关。

(2)轨枕间距不标准。

在轨枕间距不标准的作业地段，需要前捣固镐头加宽时，按下前夹持按钮，使活塞杆伸出至一定的位置,松开前夹持按钮,该位置固定不变,在捣固装置下插且完成自动夹持后,活塞的位置才发生变化,即又回到调整前的初始位置。如果下一次捣固仍需调整,则重复上述操作过程。

当需要后捣固镐头加宽时,按下后夹持按钮进行调整,其他操作方法与前捣固镐的加宽操作相同。需要前、后捣固镐头同时进行调整时,可以将上述独立的操作同时进行。

4. 后司机室的起拨道操作

1) 起道抄平作业

捣固车的起道抄平作业既可与捣固、拨道作业同时进行,也可单独进行,但在通常情况下,起道抄平作业是受捣固作业的指令控制的。后司机室操纵人员主要完成起道抄平动作的控制、各仪表显示情况的监视以及根据显示情况适时地予以修正。

(1) 打开起道控制主开关,接通起道抄平系统,选择起道,按下捣固装置下降按钮,捣固装置放下的同时开始起道。通过左、右侧起道显示表分别监视左、右侧钢轨的起道量。

(2) 起道抄平作业时,如果左、右股钢轨起道指示表及横向水平指示表的指针均在红区内,表明起道抄平状态良好,可进行下一次起道抄平作业。

(3) 起道动作终结时,起道指示表显示纵向误差并以此作为起道依据。

①若左侧或右侧起道指示表指针向左偏转(箭头向上),表明该点仍需起道,此时相应的起道指示灯处于发光状态。

②若左侧或右侧起道指示表指针向右偏转(箭头向下),表明此位置轨道过高,相应的起道伺服阀转换为落道,该侧的起道指示灯熄灭。此时应操纵该侧的起道补偿修正手柄,改变起道终止点。

③若起道显示表指针停留在中间位置,起道伺服阀切断,停止起道,表明当前轨道处于正确位置,起道指示灯熄灭。

(4) 通过起拨道电流显示转换开关和伺服阀电流显示表可以检查供给起道伺服阀的电流值。

(5) 起道速度应根据轨道状况和起道量,通过顺时针旋转左、右侧起道增益控制开关进行调整。如在重型钢轨地段,就需要加快起道速度。

(6) 横向水平由与当前捣固的轨枕相邻近的精密电子摆测量(作业区),并在横向水平表上显示。

(7) 横向水平表指针在红区内的中间位置,表示线路的横向水平是正确的;指针偏向某一侧,表示该侧钢轨在该点太低,需要增加起道量;指针刚好处于某侧红区的边缘,表示该侧的钢轨在该点较对应的钢轨相应点低 1.5~2 mm。

(8) 当横向水平表指针偏离红区时,需要进行横向水平修正,只要操纵起道补偿修正手柄,起道切断点就会不断变化。

①增加起道量的调整方法:用手指拨动低侧钢轨一侧的起道补偿修正手柄,可以达到 1~3 mm的起道量补偿。如果每一次作业循环均需拨动该手柄或即使拨动后仍然未能使指示表指针回到红区内,则需旋转控制该侧起道补偿的抄平调零电位计,直至指示表指针回到红区内,最大允许补偿量可达±5 mm。

②随着起道作业循环的不断进行,可能会出现补偿起道量的这一侧钢轨反而高出另一侧的情况,则该侧钢轨的起道量补偿值需减小直至为零。因此,旋转抄平调零电位计使其数值减小,直至横向水平指示表的指针回零。如果该侧起道补偿量数值已减小到零,但指针仍偏离红区,即该侧钢轨较另一侧高,则调整另一侧的抄平调零电位计,给另一侧钢轨加大起道量。

(9)曲线作业时如果GVA出现故障而不能对曲线实行自动修正作业时,需要手动输入数值进行作业。后司机室操纵程序如下。

①确认起道基准股钢轨。

②将捣固装置所在位置处轨枕上标注的超高值输入到手动超高给定调整电位计内,并随着捣固车的前行改变输入值,直至曲线作业结束,超高值回零为止。

③该操作也适用于整条曲线的作业控制。

④在需要减少超高值的曲线作业中,将手动超高给定换向按钮接通,指示灯亮。根据要求或轨枕上的标记,将需要减少的数值输入手动超高给定调整电位计,基准轨在作业后将被提高,从而减小了超高值。

(10)如果起道量明显不相等,可实施对较低股钢轨的起道量进行自动补偿,使低轨侧多起一点。该补偿量可通过沉降补偿量调整电位计进行调整,通过沉降补偿指示表显示。最大的补偿量为14 mm,如不需要补偿时及时调整回零。

(11)如果进行多次捣固(高起道量),应接通起道系统并保持开关。

(12)中间测量杆上比例高度传感器由抄平弦带回零位时,起道抄平作业立刻自动停止。

2)拨道作业

捣固车的拨道作业既可与捣固、起道抄平作业同时进行,也可单独进行,通常情况下是几种作业同时进行的。后司机室操纵人员主要负责拨道动作的控制、拨道数值的修正及仪表的监视等工作。

(1)手动拨道。

需要手动控制拨道作业时,旋转手动拨道开关,旋转的方向与拨道的方向一致,轨道可以随时横移,实现手动拨道。待拨道指示表指针回到红区后松开手动拨道开关,开关自动回到中位。

(2)自动拨道。

①自动拨道是拨道作业中常用的拨道方式。在进入自动拨道作业循环前,必须待拨道指示表的指针已处于红区内,方可接通自动拨道系统,旋转拨道控制主开关至右位即可。如果拨道指示表指针没有在红区内,禁止接通自动拨道系统,需要前后移动捣固车或随着作业的进行当

指针回到红区内时,再接通自动拨道系统。如遇特殊情况,允许输入拨道值使拨道指示表指针回到红色区内。

②当自动拨道系统接通后,捣固装置放下(踏下捣固装置下插踏板)的同时,拨道作业开始。

③拨道作业以及拨道零点在拨道指示表上予以显示。指针向有拨道误差的一侧偏转。作业中时刻监视拨道指示表指针的变化,当指针打到底时,立即停止拨道作业,前后移动作业车不少于 10 m,观察指针的变化是否正常,以确定是线路的问题还是设备问题。

④在拨道动作结束后,拨道指示表的指针应在红区内。若未在红区内,指针偏向一侧的反方向即应继续进行拨道的方向。用拨道调零电位计对拨道系统的零点进行修正,此时需视指针偏差量的大小逐步调整拨道调零电位计,直到拨道指示表的指针回到红区内,方能启动捣固车运行到下一捣固区,实施第二个拨道作业。拨道调零电位计的数值应视拨道指示表指针的偏转情况随时注意调整。

⑤如果作业地段线路轨道应力较大,拨道后的轨道会向原先的位置回弹,影响拨道质量。此时应接通过拨道自动控制开关,使轨道在拨道作业中实现过拨道,同时视应力大小随时调整过拨道调整电位计的设置超调值。应力地段作业结束,将过拨道调整电位计恢复到零。

⑥如果作业中轨道横向应力过大或者轨道状况良好,可采用交替(间断)拨道作业方式,即每捣固两次进行一次拨道作业,此时需旋转交替拨道开关至右位。

⑦如果在重轨地段进行拨道作业,旋转拨道控制增益开关至右位。

⑧当进行只拨道不捣固作业时,按下只拨道不捣固按钮,踏下捣固装置下插踏板,自动进行拨道作业,同时前司机室应设置适当的起道量以保证拨道作业后的质量。

⑨通过起拨道电流显示转换开关(置于"3"位)和伺服阀电流显示表可以检查供给拨道伺服阀的电流值。

⑩如果作业中需用三点法检测,应将测量小车上的弦线固定叉手动放下,并打开三点法拨道开关。如果达到正确的正矢比率,拨道作业自动断开。

3)顺坡作业

在顺坡过程中,后司机室操纵人员在接到前司机室顺坡指令后,完成下列操作:

(1)按照前司机室的顺坡指令进行顺坡作业,将所有作业中调整过的起道抄平、拨道补偿电位计的数值均按规定比例递减至零。

(2)确认拨道指示表的指针在红区范围内,并且已得到前司机室关断拨道的指令后,旋转拨道控制主开关至左位,关断拨道系统。

(3)确认左、右起道指示表指针在红区内。

(4)确认横向水平指示表指针在红区内。

(5)向各有关人员发出作业结束的指令。

5. 前司机室的起拨道操作

前司机室设置有完成起道抄平、拨道动作的操纵、调整、监视开关和仪表。由操纵人员完成起道抄平、拨道动作的控制，GVA线路数据及手动数据的输入，同时监视作业前方线路，负责作业指令的发出。

1) 直线地段起道抄平顺坡作业

在起道抄平作业的开始和结束时，都需要对线路进行顺坡作业。在作业中还经常会遇到个别地段不能进行起道抄平作业而需要越过该地段，为此在到达该地段前需要进行顺坡作业。顺坡起始点一般情况下应标注在轨枕上，如果未标注，操纵人员应根据系统的起道设定值及要求的顺坡率选择顺坡起点，并在轨枕上做标记。顺坡作业完毕，捣固车越过该地段继续进行作业，又需要由低向高以规定的顺坡率顺坡，直到达到要求的起道量。顺坡作业由前司机室操纵人员完成，后司机室操纵人员配合，顺坡作业的起始、结束操纵指令一般由前司机室操纵人员决定，并通知后司机室操纵人员。

(1) 作业开始顺坡。

① 开始起道抄平作业，顺时针旋转前端给定起道量旋钮，按规定比例顺坡，直到达到作业需要的起道量，告知后司机室完成起始顺坡作业。

② 按近似法起道抄平作业时，轨道未进行事前测量，需要设定基本起道量。一般情况下，基本起道量选择经验数值 20 mm。

③ 按精确法起道抄平作业时，基准轨的起道量须在捣固前由抄平作业予以确定。将基准轨确定的起道量提前标记在轨枕上，比如每隔 5 根轨枕标记一次，操纵人员随时注意观察捣固车前方轨枕上标记的起道数据，根据此值随时调整抄平系统的起道量设定值。作业中，根据前方轨枕上标记的数据在设定基本起道量基础上进行相应调节。当前张紧小车通过这一特定轨枕时，通过均匀地旋动前端给定起道量旋钮改变起道设定值，使前张紧小车所在点起道数值与输入的起道设定值相等。

(2) 作业结束顺坡。

到达顺坡点，结束起道抄平作业，按照规定的顺坡率均匀减少前端给定起道量的设定值。待起道输入数据显示器的显示值为零后，继续均匀减小该值，即向负值发展，直至左、右起道指示表的指针不在红区外摆动而停留于红区内，即结束顺坡作业。然后将前端给定起道量旋钮旋至零位，并告知后司机室结束起道抄平作业。

(3) 起道值显示。

① 调整前端给定起道量旋钮可得到所需要的起道量，顺时针转动使起道量增大，逆时针转动使起道量减小。起道量设定值在起道输入数据显示器上显示。

② 若要在显示器上检查设定的起道调整值，将起道输入数据选择开关置于相应的挡位，可

以分别显示出总起道量、手动＋激光起道量、GVA起道量、手动给定起道量以及起道减少量。

(4)注意事项。

①不宜在圆曲线上进行顺坡作业,严禁在缓和曲线上进行顺坡作业。

②作业中要随时注意观察左、右起道指示表及横向水平表的指针摆动状态,加强与后司机室的协调联系,保证双方对起道抄平作业控制调整的一致性。

③不能进行起道作业的地段包括道岔、轨枕板、整体道床、钢桥梁、未拆道口、未拆护轨地段等。

2)直线地段拨道作业

(1)拨道开始。

①按近似法进行拨道作业时,前端给定拨道值旋钮始终保持在零位。

②采用精确法拨道作业时,需要在捣固车前方轨枕上提前做好拨道值的标记工作。操纵人员随时注意捣固车前方轨枕上标记的拨道数值及拨道方向,并根据该值随时调整拨道量设定值。通过均匀地旋转前端给定拨道值旋钮改变拨道设定值,使D点前张紧小车检测点的拨道值随时与输入的拨道设定值相等。

③利用激光装置进行拨道作业时,作业开始时将激光作业控制主开关旋至作业"ON"位,前端给定拨道值旋钮始终处于零位。

(2)拨道结束。

①作业结束时,按压"拨道/横平"指示转换按钮将"拨道/横平"指示表转至拨道显示,"拨道/横平"指示转换按钮指示灯灭。待前端给定拨道量旋钮保持在零位后,观察指示表指针偏转情况,当指针在红区内做微小摆动时,通知后司机室关断拨道控制主开关。

②遇不能进行拨道作业的地段,在捣固车到达该地段前就应使设定的拨道值逐渐均匀地减少至零,或者按照轨枕上已标记好的值进行输入,因为这些标记值是预先考虑到不能在前方某点实施拨道而设计的。待拨道输入数据显示器的显示值为零后,检查拨道指示表的指针偏转情况,若指针处于红区内,则通知后司机室关断拨道控制主开关。

(3)拨道值显示。

①拨道量设定值在拨道输入数据显示器上显示,正值表示向右拨道,负值表示向左拨道。

②若要在显示器上检查拨道设定值,将拨道输入数据选择开关置于相应的挡位,可以分别显示出总拨道量、手动＋激光拨道量、GVA拨道量、手动给定拨道量以及拨道正矢数据。

(4)注意事项。

①作业中随时注意监视拨道指示表的指针摆动状态,加强与后司机室的协调联系,保证双方对拨道作业控制调整的一致性。

②不能进行拨道作业的地段包括道岔、整体道床、钢梁桥、未拆道口、未拆护轨地段等。

3)曲线地段 GVA 自动作业

(1)在进入曲线作业地段前,接通 GVA 电源,按"CORR"键切断蜂鸣器,显示器进入计算机主界面,按下开始工作键。根据界面显示的提示信息,选择三点式拨道法或四点式拨道法。

(2)输入当天的作业开始位置(公里标等)。在开始作业时,开始位置应输入一个数值,该输入数值必须大于一个车长,即大于 22 m。

(3)设定好上面的参数后,GVA 就进入作业模式,可以通知后司机室开始起拨道作业。

(4)捣固车作业前行,当 D 点检测小车与输入 GVA 的同步点实际位置相距 10 m 时,蜂鸣器发声提醒注意观察前方标记的同步点位置。一旦 D 点检测小车车轮到达该点,即刻按"SYNC"键确认同步。若 D 点检测小车已到达实际的同步点,而测距系统的前测点距离输入的同步点超过 10 m 时,GVA 未发出蜂鸣声,则先按"SE"键,再按"SYNC"键,使测距系统与实际距离同步。

(5)曲线作业中需要设定同步的曲线点包括直缓点、缓圆点、圆缓点、缓直点、直缓点、直圆点、圆直点。

(6)作业时必须经常转换数字显示选择开关位置,通过该开关上方的横向水平数字显示器对抄平状态进行监视,便于及时调整。数字显示选择开关共有 5 个位置,分别控制不同的显示数据:

①数字显示选择开关转到"1"位,横向水平数字显示器的显示值为 D 点检测小车 GVA 输出的横向水平值与实际水平值的代数差。

②数字显示选择开关转到"2"位,横向水平数字显示器的显示值等于 GVA 操作键盘上显示屏显示的 D 点检测小车的测量值。

③数字显示选择开关转到"3"位,横向水平数字显示器的显示值为左、右股钢轨横向水平差值,负值表示右股较低,正值表示左股较低。

④数字显示选择开关转到"4"位,未设置功能。

⑤数字显示选择开关转到"5"位,横向水平数字显示器的显示值为 B 点检测小车处的横向水平差值。

⑥全部曲线作业结束后,先关闭 GVA 开关,再关闭监视器开关。

4)曲线地段手动控制作业

曲线地段作业,通常采用 GVA 进行自动控制,仅在 GVA 不能正常工作时采用手动控制。

(1)起道抄平手动控制作业。起道抄平系统的操作方法与直线地段相同。

(2)曲线超高的手动控制作业。

①拨动前端给定理论超高电位计锁定开关至左位,使其解锁。

②将横向水平方向选择开关拨到上位。

③当 D 点检测小车到达直缓点后,注意观察前方轨枕上标记的超高值,并按照该值顺时针旋动前端给定理论超高电位计,设定超高值,使 D 点检测小车到达该标记点时,设定值刚好等于标记值。

④当D点检测小车到达缓圆点后,前端给定理论超高电位计的设定值应达到该曲线的最大超高值。随着捣固车前行,仍要以每前行1 m设定的超高值增加0.4 mm的速度增大前端给定理论超高电位计的设定值。该操作一直延续到C点检测小车到达缓圆点。待C点检测小车到达缓圆点后,逆时针快速旋转前端给定理论超高电位计,使其显示的超高值等于该曲线的最大超高值,将前端给定理论超高电位计锁定开关拨至右位锁定。圆曲线内,该值不做任何改变。

⑤当D点检测小车到达圆缓点时,前端给定理论超高电位计解锁。根据前方轨枕上标记的超高值,逆时针缓慢旋转前端给定理论超高电位计,使D点检测小车通过该轨枕时,设定的超高值刚好达到轨枕上的标记值。

⑥当D点检测小车到达缓直点时,前端给定理论超高电位计的设定值应减少至零。设定值降至零后,将横向水平方向选择开关拨到下位,并继续以捣固车每前行1 m设定的超高值增加0.4 mm的速度调整前端给定理论超高电位计的输入值。该操作一直延续到C点检测小车到达缓直点。待C点检测小车到达缓直点后,逆时针快速旋转前端给定理论超高电位计回零,并将其锁定。

⑦前端给定理论超高电位计设定的超高值可从电位计本身的数码显示读出,也可以将数字显示选择开关转到"2"位,横向水平数字显示器的显示值即为设定的超高值。

(3)四点法曲线拨道的手动控制作业。

曲线作业中使用手动控制操作时,除电子摆系统控制曲线超高外,拨道系统控制曲线矢矩也同时进行。以下以四点式拨道的手动控制操作为例来说明操作过程。

①捣固车进入缓和曲线前,将拨道曲率方向开关拨至曲线超高轨一侧,并将理论正矢给定电位计解锁。

②查随机提供的矢矩修正表,得到需要的矢矩修正值。

③当D点检测小车到达直缓点后,按矢矩修正表中的给定值,顺时针转动理论正矢给定电位计来设定矢矩修正值,且使得捣固车向前驶离直缓点20 m,设定的矢矩修正值正好达到曲线所要求的最大修正值。一旦达到最大修正值,则保持该值。

④当D点检测小车到达缓圆点后,随着作业的进行,按矢矩修正表中给定的数值逆时针调整理论正矢给定电位计的设定值,使得捣固车向前驶离缓圆点20 m,该设定值为零。

⑤理论正矢给定电位计在圆曲线内,设定值保持为零。

⑥当D点检测小车到达圆缓点后,将拨道曲率方向开关拨至相反方向,并依据矢矩修正表中的给定值顺时针调整理论正矢给定电位计的设定值,使得捣固车向前驶离圆缓点20 m,理论正矢给定电位计设定值达到最大拨道修正值并保持。

⑦当D点检测小车到达缓直点后,按矢矩修正表中给定的数值逆时针调整理论正矢给定电位计的设定值,使得捣固车向前驶离缓直点20 m,理论正矢给定电位计设定值减小为零,然后将其锁定。

⑧理论正矢给定电位计的设定值可从本身的数码显示读出,也可以将拨道输入数据选择开关转换至"5"位,从拨道输入数据显示器显示读出。

(4)注意事项。

①作业中,随时注意监视拨道显示表的指针摆动情况,加强与后司机室的协调联系,保证双方对拨道作业控制调整的一致性。

②B33箱中的拨道指示表与横向水平指示表为同一块表,按压"拨道/横平"指示转换按钮,使显示功能转换。当"拨道/横平"指示转换按钮发光,拨道用指示灯熄灭时,指示表显示横向水平状态;当"拨道/横平"指示转换按钮不发光,拨道用指示灯亮时,指示表显示拨道状态。

4. 作业结束

1)收车准备

(1)停车作业。

①顺坡作业。

按照作业二号位操纵人员发出的指令进行顺坡作业,并将起道、拨道等补偿调零电位计数值逐渐恢复到零,前端给定理论超高电位计数值也回零。

②关断自动拨道系统。

听到作业二号位操纵人员发出的关断自动拨道的指令后,将拨道控制主开关旋至"0"(左)位,开关指示灯灭。

如果作业中使用了过拨道自动控制开关,在关闭拨道控制主开关前,须将过拨道调整电位计设定值递减至零,并将过拨道自动控制开关旋至"0"(左)位。

③停车。

听到作业二号位操纵人员发出的停止作业的指令后,并且左、右起道指示表及横向水平指示表指针均已在红区范围内,鸣笛(二短一长声)停止作业并停车。待捣固车停稳后将作业走行方向控制开关旋至中间位,切断走行控制信号。下压发动机油门操纵手柄,降低柴油发动机转速至作业怠速(1 150 r/min)。

(2)放松测量弦。

①旋转拨道弦张紧开关至左位,放松拨道弦线。

②旋转拨道小车升降开关至中位,放松抄平弦。

③将测量系统预加载开关旋至中间位,撤除各检测小车的横向预加载。

2)锁定作业装置及各检测小车

(1)锁定捣固装置。

①将左、右捣固装置振动驱动开关阀逆时针旋紧,捣固装置振动马达停止工作。

②将捣固装置自动横移控制开关旋至左位。

③旋转捣固装置操纵开关至左位,待捣固装置全提升后,旋转捣固装置"锁定/解锁"开关至左位,捣固装置锁定指示灯熄灭后,再将捣固装置操纵开关旋至右位。

④拴上左、右两侧捣固装置的安全链。

(2)锁定枕端夯实器。

①将枕端夯实器振动驱动开关阀逆时针旋紧,夯实器振动马达停止工作。

②将夯实器全提升开关旋至右位,提起枕端夯实器。信号告知地面作业人员锁定左、右侧枕端夯实器锁销。

③枕端夯实器锁定指示灯熄灭后,再将夯实器全提升开关旋回左位。

④拴上左、右两侧枕端夯实器的安全链。

(3)锁定起拨道装置。

①按下夹钳轮张开按钮,起拨道装置的夹钳轮张开。

②将起拨道装置全提升开关旋至右位,提升起拨道装置。

③确认起拨道装置已提升至锁定位置,将起拨道装置"锁定/解锁"开关置于锁定位,锁定机构的锁勾闭合,锁定指示灯熄灭。

④把起拨道装置全提升开关旋回到左位。

⑤分别按下左、右侧起拨道装置下降按钮,按钮指示灯亮。

⑥分别调整左、右侧起拨道装置横向位置,拴上起拨道装置两侧的安全链。

(4)固定激光小车。

①从激光小车上卸下激光发射器及电源箱,放置于前司机室的固定位置。

②把激光小车放置于材料车下部的激光小车存放托架上。

③拴上激光小车存放固定销。

(5)锁定各检测小车。

①锁定作业走行距离测量轮,将前张紧小车提升至锁定位,锁定前张紧小车(D点检测小车),拴上前张紧小车两侧的安全链。

②将后张紧小车提升至锁定位,锁定后张紧小车(A点检测小车),拴上后张紧小车两侧的安全链。

③将拨道小车提升至锁定位,锁定拨道小车(C点检测小车),拴上拨道小车两侧的安全链。

④将测量小车提升至锁定位,锁定测量小车(B点检测小车),拴上测量小车两侧的安全链。

3)司机室各作业开关回位

(1)后司机室B2控制箱上各作业开关回位,开关指示灯灭。

(2)后司机室B7控制箱上各作业开关回位,开关指示灯灭。

(3)前司机室各作业开关复位。

(4)确认所有锁定指示灯均灭。

(5)关断记录仪电源开关。

4)作业转换

收车后的作业转换是将捣固车从作业状态转换成运行状态。

(1)下压作业气动塞门手柄至下位,关闭作业风路。

(2)将车轴支承开关阀扳至右位,液压支承卸荷,液压制动缓解。

(3)操作单独制动阀手柄,施加制动压力不小于 200 kPa 的空气制动力。

(4)按顺序开启液压系统开关阀,并拧紧:

①作业压力开关阀。

②作业油路蓄能器开关阀。

③高压油路开关阀。

④高压油路蓄能器开关阀。

⑤中间捣间镐臂张开压力开关阀。

(5)在征得作业二号位操纵人员同意后,将作业控制主开关旋至"0"(左)位,切断作业主电源,开关指示灯灭。

(6)检查确认作业主驱动脱挡指示绿灯亮。

(7)检查确认辅助驱动脱挡指示绿灯亮。

(8)接到其他作业号位操纵人员收车完毕的指令后,按下发动机停机按钮。

(9)待柴油发动机停机后,将三台液压泵离合器"接合–脱开"手柄向里推入,使离合器处于脱开状态。

(10)根据作业情况,对全机的各部位进行安全检查,确保各装置及机构处于可靠状态。

5)返回驻地

(1)连挂运行。

DCL-32 型捣固车作业结束后的连挂操作和连挂运行中的注意事项与进入作业地段前的内容一致。

(2)交班前的维护保养。

DCL-32 型捣固车收工返回驻地后,机组人员必须对机械进行必要的维护保养。维护保养工作按照"一检、二修、三给油、四擦车"的作业程序进行。

①"一检"就是要细心彻底地做好捣固车的日常检查工作,检查机器各部位有无异象,排出空气制动系统风缸内的积水。

②"二修"就是针对当日机械在运行与施工作业中出现的故障或故障隐患进行修理,做到处理事故不过夜,保证生产施工按计划正常进行。

③"三给油"就是按机械的使用、保养要求,给各部位加注适当规格、适当数量的润滑油,以延长机械的使用寿命。

④"四擦车"就是由机组人员对使用机械进行清扫保养作业。由于大型养路机械施工环境恶劣,每天都会有大量的灰尘覆盖在大型养路机械的组成部件上,而柴油机、电器、液压元件的清洁是保证本身质量性能的重要因素,因此,做好清扫工作不可忽视。

(3)下车前检查。

为保证清扫作业的质量,各段应制定严格的工作责任制,规定需清扫的部位和要求,由专人负责监督检查、定期公布评定结果。机组人员在完成交班前的维修保养工作后,下车时还应做到以下几点。

①关闭所有照明灯。

②关闭空调和采暖设备。

③关闭主电源开关。

④施加手制动。

⑤关好窗门,根据需要设好防护。

⑥设置巡守人员,防止车上设备或物品丢失。

复习思考题

1. 使用大型养路机械前应做哪些准备工作?
2. 发动机燃油整备应注意哪些问题?
3. 液压油整备时应注意哪些问题?
4. 如何启动发动机?冬季启动发动机应注意些什么?
5. 柴油发动机如何做到正确停机?
6. 制动机的性能试验包括哪些方面内容?
7. 在区间运行前检查制动系统的哪些内容?
8. 在选取运行司机室时应做哪些工作?
9. 如何对捣固车在区间运行时的运行速度进行控制?
10. 如何驶离机器?
11. 捣固车停车时如何操作?
12. 捣固车行驶过程中改变行驶方向时应注意什么?
13. 在运行过程中,操作司机应注意哪些事项?
14. 新车投入使用时,应注意哪些事项?
15. 捣固车监控报警系统对哪些参数进行了监控?
16. 说明捣固车长途挂运时的注意事项。
17. 说明大型养路机械车辆的连挂过程。
18. 说明大型养路机械车辆的摘挂过程。

19. 如何实现捣固车从运行工况向作业工况的转换？
20. 如何选择捣固车捣固装置的下插深度？
21. 如何选择捣固车捣固装置的下插速度？
22. 如何预设捣固车捣固镐头夹持时间？
23. 怎样进行拨道预加载？
24. 捣固车的作业走行是如何实现的？
25. 捣固作业有哪两种作业方式？
26. 捣固作业的注意事项有哪些？
27. 说明捣固车捣固夹钳的控制方式。
28. 如何调整捣固车外镐的张开宽度？
29. 如何进行起道抄平作业与拨道作业？

项目八　清筛机操纵运用

任务 1　司机室操纵系统

QS-650型清筛机上设有前司机室和后司机室,司机室内装有空调、取暖、通信等设备。前司机室内设有运行司机操纵座位及作业司机操纵座位。后司机室位于清筛机的后端,与后机房毗邻,经过通道可到达振动筛的后作业平台上。后司机室内仅设有运行司机操纵座位。

一、前司机室运行司机控制箱

运行司机操纵座位设在清筛机前进方向运行时司机室的左前方。运行司机座位周围装有前司机操作控制手柄、观察仪表盘、主离合器踏板、手制动轮及有关电控箱柜等。

图 3-18 为前司机室运行司机操纵座位左前方控制箱分布,图 3-19 为 U77 前行控制箱。

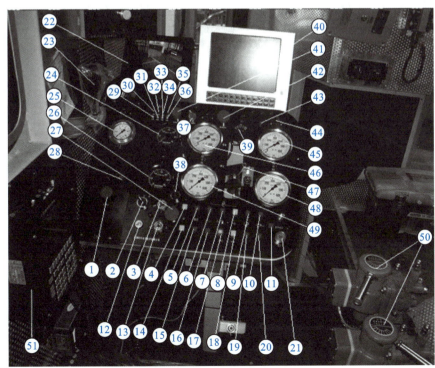

QS-650 前司机室

(a)

1—紧急制动按钮;2—门雨刮开关;3—"1"号发动机启动开关;4,14—发动机预热开关指示灯;5,15—蓄电池充电指示灯;6,16—发动机油压报警指示灯;7,17—发动机温度报警指示灯;8,18—发动机离合器指示灯;9,19—主齿轮箱润滑报警指示灯;10,20—补油压力报警指示灯;11—旁路工作指示灯;12—控制箱锁;13—"2"号发动机启动开关;21—喇叭按钮;22—六路视频显示屏;23—前后司机室通话麦克风;24—"1"发动机转速表;25—补油压力表;26—"2"发动机转速表;27—发动机停机开关;28—通话按钮;29,30——轴高速脱挡指示灯;31,32—二轴高速脱挡指示灯;33,34—三轴高速脱挡指示灯;35,36—四轴高速挂挡指示灯;37—高速挂挡开关;38—"2"发动机转速调整开关;39—"2"正向走行压力表;40—运监显示屏;41—辅助制动开关;42—警惕按钮开关;43—点动挂挡按钮开关;44—仪表照明灯;45—"1"正向走行压力表;46—"2"正向走行压力表;47—走行方向选择手柄;48—"1"反向走行压力表;49—"2"反向走行压力表;50—空气制动阀(自动制动阀,单独制动阀);51—列调操作终端;52—主辅转换开关;53—驻车制动按钮开关;54—离合器转换开关。

图 3-18 前司机室运行司机操纵座位左前方

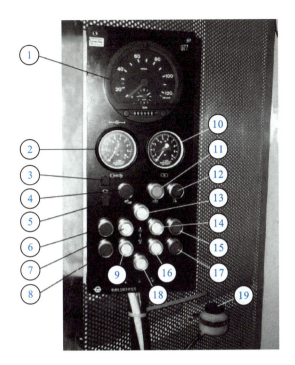

1—行车速度里程表；2—双针压力表（间接制动总风管压力；制动缸压力）；3—前制动器控制灯；4—油箱按钮；5—后制动器控制灯；6—左前标志灯；7—左前大灯；8—左后标志灯；9—左后大灯；10—总风缸压力；11—旋转灯按钮；12—远近光开关按钮；13—头灯照明按钮；14—右前大灯；15—右前标志灯；16—右后大灯 17—右后标志灯；18—头灯照明按钮；19—发动机离合器油壶。

图 3-19　U77 前行车控制箱

二、前司机室作业司机控制箱

作业司机操纵座位面对挖掘装置水平导槽部位。作业司机通过前面、左侧、右侧倒棱锥体的玻璃窗，能很方便地观察到起重设备组装挖掘链、挖掘装置挖掘道床、起拨道装置及道砟回填等作业情况。作业司机操纵座位周围装有操纵控制仪表板，起拨道、回填装置、道砟分配装置的控制箱，角滚轮集中润滑操纵箱和污土输送带开关箱等。

图 3-20 为前司机室作业司机操纵座位控制箱分布。图 3-21 为角滚轮集中润滑操纵箱。图 3-22、3-23 分别为 U54、U55 开关箱。图 3-24 为 U2 作业司机控制箱。

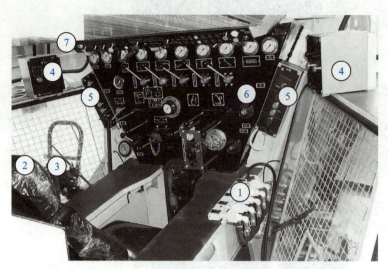

QS-650前司机室作业位

QS-650后司机室
（补充内容）

1—角滚轮集中润滑操纵箱；2—座椅；3—单独制动阀；4—道砟分配输送带开关箱 U54，U55；5—开关箱 U145，U146；6—作业位控制面板；7—开关箱 U63。

图 3-20　前司机室作业司机操纵座位

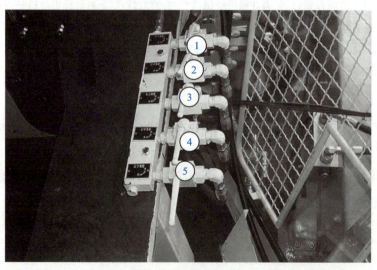

1—左下部角滚轮；2—左中下部角滚轮；3—右顶部角滚轮；4—右中部角滚轮；5—右下部角滚轮。

图 3-21　角滚轮集中润滑操纵箱

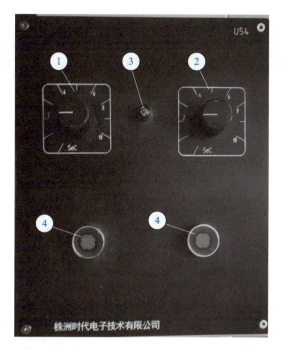

1—道砟分配输送带内侧停止时间继电器电位计；2—道砟分配输送带外侧停止时间继电器电位计；3—输送带自动摆动的自动熔断器；4—道砟分配输送带接通按钮。

图 3-22 U54 开关箱

1—道砟分配输送带内侧停止时间继电器电位计；2—道砟分配输送带外侧停止时间继电器电位计；3—道砟分配输送带开关(左接通,右关闭)；4—输送带自动摆动的自动熔断器；5—道砟分配输送带接通按钮。

图 3-23 U55 开关箱

1—作业走行电控手柄；2—作业开始开关（开始作业前，需先将该开关旋开到"1"位）；3—作业走行挂挡开关；4—作业走行点动挂挡按钮；5~8—四轴、三轴、二轴、一轴低速脱挡指示灯；9—作业走行泵滤清器报警灯；10—作业走行泵补油压力报警灯；11~14——轴、二轴、三轴、四轴低速挂挡指示灯。

图 3-24　U2 作业司机室控制箱

▶ 任务 2　区间运行操纵

一、运行条件

1. 装载标准

清筛机运行时所有不与机器呈一体的部件必须固定在吊钩或挂钩上，要使 QS-650 型清筛机符合我国铁路机车车辆装载限界，各部件固定必须遵守下列要求：

(1) 回转污土输送带用插销固定在中间位置。

(2) 回转污土输送带的上部由插销固定在平台的尾部。

(3) 提升、下降挖掘链导槽应完全提起并收回，用随机的安全链和拉杆固定。

(4)链条张紧油缸伸出不能超过 250 mm。

(5)挖掘链必须固定在链槽下的滑板上,挖掘链的末端必须用随机的安全扣带固定。

(6)水平导槽和吊钩的提升臂必须固定在各自的上位。

(7)水平导槽和吊钩的提升机构必须固定在各自的上位。

(8)起吊机具应收回并固定。

(9)道砟回填输送带应收回并由安全链和连杆固定。

(10)后拨道装置应在中位收回并固定。

(11)轨枕清扫装置必须提起并固定在提升位。

(12)振动筛必须调平(与机架平行)。

2. 制动系统检查

制动系统必须确保安全和动作准确。运行前必须试验制动和缓解是否正确,同时观察制动缸的密封性能是否良好、制动传动装置是否可靠。

制动系统检查时手制动必须松开。当机器有溜车危险时,要用止轮器将车轮止住(试验后去掉)。制动系统检查试验时,主风缸的风压不得低于 600 kPa,列车管压力应为 500 kPa。

制动试验项目如下:

1)间接制动检查

(1)制动动作在所有相关联的车轮上起作用。

(2)列车管中(通过减压阀)应有最大为 500 kPa 的压力。

(3)制动后,车轮闸瓦必须能可靠缓解,所有闸瓦除了有损伤的以外都可使用。使用中的闸瓦如果在其最薄的地方小于 12 mm 厚时,必须更换。

(4)检查泄漏。将自动制动阀置于保压位,观察列车管的压力下降情况,要求在 1 min 内压力下降小于 20 kPa。检查完毕,将自动制动阀手柄置于运转位后,列车管内压力应升至 500 kPa。

(5)检查制动缸行程。自动制动阀制动后,用锤子敲击每个转向架上的闸瓦来检验制动的情况,不能出现闸瓦松开现象。正常情况下制动缸的活塞行程应为 90~180 mm,当活塞行程达到 180 mm 时,就应调整闸瓦,使活塞行程调回至 90 mm。

(6)灵敏度检验。将自动制动阀手柄从制动位快速移到缓解位,缓解制动,观察是否所有制动闸瓦都离开车轮。试验中各动作、给定压力、检测项目应相互匹配,不匹配时应参照有关资料进行调整。

2)直接制动检查

该项制动仅用在机器单机上。将单独制动阀手柄放在缓解位直到制动缸压力降至 0。将单独制动阀手柄置于制动位,制动缸中的压力必须升至 360 kPa。用锤子敲击检验每个转向架上的闸瓦,观察所有闸瓦是否都抱死。然后将小闸手柄放在缓解位直到制动缸压力降到0,并观察所有闸瓦是否脱离车轮。

3)手制动(停机制动)检查

检查手制动动作(制动闸瓦必须抱死),手轮转动必须灵活。

二、运行操纵

(1)将自动制动阀、手动制动阀手柄分别置于运转位和缓解位。

(2)按要求将前司机室中换挡手柄置于"低速走行"或"高速走行"位置。选择条件是:重载、坡道上运行并连挂拖车,用低速走行,最大速度为45 km/h;在没有坡道的线路上用高速走行,最大速度为80 km/h。

(3)将换挡手柄插入"区间运行"三通阀并转至终止位。

(4)操作司机就位。启动柴油发动机,并将柴油机转速升到最大(约2 300 r/min)。主风缸充风至720 kPa。

(5)松开手制动,并将单独制动阀手柄置于制动位。

(6)将柴油机转速升到最大(约2 300 r/min),缓解空气制动,一旦制动缸压力降至小于60 kPa,旁通绿色指示灯亮时,清筛机便可开始运行。此时,松开调速换向手柄并将其从中位慢慢调到所需运行的方向,清筛机开始运行并增速至驱动控制所要求的速度。

(7)运行。

①运行方向和速度由调速换向手柄控制。调速换向手柄可以调节走行变量泵,当手柄处于中位时,清筛机便停下来。手柄偏转得越大,清筛机的行驶速度就越高。

②在运行过程中,如果调速换向手柄朝运行反方向位置移动,则速度会降低,这表明液压制动起作用。但无论怎样,在运行过程中,调速换向手柄只能逐渐地重新回到中间位置。

③反方向运行只能等清筛机停稳后再进行。

④走行变量泵会按调速换向手柄的调节自动调整,以使液压系统不会超出允许的压力,而卸荷阀不工作。

⑤走行马达的自动控制。当前进阻力增加时,四个走行马达中液压系统压力会升高,走行速度自动降低;相反,当油压降低时,速度会自动增加。但是,走行最高速度受换挡手柄位置(即"低速走行"或"高速走行")的限制,即使在下坡时也不能超过。

(8)制动。

①一般情况下制动。在运行中,一般情况下通过缓慢地操作调速换向手柄,降低柴油发动机转速,实现液压制动。

②长大线路上制动。通过空气制动阀进行直接制动(或间接制动)来实现。

③下坡运行时制动。柴油发动机转速必须保证不能超过最大转速2 500 r/min,制动时用

空气制动即可。在运行过程中制动应尽可能地平稳。需要注意的是,当空气制动作用停止时,调速换向手柄应立即置于中位,防止制动缓解后溜车。

④在运行中出现紧急状态,可使用紧急制动阀。使用后,应合上紧急制动阀。

(9)停车。将柴油发动机转速下降至怠速空转,通过操纵自动制动阀或单独制动阀使清筛机停车,然后将调速换向手柄拉回中位。也可以直接将调速换向手柄拉回中位,让清筛机滑行一段后停车,然后用空气制动阀制动。

(10)换向运行。当清筛机停车后,缓慢地将调速换向手柄从中位推到需换向运行的方向。

(11)操作司机室转换。

①操作司机室转换时,应先停车、停机,待司机转换司机室后,再重新启动柴油发动机进行操作。

②先操纵单独制动阀(或自动制动阀)施加空气制动,让清筛机停车。

③将两柴油发动机置于 1 300 r/min 怠速下空转一会,使之冷却。

④停机步骤:踩压踏板使前(或后)主离合器分离,黄色指示灯亮,将前(或后)柴油发动机启动开关钥匙转到"0"位并取走,待柴油发动机停机后松开踏板。

⑤锁住驱动控制阀并取走驱动控制阀锁定钥匙。

⑥将调速换向手柄置于中位并取走手柄。

进行上述一系列操作后,才能实现操作司机室的转换。这样,司机在另一个司机室内按前述过程重新启动柴油发动机。

(12)停机。

停机除需完成操作司机室转换时的②~⑥步骤外,另需完成以下步骤。

①施加手制动,较长时间停放时还应加止轮器(铁鞋)防止溜车。

②关掉前、后电源总开关,并取走钥匙。

③关闭窗户,锁固车门。

(13)在某些情况下使用一台柴油发动机是被允许的,但在这种情况下,清筛机的速度和牵引力都将相对降低。

任务 3 长途挂运

各种大型养路机械在出厂及远距离的工地转移时,都要进行长途挂运。长途挂运时由机车牵引,大型养路机械仅作无动力回送。所以,QS-650型清筛机的操纵人员必须了解长途挂运的操作方法和注意事项。

一、长途挂运的整备

(1)连挂前检查：

①确认清筛机符合装载标准。

②各车轴齿轮箱(4个)油位必须达到标准的上限。

③走行液压回路必须充满液压油。

④基础制动装置的悬挂应正常，制动拉杆锁紧螺母紧固。

⑤检查闸瓦有无裂纹，闸瓦插销是否到位。

⑥检查车钩状态是否良好。

⑦检查门锁是否正常。

(2)启动柴油发动机，将制动安全阀压力调整至 $180\sim 220$ kPa。

(3)打开无动力回送装置塞门、关闭中继阀前列车管塞门，或将无动力回送主、辅车转换阀置于被动位。

(4)用换挡手柄将各三通阀转换到空挡位，脱离车轴齿轮箱内的 AG、FG 离合器。

(5)关闭柴油发动机。

(6)缓解空气制动，自动制动阀、单独制动阀操作手柄分别从运转位和缓解位取出。

(7)取下启动开关钥匙(2把)、驱动控制阀锁定钥匙(2把)、调速换向手柄(1个)和换挡手柄(1个)。

(8)取出机内电源总开关钥匙(2把)，关闭总电源。

(9)缓解手制动，所有闸瓦必须缓解。

(10)进行机械连挂。

二、长途挂运注意事项

(1)清筛机与其他车列长途挂运时，其编挂位置应在列车尾部。

(2)在编组站内调车时禁止通过驼峰信号机，不允许溜放。

(3)大型养路机械自行编组并由机车牵引时，应将重车、轴距大的车编在前面，然后逐一连接风管，试风试闸良好。

(4)运行前，各车司机长或负责人员检查本车的装载、与相邻车的连挂及各作业装置的锁定情况等。

(5)清筛机连挂运行时的最大允许速度为 100 km/h。

(6)每车设两名押车人员。押车人员应携带必需的维修工具及物件(如活扳手、螺丝刀、钢丝钳、铁丝等)，以备急需。携带一套制动系统转换手柄，分别置于自动制动阀、单独制动阀的运转位和缓解位。

(7)运输途中，押车人员应严密监视本车的运行状态。

①在站内停车、会车时,押车人员应下车检查车轴齿轮箱温度、轴箱温度及制动闸瓦的情况,并巡查全车。一旦发现走行系温度过高、有异响或制动缓解不良时,应及时通知押车指派负责人,以便采取应急措施,但不准随意动用停车设备。

②制动缓解不彻底,可用自动制动阀单缓功能予以处理。闸瓦间隙过大时,调整闸瓦间隙或更换闸瓦。

③如发现危及行车安全的不正常现象,应及时做摘车处理。

(8)押车人员要注意安全。列车运行中,押车人员一律在司机室内,身体不得探出车外,关好车门。下车时,随时注意邻线来车,并随时做好上车准备,严禁钻车检查,避免与电气化接触网支柱及其附近的金属接触,严禁在列车停留间隙离开机械,防止漏乘。

(9)押运人员要做好安全保卫工作,以防清筛机被人为破坏或丢失零配件。

(10)押运途中,列车在车站等避、等发或停留时,禁止设防溜装置。

任务4 施工作业

一、连挂运行

在一般情况下,大型养路机械都是按机组多机联合流水作业。线路大修时,由两台清筛机、三台捣固车、一台动力稳定车、一台配砟整形车组成一个大修机组,此时,清筛机通常配置在最前面。机组作业,按规定必须连挂在一起进入、撤出工地,大型清筛机有时作为本务机承担牵引功能,有时作为无动力车附挂在其他机械的后面,所以,连挂、摘挂作业是每次施工都必须进行的工作。

1. 连挂作业准备(被挂车)

(1)停稳清筛机,将挂挡开关转换到空挡位。

(2)开放无动力回送装置塞门。

(3)关闭中继阀前列车管塞门。

(4)新改装后的清筛机只需拉出无动力回送主、辅车转换阀即可。

(5)拧紧手制动。

(6)自动制动阀手柄置于运转位,手动制动阀手柄置于缓解位。

(7)关闭柴油发动机。

(8)检查车钩状态是否良好。

2. 连挂作业

(1)连挂的牵引动车试风试闸,以不超过30 km/h的速度运行至被挂车前50 m一度停车,并调整运行速度。

(2)10 m、2 m 各停车一次。

(3)检查牵引动车与被挂车的车钩、风管,做好连挂准备。

(4)提起牵引动车及被挂车车钩装置的钩提杆,使车钩处于全开状态。

(5)牵引动车以不超过 3 km/h 速度平稳连挂,不须换向,试拉即可,确保连结可靠。

(6)接好制动软管,打开列车管折角塞门,检查确认无泄漏。

(7)缓解被挂车的手制动。

(8)由牵引动车向连挂车列的列车管充风,按规定进行制动机试验,确认制动、缓解良好后方可动车。

3. 连挂运行

连挂牵引进入施工地点,机组人员在运行途中应注意以下几点:

(1)牵引动车严格按"十六字令"行车,随时检查列车管压力、制动缸压力,以及操作台上各种仪表的显示状况,发现异常,及时停车,确保行车安全。

(2)被挂车加强瞭望,若发现紧急情况而又无法及时通知牵引车司机时,可拉紧急制动阀,使车列施行紧急制动。随时检查列车管压力、制动缸压力,以及操作台上各种仪表的显示状况,发现异常,立即发出停车信号,确保行车安全。

(3)非驾驶位严禁触碰自动制动阀、单独制动阀操作手柄,以防造成误操作。

4. 摘挂作业

机组到达施工地段,需对连挂车列进行摘挂作业。摘钩时,应严格执行"一关折角塞门、二摘风管、三提钩"的作业程序,注意安全。具体操作过程如下:

(1)连挂车列施加空气制动停车。

(2)先关闭牵引车的列车管折角塞门,后关闭被挂车的列车管折角塞门。

(3)摘开被挂车与前部相邻机械车的制动软管。

(4)提起前部相邻机械车与连挂端车钩装置的钩提杆,使车钩处于全开状态。

(5)根据摘钩人员的信号,鸣笛移动牵引动车。

(6)关闭无动力回送装置塞门,打开中继阀前列车管塞门。

(7)新改装清筛机只需合上无动力回送主、辅车转换阀,即处于辅助位。

(8)启动柴油发动机,用换挡手柄打开区间运行离合器三通控制阀,待空气制动系统充满风后,以不超过 30 km/h 速度运行至指定地点停车。

二、QS-650 型清筛机的作业条件

(1)道床清筛施工时,应封锁线路。封锁前后的部分辅助作业需在列车慢行条件下进行。

(2)道床清筛施工时,清筛机后至少应配备一台捣固车,有条件时配备配砟整形车、捣固车

和动力稳定车。

(3)线路两侧建筑物(包括埋设在道床中的固定物体)至线路中线的距离必须大于等于 2 100 mm。

(4)作业地段线路的曲线半径应大于等于 250 m。

(5)在无缝线路地段施工,长轨锁定轨温按 TB/T 2658.2—1995《工务作业标准 无缝线路大中修作业》执行。

(6)道床翻浆冒泥严重地段实行全抛作业。

(7)清筛机不能在桥梁及两端桥台范围内、道岔、两侧铺有硬质路面的道口及人行过道、宽轨枕线路上作业。

(8)施工领导人组织有关技术人员按线路大、中修设计文件进行调查和放样,并根据调查结果开展施工组织设计,提报运输封锁计划和电务、供电等配合计划。

(9)按需预卸石砟,石砟不足时,禁止施工。

三、施工作业

1.清筛前准备作业

1)作业转换准备

(1)操纵司机如果是在前司机室运行司机操纵座位上就位,这时应准备向作业司机操纵座位转换;如果原是在后司机室运行司机操纵座位上操纵运行,则应先完成操纵司机室的转换。

(2)将作业司机操纵座位附近的单独制动阀置于制动位,运行位自动制动阀置于运转位,检查手制动是否缓解。

(3)缓慢地将柴油发动机的转速提高到 2 300 r/min。

(4)前司机室的驱动控制阀锁定于中位并取下钥匙,移开调速换向手柄。

(5)在作业司机操纵座位上按以下步骤进行操纵:

①将调速换向手柄插入驱动控制阀并解锁。

②空挡时,将换挡手柄从三通阀运行位上取下。

③将"慢速-快速-驱动"三通阀置于慢速驱动挡。

④将三通阀转换到作业操纵挡。

(6)严格按操作规程转换工作状态,遵守"一套钥匙一套手柄"制度。

2)运行至导槽坑处并制动

在完成上述准备工作后,可将清筛机运行至挖好的导槽坑处。

(1)缓解单独制动阀制动。

(2)恰当地操纵调速换向手柄,将机器开至导槽坑处,直至链节能降至导槽坑内为止。

(3)将单独制动阀置于制动位。

3) 作业准备工作

(1) 准备提升绳索、提升臂及提升装置,以便水平导槽和挖掘链投入使用。

(2) 从导向链的两端拉开链节。

(3) 从挖掘链上取下保险带和销(在下降导槽上)。

(4) 将安全链从回填道砟输送带的两侧取下。

(5) 放下起、拨道装置。

(6) 放下后拨道装置。

2. 安装挖掘链和调整工作装置

1) 安装挖掘链

(1) 借助起升装置将水平导槽和部分链节放入钢轨下的导槽坑内。

(2) 两侧提升、下降导槽均先水平伸展,依次与水平导槽相连接。

(3) 用快速连接销和螺栓将水平导槽与两侧提升、下降导槽连接起来。

(4) 确认邻线无列车通过后,下放两侧导槽进行连接。两侧导槽下放时高差不得超过 900 mm。

(5) 张紧油缸收缩。

(6) 连接挖掘链,使挖掘链呈封闭环状。

(7) 张紧挖掘链。

(8) 将红色紧急停挖弦线系在机器两侧的紧急停挖开关上。

2) 调整工作装置

(1) 将振动筛置于水平位置。在曲线超高地段施工时,应调整振动筛至横向水平。

(2) 调整道砟流向。将振动筛上的道砟导向板置于中位。

(3) 两侧道砟回填输送带外摆,调整道砟的分布。

① 在作业时,全部清洁道砟应落在道床外侧,避免输送带范围内道砟堆积。

② 道砟分配板应位于使全部道砟落入回填输送带上的位置。

③ 道砟回填输送带向外摆动时,必须观察障碍物及接近邻线可允许的限度。

④ 可部分打开道砟导流闸板输送过剩的道砟。

(4) 将回转污土输送带置于作业位置。

① 从回转污土输送带上移开安全链。

② 从平台上取下安全销。

③ 展开回转污土输送带的上部,通过上部控制开关调整垂直方向,在展开的过程中,要观察输送带的位置。

④ 解开水平调整装置(固定销),将回转污土输送带转到污土排放位置上。

(5) 调整前、后拨道装置。

(6) 闭合前、后起道夹钳并夹紧钢轨。在作业期间 4 个控制起道夹钳的开关必须起作用。

(7)下放平砟犁板和清扫装置。

(8)按顺序启动道砟回填输送带、回转污土输送带、主污土输送带和振动筛。

3.清筛作业

1)作业程序

(1)缓解空气制动。

(2)发出鸣笛警报。确保主挖掘链的危险区内无人时,方可开始作业。

(3)向上推起主挖掘链控制阀的锁定挡片以及挖掘用的滑阀,启动挖掘链。

(4)调节挖掘链的张紧力。挖掘链的张紧度应以在水平导槽的中央处产生近125 mm的下垂量为宜。

(5)挖掘链运转后,适当起道(起道量为30～50 mm),操纵作业走行速度控制手柄,进行正常的清筛作业。

(6)按需调整挖掘深度。应注意挖掘深度的调整只能在作业过程中,不能在机器静止时。

(7)主操作手在作业中应根据振动筛的振动马达驱动压力、各输送带的马达驱动压力以及挖掘系统中马达驱动压力来调整清筛机走行速度。

(8)弃土中可用道砟含量过高时,应降低清筛机走行速度。

(9)回填道砟的不洁率升高时,应降低清筛机走行速度。

(10)按要求调整道砟分配闸板。

(11)调整回填道砟输送带。若有必要,打开摆动自动装置。

(12)按要求控制筛网上的导向板。

(13)按要求控制道砟分配板。

(14)振动筛应始终保持水平(目测)。

(15)调整前起、拨道装置。

(16)调整后拨道装置。

(17)清筛机作业一段距离后,应组织配砟整形车进行上砟、捣固车进行捣固、动力稳定车进行稳定作业。

2)作业速度的选择

为提高清筛机的工作效率,在作业时应选择适当的作业速度。在作业过程中,挖掘链有4种可供选择的作业速度。

(1)最低速度,链速约为2.0 m/s(慢速挡,辅助泵最小排量)。

(2)低速Ⅰ,链速约为2.6 m/s(慢速挡,辅助泵最大排量)。

(3)低速Ⅱ,链速约为2.8 m/s(快速挡,辅助泵最小排量)。

(4)高速,链速约为3.6 m/s(快速挡,辅助泵最大排量)。

经验表明,在挖掘链驱动液压系统中压力保持为 20 MPa 时,能获得最佳的作业效率。司机在作业时,应当始终对挖掘链驱动系统压力表进行观察,该压力值应保持小于 35 MPa。当挖掘道床遇到的阻力发生变化时,该压力也会发生变化。如果油压达到 35 MPa,液压系统中的溢流阀动作,挖掘链将停止工作,在这种情况下,控制阀应立即置回中位。

3) 特殊地段作业

(1) 平交道口的校整。铁路平交道口的校整可用装在后轴上的一台特制平仪来检查。通过道砟分配槽的调节可以影响到平交道口。应当注意的是,通过在某点进行道砟补偿量的调节只能对该点及该点前 14 m 长度范围内的轨道起作用。

(2) 全抛作业。遇到道砟污染非常严重的地段,需将污砟全部抛弃时,将道砟分配阀置于最低位置,即液压缸全部缩回,导流板全部开启。挖掘链带上的污砟将全部被送至主输送带,再由回转污土输送带抛出。

在作业中,可以不影响挖掘链的工作而关闭道砟导向阀,另外,也可置其于中位而仅仅清理部分污砟。

(3) 紧急停挖。若是紧急停挖按钮被按下,挖掘链则会自动停止,液压驱动会断开,空气制动动作,同时响起警鸣声。注意,在按下紧急停挖按钮后,应立即将单独制动阀置于制动位,只有在这种情况下,才能将紧急停挖开关置于断开位。

4) 暂停作业

(1) 将作业速度降至 0。

(2) 将挖掘控制阀置于中位并用折板将其锁定。

(3) 将单独制动阀置于制动位。

(4) 由于作业条件所致,停机后可能造成道砟堆积,在最糟糕的情况下,如当清筛机处于最大挖掘量,且道砟回填输送带处于非摆动状态或者钢轨处于降低状态,这些道砟和污土堆积在道砟回填输送带和主输送带上,不能为道砟回填输送带前端的刮砟板所处理,因此在下一次启动之前必须进行人工清理。

(5) 原则上应尽量避免在作业过程中的暂时停机,因为这样会破坏线路的几何形状。

5) 重新作业

(1) 缓解空气制动。

(2) 鸣笛并确认危险区内无人。

(3) 打开挖掘链驱动控制阀侧的锁定折板,将控制阀置于挖掘位。

(4) 选定作业速度。

6) 作业要求

(1) 作业开始时,起道量不宜过大,应逐渐顺坡过渡,以免形成轨面局部凸起。

(2) 随时注意挖掘链张紧度,当张紧油缸伸缩量过大时,要减少挖掘链节数。

(3)只有挖掘链运转,作业走行时,才可以改变挖掘深度。

(4)清筛走行速度。

①振动筛马达驱动压力应控制在 22 MPa 以下,各输送带马达驱动压力应在调定压力以下 2 MPa 以内,挖掘系统马达驱动压力应在 28 MPa 以下。如果以上指标有一个值超过,就要降低清筛走行速度。

②接近过轨电缆或水管等地下设施时,需降低清筛走行速度和挖掘链运转速度。在地面人员的指挥下提升钢轨,减少挖掘深度,使挖掘链和水平导槽安全越过,然后恢复正常作业。

③需将翻浆冒泥道床全部抛掉时,应降低清筛走行速度和挖掘链的运转速度,并密切注意主污土输送带和旋转污土输送带的马达驱动压力。

(5)作业时振动筛应始终处于横向水平状态。振动筛上的道砟分布可通过提升导槽道砟导流闸板和振动筛上的道砟导流装置进行调控。

(6)配砟。

①道心处道砟需要量,可通过振动筛后的配砟活门进行调整。

②钢轨两侧的道砟需要量,可通过振动筛上配砟导向板进行调整。

③个别地段道床翻浆冒泥严重时,可以缩回提升导槽道砟导流闸板,直接把泥砟抛出。

④应保持清筛作业的连续性。当清筛机走行速度稳定后,尽可能不要改变道砟回填输送带的角度。道砟回填需有地面人员配合指挥。

(7)作业时,一旦发生挖掘装置液压系统过载卸荷,应立即进行空气制动,关闭挖掘系统,并把作业走行速度控制手柄置于中位。在确认清筛机完全停稳后,改变速度控制手柄位置,使机器后退一定的距离后制动,再次使速度控制手柄回到中位,这样才可以启动挖掘系统重新进行清筛作业。

(8)清筛后线路的水平要求在±10 mm 以内,道砟不洁率应符合《铁路线路设备修理规则》的规定。

(9)各机组联合作业时,应注意联系,相互间的作业间隔大于 10 m。

7)作业监测

QS-650 型清筛机作业时应观察的仪表和指示灯见表 3-3。

表 3-3　QS-650 型清筛机作业监测

部件	仪表或指示灯		表示内容
	名称	显示标志	
发动机油压	指示灯	发光、发亮	发光时柴油发动机自动停机,停机时发亮
油温	指示灯	红色(闪烁)	灯闪烁表示机油/液压油油温过高,应立即停机
电池充电控制	指示灯	红色	熄灭表示电池正在充电

续表

部件	仪表或指示灯		表示内容
	名称	显示标志	
补油压力	指示灯	红色	灯闪烁/蜂鸣声表示补油压力过低，应立即停机
	蜂鸣器	蜂鸣声	
主齿轮分动箱	指示灯	红色	发光表示箱内润滑油油压过低，应立即停机
控制压力	压力表	指针范围	标准值为 6 MPa
输送带驱动	压力表	指针范围	压力值读数比泵内压力低约 3 MPa
振动筛驱动	压力表	指针范围	注意一开始作业时，压力可能超过限压阀值
压力表选择开关	压力表	指针范围	发生故障时，检查各油缸末端处压力
前、后液压油缸	油量指示器	刻度	应高于油面刻度
	油温表	指针	标准温度 50℃
主齿轮分动箱通风装置	液压油散热器		标准温度为 80℃，油温上升时，检查其功能
	润滑油散热器		

4. 作业结束

1）作业程序

（1）清筛机应在封锁结束之前提前停止清筛作业，以便预留一段时间给配砟车、捣固车和动力稳定车等进行恢复线路作业。

（2）将作业速度降至 0。

（3）将挖掘链控制阀置于中位并锁定，停止挖掘链转动。

（4）将单独制动阀置于制动位．

（5）按顺序关闭振动筛、主污土输送带、回转污土输送带和道砟回填输送带。

（6）关闭道砟输送带的摆动装置。

（7）将道砟回填输送带旋转到位并锁定。

（8）折叠回转污土输送带并锁定，降低其伸出部分。

（9）降下起道装置。将起道夹钳的所有控制开关置于中位。

（10）松开轨枕扣件。

（11）先拆挖掘链，后拆枕下导槽。

（12）所有作业装置恢复到区间运行位置并锁定。

（13）缓解制动，清筛机驶离作业地点停车。

（14）地面配合人员立即对清筛终止点进行补砟回填。

(15)配砟车、捣固车和动力稳定车,对作业地段进行全面的配砟整形、起道、拨道、捣固和动力稳定作业。

(16)按《高速铁路工务安全规则(试行)》和《普速铁路工务安全规则》要求开通线路。

2)由作业走行到区间运行的转换

大修机组中,清筛机往往用作动力车对机组进行牵引。在清筛作业结束后返回宿营地时,需进行由作业走行到区间运行的转换。

(1)确定全部作业装置复位及锁定情况并均应符合装载标准。

(2)锁定驱动控制阀并取下钥匙。

(3)将调速换向手柄置于中位并拔出。

(4)将换挡手柄置于空挡位,将其取下并置于"快－慢－驱动"的三通阀上,推至上挡位,清筛机恢复运行状态。

(5)按运行方向选择合适的司机室,在司机室内按运行规则进行操纵。

任务 5　工作装置的操纵与调整

QS-650型清筛机作业时,作业操纵司机要与地面作业人员相互配合。工作装置的操纵控制装置,即操纵控制阀、手柄、按钮等,不仅安装在前司机室作业司机操纵位,也配置在各工作装置的有关部位上,所以掌握现场操纵程序,首先要了解各工作装置操纵控制装置的功能和操纵要点。本任务重点介绍挖掘装置、筛分装置、各输送带、起拨道装置和自动控制机构的操纵与调整。

一、前司机室操纵作业位控制阀的操纵

1.提升、下降导槽

1)垂直方向调整

在确保提升、下降导槽的安全链及销安全的情况下,用于调整提升、下降导槽的水平及垂直方向的控制阀便可操纵,直至提升、下降导槽放至合适的位置上。在操纵提升、下降导槽垂直方向调整时,应控制两导槽弯角处水平差不得超过 900 mm。提升、下降导槽调整伸展或收回时,必须确认不会碰到障碍物。一般方法是:在伸展时,先短时间水平伸展,然后收回时降低;收回时,先提升,然后收回。当提升、下降导槽被完全提起并收回时,振动筛的支撑臂必须与机架平行。

2)横向调整

当提升、下降导槽与水平导槽连起来时,横向调整应由面向控制柜右面的控制阀来实现,另

一面的控制阀可用来辅助横向调整。

2. 挖掘链的张紧

向下按动挖掘链张紧控制阀手柄，使挖掘链张紧；向上推动手柄，则挖掘链松弛。

如果挖掘链太紧，将导致连接销、中间链节、转角滚轮加速磨损。挖掘链重心要求在水平导槽的中部，非作业时其下垂度约为 125 mm。在挖掘过程中，挖掘链被拉紧压向水平导槽，因而被挖掘的道床底面平坦。

3. 挖掘链的驱动

为确保安全，当挖掘链不工作时，挖掘链控制阀必须用锁片锁住。只有当链导槽连接及挖掘链连接均可靠时，才可以驱动挖掘链。在驱动挖掘链前，必须发出警告信号（鸣喇叭），并确保无人处于危险区域。

4. 挖掘链和振动筛的驱动次序

为避免道砟堆积，推荐按下列次序进行操纵：

1）启动

按下列次序操纵：左、右道砟回填分配输送带—回转污土输送带—主污土输送带—振动筛—挖掘链。

此时，应当注意：

(1) 只有当振动筛可以自由振动并处于水平状态时，才能开始驱动振动筛。

(2) 当柴油发动机转速没有达到 2 300 r/min 时，才可调节液压马达转速，使振动筛平稳运行（避免临界转速，产生共振）。

(3) 在开动回转污土输送带时，必须确认没有人站在污土将要抛到的地方。

2）停止

按下列次序操纵：挖掘链—振动筛—左、右道砟回填分配输送带—主污土输送带—回转污土输送带。注意，只有在振动筛停止振动时才能停止输送带装置。

5. 起、拨道装置

(1) 在起道装置下降时，必须确认拨道轮的滚动表面接触到钢轨上，起道夹钳必须打开，避免较大的力压在轨道上。在启动起道装置时，必须避免与链导槽碰撞。

(2) 在作业过程中，逐渐调整拨道装置。当起道装置完全收回时，拨道装置应处于中位。

(3) 在应用起道滚轮时，必须留心滚轮的轮缘应位于轨颚下。

6. 空气制动

机器作业期间停车时，采用单独制动阀制动。制动的同时，调速换向手柄必须置于中位，保证清筛机绝对停稳。

注意,空气制动缓解与液压驱动自动联锁,这种自动联锁不是为了便于启动,而是防止误操作,一边制动,一边推先导手柄强行驱动,也有保护液压系统的作用。

二、回转输送带控制开关的操纵

1. 回转输送带垂直调整控制开关

当回转输送带上部处于垂直位置时,将两个安全销取下后,便可操作。

2. 回转输送带水平调整开关

只有在回转输送带的上部升起及固定销被取下时,才可操作。注意,应避免与行星齿轮的锁销相碰撞。

三、远离作业司机操纵位控制阀和截止阀的操纵

(1) 水平导槽的起升绳索、起升装置及起升臂的控制阀可单独操纵。

(2) 当后拨道装置由气动下降时,必须非常小心地使拨道滚轮的滚动表面落到钢轨面上。在作业期间,仅允许逐渐调整拨道装置。当拨道装置被提升时,拨道滚轮必须处于中位。在上位时,拨道轮不可以从中移开,为了运输安全,用于拨道装置作业时的锁销,在下降前要拉出(两端),提升后要装好。

(3) 当道砟清扫装置的安全带从两端移开后,气动三通阀才可以置于下降位。在运输过程中,三通阀应置于提升位。

四、后液压油箱左右侧及下部开关的操纵

1. 振动筛上道砟导向板、道砟导向阀和振动筛调整

(1) 这些控制开关都应独立操纵。

(2) 道砟导向和调整筛的控制开关仅在链导槽处于作业位置时,才能操作。

(3) 振动筛不能碰到链导槽和道砟分配板。

2. 道砟分配板

道砟分配板控制开关操作时间很短,操作时,其他辅助控制阀不要工作。

3. 回填道砟输送带自动摆动机构

(1) 将自动摆动开关从"0"位(手动)转向"1"位(自动),然后按下按钮选择启动方向(向内/向外)。

(2) 当用手动控制时,自动摆动失效。

(3) 开关作用时间可调,摆动范围用"PROXIMITY"感应开关,从外部调整。

(4) 当道砟分配输送带处于运输状态时,不可操作控制开关。

(5) 在操作该开关时,必须观察分配输送带实际的摆动范围。

5.道砟导流闸板的调整

位于提升导槽上端的道砟导流闸板,是用来调节振动筛进料量和进料位置。道砟导流控制阀通过液压油缸控制道砟导流闸板。

(1)道砟导流控制阀在上位,油缸活塞杆全部伸出,道砟导流闸板关闭,闸板将道砟送入振动筛上的右侧。

(2)道砟导流控制阀在中位,油缸活塞杆部分缩回,道砟导流闸板虽关闭,但闸板位置可使道砟被送入振动筛上的前端左侧。

(3)道砟导流控制阀在下位,油缸活塞杆全部缩回,道砟导流闸板打开,全部道砟将落入主污土输送带上弃掉。

(4)道砟导流控制阀也可以部分地打开道砟导流闸板,在作业开始时可将多余的道砟直接落到主污土输送带、旋转输送带,再抛到道床外或物料运输车上。

六、起、拨道装置的调整

1.起道装置的调整

当清筛挖掘深度 $h<280$ mm 或在前方的轨道位置较高时,则需要用起道装置。在道床较硬或发生板结时,推荐使用起道装置。

1)调整要求

一般来说,起道装置主要按长期使用状态来调整。

清筛机作业运行时,在前起道夹钳到达轨道接头位置的时候,后起道夹钳必须仍然夹住轨道接头,以保证前起道夹钳的高度位置,使得前起道夹钳在通过接头以后仍能夹住轨道接头。前侧的两个夹钳位置应当调整一致,在通过轨道接头以后,前起道夹钳又将起到控制后起道夹钳高度位置的作用,使后起道夹钳在通过接头以后仍然夹住轨道接头。起道装置上的拨道轮不应对轨道施加纵向力。每个起道油缸上方的调节限位螺钉用于限制起道量,最好处于前后夹轨轮之间的连接处。

2)调节限位螺钉

降低起道装置直至拨道轮作用于钢轨的踏面上。

3)调整起道夹轮

(1)开关:起道夹钳置于"1"位,夹钳提升油缸置于"0"位。

(2)合上一对夹轨钳检查:在合拢过程中,夹钳合拢油缸的连接部分必须推动(压力)缓冲控制阀。首先调节起道轮的高度(螺纹)使轨道和拨道轮之间约有 10 mm 宽的空隙。

(3)按顺序关闭所有夹轨钳。

(4)将夹轨提升油缸置于"1"位。

(5)按要求升起起道装置。

(6)打开前夹轨钳检查:在打开过程中,夹轨钳合拢油缸的控制头应释放(顶出),而且夹钳上升油缸应上升。

调整后的夹轨钳的限位螺钉使拨道轮和钢轨之间总保持一个小的间隙。

(7)检查关闭前夹轨钳：前夹轨钳这时应再次夹紧轨道接头，后夹轨钳也应再次降下。若前夹轨钳未能夹紧轨道接头，那么应增大轨道与拨道轮之间的空隙。整个调整过程要重复进行。

(8)按照调整前夹轨钳的过程调整后夹轨钳。

4)特例

每侧钢轨仅有一套夹轨钳起作用时，起道装置应能使轨道保持抬起。前后夹轨钳的距离为1.25 m，若需其他数值时则需要特别设计。鱼尾板长度通常不大于0.9 m，因而起道装置总能处于正常作业状态。在错接式钢轨接头处，错接部件加上鱼尾板的总长不应超过0.9 m，必须能够保证两对夹钳中的一对能夹紧两接头中间钢轨。

2. 前拨道装置的调整

在曲线地段或者要对轨道进行扭转时，起道装置需按给定的正矢力由中心位置向侧面偏移。

当后拨道装置也需加入拨道作业时，前拨道装置的调整正矢只能是一近似值。该近似值由一理论值和一最大值50 mm的增量构成。曲线半径越小，超高量就越大，该增量值也越大（轨道和机器的弹性变形量）。

3. 后拨道装置的调整

当条件仅允许前拨道装置做粗略的拨道时，则精确的拨道由后拨道装置进行，在这种情况下，参照系则变得非常重要。若能从邻近的轨道上进行测量，往往能获得好的效果。

因此，可以使用一把皮尺测量两条钢轨的距离，然后修正后夹轨钳的位置至目标值。若找不到参考系，后拨道装置的正矢值则按线路设计图给定。

后拨道装置可通过液压调整，在车前、后两侧的司机室内均能完成这种调整。拨道间隔越小，拨道值越精确，那么曲线就越圆顺，线路质量也越好。

复习思考题

1. QS-650型清筛机装载标准是什么？
2. 车辆连挂作业有哪些步骤？
3. QS-650型清筛机作业条件是什么？
4. QS-650型清筛机长途挂运应注意哪些事项？
5. QS-650型清筛机运行后如何进行作业转换？
6. QS-650型清筛机在作业过程中应对哪些仪器仪表加强监控？
7. QS-650型清筛机作业结束后需要完成哪些事项？
8. QS-650型清筛机各工作装置如何操作和调整？

项目九 动力稳定车操纵运用

任务 1　司机室操纵系统

动力稳定车设有两个操作室。前后司机室通过橡胶减振器,分别安装于主车架的前后端部,具有安全性强、操作性好、舒适性高的特点。稳定车工作装置多,自动化程度高。作业或运行的所有操纵手柄、按钮、开关及各种显示仪表监控均集中分布在两个司机室内,其中前司机室主要是线路稳定作业时,轨道几何参数的精密测控和准确的操作输入所需的控制设备及运行操作。后司机室主要是区间运行动力传动装置监控及运行操作、动力传动装置监控及运行操作。

一、WD-320 型动力稳定车机器前端

WD-320 型动力稳定车机器前端如图 3-25 所示。

1—旋转警灯;2—大灯;3—标志灯;4—制动灯;5—摄像头;6—工作照明灯。

图 3-25　WD-320 型动力稳定车前端

二、前司机室（1号司机室）

图 3-26 为 WD-320 型动力稳定车内部，图 3-27、3-28 分别为 B11 电气柜及 B2 电气柜。

WD-320 司机室

1—轨道几何参数记录仪；2—B11 电气柜；3—B2 电气柜；4—运监显示器；5—机车信号；6—喇叭；7—6 路视频显示器；8—雨刮电机。

图 3-26 前司机室内部

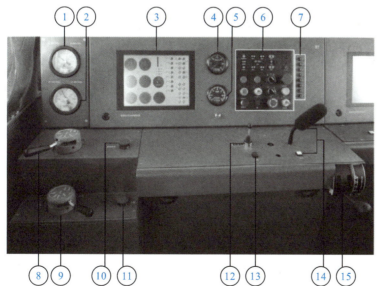

1—双针压力表（总风缸压力，制动缸压力）；2—双针压力表（列车管压力；均衡风缸压力）；3—B11 显示屏；4—发动机转速表；5—高速走行速度表；6—B11 键盘；7—B11 保险；8—自动制动阀；9—单独制动阀；10—紧急制动；11—主机/辅机转换；12—手油门；13—工作位转换按钮；14—话筒及其开关；15—挂挡盒。

图 3-27 B11 箱电气柜

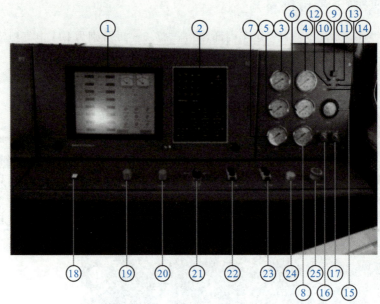

1—B2 显示屏（J21 模块）；2—B2 键盘；3—左加载压力表；4—右加载压力表；5—驱动补油压力表；6—振动补油压力表；7—作业压力表；8—驱动压力表；9—油位报警指示灯；10—振动泵滤清器报警指示灯；11—走行泵滤清器报警指示灯；12—左比例阀滤清器报警指示灯；13—右比例阀滤清器报警指示灯；14—液压油路滤清器报警指示灯；15—液压油温表；16—前转向架支撑；17—前转向架张紧；18—话筒开关；19—振动频率给定旋钮（范围 0～10 V）；20—作业速度给定旋钮（范围 0～10 V）；21—下压模式选择开关；22—左下沉给定旋钮（范围 0～20 mm）；23—右下沉给定旋钮（范围 0～20 mm）；24—电喇叭开关；25—紧急停机

图 3-28　B2 箱电气柜

任务 2　动力稳定车施工作业

一、连挂运行

在一般情况下，大型养路机械都是按机组联合流水作业。从标准配置上来说，线路大修时，两台清筛机、三台捣固车、一台动力稳定车、一台配砟车组成一个大修机组；线路维修时，两台捣固车、一台动力稳定车、一台配砟车组成一个维修机组。但实际运用情况比较多样，特别是维修机组，可能是"两捣一稳"，也可能是"一捣一稳"，无论如何配置机组设备，动力稳定车都是线路大修、维修的主力机型。

大型养路机械机组作业，按规定必须连挂在一起进入封锁区间，也必须连挂在一起撤出施工工地，在动力稳定车进出施工封锁区间时，动力稳定车有时承担本务机的牵引功能，有时又作为无动力车附挂在其他机械的后面,车辆的连挂、摘挂作业则是每次施工都必须进行的工作。

1. 连挂作业

1)连挂准备(被挂车)

(1)施加空气制动,停稳动力稳定车。

(2)将主、辅车转换阀置于被动位。

(3)确认各测量小车和稳定装置锁定状态良好,总锁定装置锁定位指示绿灯亮。

(4)将 ZF 换挡手柄置于空挡位,ZF 驱动主开关置于关闭位并取下开关钥匙,末级离合器脱挡指示绿灯亮。

(5)按下发动机停机按钮使柴油发动机熄火,关闭发动机主钥匙开关并取下开关钥匙。

(6)关闭主电源开关并取下开关钥匙。

(7)检查确认各作业驱动液压泵"接合-脱开"操纵手柄在脱开位。

(8)检查车钩"三态作用"良好。

(9)将自动制动阀、单独制动阀手柄分别从运转位和缓解位取出。

2)连挂过程

(1)连挂的牵引动车试风试闸,以不超过 30 km/h 的速度运行至被挂车前 10 m 一度停车,并调整运行速度。

(2)连挂的牵引动车以不超过 3 km/h 的速度运行至距被挂车前 2 m 两度停车。

(3)再次检查牵引动车与被挂车的车钩、风管,做好连挂准备。

(4)提起牵引动车及被挂车车钩装置的钩提杆,使车钩处于全开状态。

(5)牵引动车以不超过 3 km/h 速度平稳连挂,然后试拉换向伸钩,确保连结可靠。

(6)接好制动软管,打开列车管折角塞门,检查确认无泄漏。

(7)缓解被挂车的手制动。

(8)由牵引动车向连挂车列的列车管充风,按规定进行制动机试验,确认制动、缓解良好后方可动车。

(9)将牵引动车 ZF 换挡手柄置于空挡位,降低柴油发动机转速至怠速。

(10)施加连挂车列的空气制动。

2. 连挂运行

(1)操纵牵引动车 ZF 换挡手柄由空挡换至前进方向的第一挡。

(2)鸣风喇叭一长声,待被连挂各车回示一长声后,牵引动车即刻再鸣笛一长声,方可开始动车。

(3)缓解连挂车列空气制动,并操纵发动机油门控制手柄,提高柴油发动机的转速,从而使连挂车列逐渐加速并换挡。

(4)牵引动车严格按"十六字令"行车。驾驶司机随时检查本务车的列车管压力、制动缸压力,以及操作台上各种仪表的显示状况,发现异常及时停车,确保行车安全。

(5)被挂车上机组人员应加强瞭望,若发现紧急情况而又无法及时通知牵引动车司机时,可按下紧急制动按钮,使车列施行紧急停车。

(6)被挂车司机应随时检查本车上的列车管压力、制动缸压力、总锁定指示灯,以及操作台上各种仪表的显示状况,发现异常立即发出停车信号,确保行车安全。

3. 摘挂作业

机组到达施工地段,需对连挂车列进行摘挂作业。摘钩时,应严格执行"一关折角塞门、二摘风管、三提钩"的作业程序,注意安全。具体操作过程如下:

(1)将牵引动车的柴油发动机转速降至怠速,并给连挂车列施行空气制动停车。

(2)连挂车列进入封锁区间后,机组各机械车在施工地段前后的摘挂方式和顺序由施工负责人决定,并通过对讲机通知各车司机长。原则上,由被挂车上的指定专人负责摘车作业。

(3)关闭被挂车前部最后一辆机械车后端的列车管折角塞门。若被挂车前部仅是牵引动车,则直接关闭动车后端的列车管折角塞门。

(4)关闭被挂车前端的列车管折角塞门。

(5)摘开被挂车与前部相邻机械车的制动软管。

(6)提起被挂车前端和前部相邻机械车后端车钩装置的钩提杆,使前后车钩处于全开状态。

(7)根据摘钩人员的信号,鸣笛移动牵引动车。

(8)套上被挂车自动制动阀和单独制动阀操纵手柄,给被挂车施加空气制动。

(9)将被挂车主、辅车转换阀置于主动位。

(10)打开被挂车的主电源开关、发动机主钥匙开关、ZF驱动主开关。

(11)启动被挂车的柴油发动机,待空气制动系统充满风后以不超过 40 km/h 的速度运行至指定地点停车。

(12)各机械车在封锁区间独自运行时,续行间隔不得少于 300 m,并做好随时停车的准备。

二、作业准备

1. 作业地点停车

(1)动力稳定车摘挂后行至作业地点或直接运行至作业地点后,降低柴油发动机转速,施加空气制动。

(2)下压 ZF 换挡手柄至空挡位,注意挡位转换时间不少于 1 s。

(3)逆时针旋转 ZF 驱动主开关钥匙到"0"位,切断动力换挡变速箱控制总电源。此时,末级离合器脱挡指示绿灯亮,ZF 变速箱输出轴处于分离状态。

(4)降低柴油发动机转速至怠速,按下发动机停机按钮,使柴油发动机停止转动。

2.作业转换

作业转换是将动力稳定车从运行状态转换成作业状态。

(1)将3个液压泵驱动离合器的手柄置于接合位。注意,液压泵驱动离合器在接合和脱开转换时,一定要关闭柴油发动机。

(2)启动柴油发动机,并将转速置于怠速。

(3)将作业控制主开关旋至右位,接通作业主电源。

(4)检查作业驱动主、从动转向架的液压马达离合器是否合上,即3个作业驱动闭合指示灯应全亮。若没有全部合上,可按下点动挂挡按钮,使相应的离合器接合,直至3个作业驱动闭合指示红灯全亮。

(5)使从动转向架的支撑油缸处于作业位。

(6)缓解空气制动,将自动制动阀、单独制动阀手柄置于运转位。

(7)按下作业驱动停止锁闭按钮,自动施加作业空气制动,制动压力达360~400 kPa。

(8)按下作业转速按钮,将发动机转速增至2 000 r/min左右。

(9)解锁并放下稳定装置使之对位,闭合夹轨钳,对稳定装置进行预加载,使稳定装置处于作业状态。

(10)解锁并放下各测量小车,张紧单弦和双弦,选择基准轨,对测量小车进行预加载,使测量小车走行轮紧贴基准轨内侧面。

三、作业操纵

1.调整和校正作业参数

在作业前,应根据轨道条件和计划下沉量调整和校正以下作业参数:

(1)垂直预加载荷。

(2)预定下沉量。

(3)振动频率和振幅。

(4)作业速度。

2.准备作业

(1)将垂直预加载荷置于"0"位。

(2)调整预定下沉量到"0"位。

(3)将振动频率调到30 Hz左右。在机器不动时,可将选择开关旋到"TEST"(试验)位置,检查振动频率的数值。

(4)将数字显示开关旋至"频率"位。

3.作业操纵

(1)选择作业方向。

(2)打开记录仪开关,记录线路作业后的状况,按记录仪的使用说明书进行操作。

(3)打开作业驱动"停止"锁闭按钮,并按下作业驱动"开始"按钮,作业空气制动缓解。

(4)根据需要,可利用速度电位计调整作业速度,并将显示选择开关拨至"作业速度"位,数字显示器上可显示作业速度。

(5)当作业走行速度大于 0.2 km/h 时,打开振动开关,稳定装置开始振动,并能自动地达到所调定的振动频率值。根据需要,可利用频率电位计调整振动频率。

(6)根据线路需要,调节预定下沉量,并检查比例减压阀的各指示仪表。

(7)根据需要,调整垂直预加载荷压力,以完成预定的下沉量。

(8)横向水平操纵。

①将显示选择开关拨至"左右水平"位。

②在横向水平较差的情况下,分别针对两侧的钢轨,调整其预定下沉量和垂直预加载荷压力。

(9)当将要达到作业终点或需要暂时停止作业时,应进行顺坡作业。

(10)按下作业驱动"停止"锁闭按钮,停止作业。在机器未停稳之前,不得更换作业方向。

(11)顺坡作业。开始作业和作业将要结束时,都应进行顺坡作业。一般顺坡作业的最大坡度为 1‰。

①开始作业时的顺坡作业。打开抄平系统,调整振动频率到 30~35 Hz,将预定下沉量定为"0",按下作业驱动"开始"按钮,并使作业速度达到最高作业速度,逐渐地增加下沉量,视作业条件降低作业速度,以便获得良好的作业效果。

②作业将要结束时的顺坡作业。作业将要结束时的顺坡作业长度为 15~30 m。顺坡作业时,应慢慢地降低振动频率直至 15 Hz,并慢慢地降低垂直预加载荷,逐渐提高作业速度,将各调整值逐渐降至"0",并关闭振动开关。

4. 紧急停车

作业时若进行了紧急停车,应将垂直预加载荷和振动频率都降低至"0"位,并关闭抄平系统。机器停稳后,再反向倒车。重新作业时,应检查轨道几何形状,必要时应进行顺坡作业。

四、作业结束

1. 作业与运转工况的转换

(1)按下作业转速按钮,操纵发动机油门手柄,将发动机转速降至急速。

(2)松弛单弦和双弦,卸掉各测量小车上的垂直预加载荷。

(3)卸掉稳定装置的水平预加载荷,使稳定装置的走行轮复位,打开夹钳轮,提起稳定装置并锁定在车架上。

(4)卸掉测量小车的水平预加载荷,提升各测量小车并锁定牢靠。

(5)将前转向架支撑油缸复位。

(6)打开作业驱动"停止"按钮,缓解作业空气制动,然后将单独制动阀手柄置于制动位,施加空气制动。

(7)关闭作业控制主开关。若作业驱动液压马达的离合器未全部脱开,3个作业驱动闭合指示灯还有红灯亮时,可点动短时辅助驱动按钮,使3个作业驱动液压马达的离合器都处于分离状态。

(8)将发动机转速降至怠速,按发动机停机按钮,熄灭柴油发动机。

(9)将各作业驱动液压泵的离合器置于脱开位置。

(10)全面检查机器,确认所有作业装置和测量装置等均处于正确锁定位置,系好安全绳后,方可进行运行操作。

2.返回驻地

(1)动力稳定车作业结束后的连挂操作和连挂运行中的注意事项与进入作业地段前的内容一致。

(2)动力稳定车收工返回驻地后,机组人员必须对机械进行必要的维护保养。维护保养工作按照"一检、二修、三给油、四擦车"的作业程序进行。

(3)为保证清扫作业的质量,各段应制定严格的工作责任制,规定需清扫的部位和要求,由专人负责监督检查、定期公布评定结果。

复习思考题

1.说明动力稳定车摘挂作业的具体操作过程。
2.为什么在运行工况到作业工况的相互转换时,要关闭发动机后再重新启动?
3.动力稳定车作业操纵前应做什么工作?哪些参数应事先调整好?
4.如何进行动力稳定车作业操纵?振动作业时应调整哪些开关?
5.在什么情况下应进行顺坡作业?如何进行顺坡作业?
6.动力稳定车在作业时进行了紧急停车后,要做些什么操作?
7.动力稳定车作业时如何进行测量和记录?
8.返回驻地交班前应做好哪些维护保养工作?
9.机组人员撤离机械前应做什么工作?

项目十 配砟整形车操纵运用

任务 1 司机室操纵系统

SPZ-200型配砟整形车司机室内设有作业及区间走行的全部操纵及控制设备,包括一个主操作台和一个作业操作台。

一、司机室主操作台

司机室主操作台上装有电压表、电流表、里程表,另外还有柴油发动机油量表、油泵、油温表及各种操纵按钮和指示灯等,如图3-29和图3-30所示。

SPZ-200司机室

1—操作控制面板(B5箱);2—走行先导阀;3—自动制动阀;4—单独制动阀;5—非常制动按钮。

图3-29 司机室主操作台

项目十　配砟整形车操纵运用

1—柴油发动机计时表；2—柴油发动机温度表；3—柴油发动机油量表；4—柴油发动机油压表；5—电源插座；6—总锁定指示灯；7—发动机转速表；8—速度里程表；9—电压表；10—电流表；11—柴油发动机温度指示灯；12—柴油油压指示灯；13—液压温度指示灯；14—空气滤清器指示灯；15—发电机指示灯；16—发动机预热指示灯；17—主电源开关；18—启动开关；19—作业主开关；20—紧急开关；21—停机按钮；22—警灯开关；23—电喇叭开关；24—转换开关；25—报警蜂鸣器；26—自动保险器；27，28—走行泵指示灯；29—回油滤清器指示灯；30—中犁锁定指示灯；31—清扫锁定指示灯。

(a)

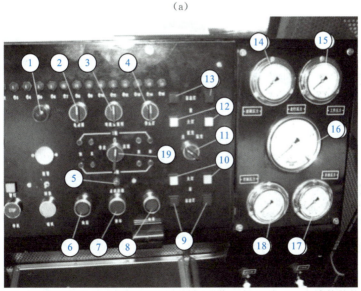

1—报警指示灯；2—电雨刮开关；3—司机室照明开关；4—作业灯开关；5—点动挂挡按钮；6—后退按钮；7—停车按钮；8—前进按钮；9—标志灯(后)开关；10—大灯(后)开关；11—大灯远近光选择开关；12—大灯(前)开关；13—标志灯(前)开关；14—滚刷压力表；15—工作压力表；16—走行压力表；17—补油压力表；18—控制压力表；19—高速走行和作业走行转换开关。

(b)

图 3-30　司机室操作控制面板(B5 箱)

二、司机室作业操作台

司机室作业操作台上装有作业走行手柄、中犁操纵手柄、侧犁操纵手柄及各种操纵按钮等，如图 3-31～3-34 所示。

1—左侧犁多路换向阀操纵手柄；2—作业走行先导阀；3—中犁多路换向阀操纵手柄；4—右侧犁多路换向阀操纵手柄；5—电风扇。

图 3-31 司机室作业操作台手柄

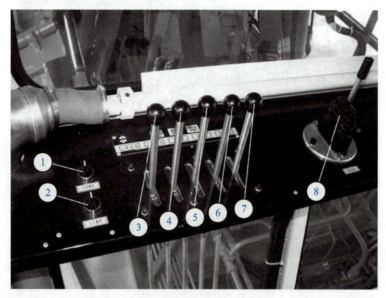

1—左前翼犁转动按钮(中犁)；2—左后翼犁转动按钮(中犁)；3—左侧犁后翼转角柄；4—左侧犁前翼转角柄；5—左侧犁翻转柄；6—左侧犁转角柄；7—左侧犁滑套伸缩柄；8—作业走行先导阀。

图 3-32 左侧犁操纵手柄及相关按钮

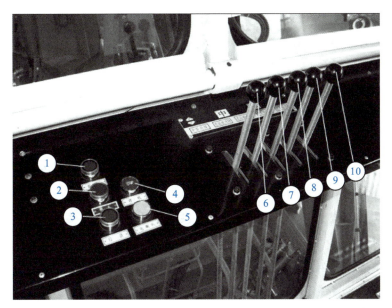

1—前进按钮;2—停车按钮;3—后退按钮;4—停机按钮;5—电喇叭;6—中犁升降柄;7—左前板升降柄;8—左后板升降柄;7—右后板升降柄;8—右前板升降柄。

图3-33 中犁操纵手柄及相关按钮

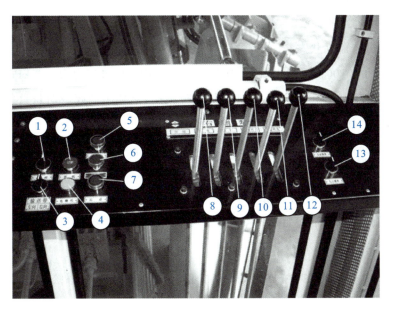

1—滚刷按钮;2—停机按钮;3—输送带按钮;4—电喇叭按钮;5—前进按钮;6—停车按钮;7—后退按钮;8—右侧犁滑套伸缩柄;9—右侧犁转角柄;10—右侧犁翻转柄;11—右侧犁前翼转角柄;12—右侧犁后翼转角柄;13—右后翼犁钮(中犁);14—右前翼犁钮(中犁)。

图3-34 右侧犁操纵手柄及相关按钮

任务 2　区间运行操纵

一、运行操纵前的准备工作

为保证运行安全,在 SPZ-200 型配砟整形车的运行操纵前,应进行以下准备工作。

(1)确定各油箱的油位符合要求后,启动柴油发动机,使其在急速下运转。根据需要打开、关闭空调或暖风机。

(2)走行转换开关置于"0"位。区间走行速度操纵手柄和作业走行速度操纵手柄都置于"0"位。

(3)将液压系统各工作装置的卸荷开关扭转到卸荷位。

(4)确认各工作装置锁定可靠。

①中犁装置的悬挂气锁、悬挂机械锁处在锁定位置,中犁锁定指示灯熄灭。

②清扫装置的悬挂气锁、悬挂机械锁处在锁定位置,清扫锁定指示灯熄灭。

③左、右侧犁装置位于侧犁悬挂固定钩上。

(5)检查制动。

①手制动机处于制动状态。

②总风缸压力为 700 kPa,列车管压力为 500 kPa,均衡风缸压力为 500 kPa。

③松开手制动施加空气制动,检查自动制动阀制动、单独制动阀制动和紧急制动系统是否正常。制动后缓解,缓解时间不得超过技术规定。

④最后施加空气制动,自动制动阀置于运转位,单独制动阀置于制动位。一般规定单机运行采用单独制动阀来操纵。

(6)确认操纵台上的各仪表和指示灯显示正确。

(7)撤除止轮器,确认车下无人和障碍物。

二、运行操纵方法

(1)高速走行时的操作在主操纵台,此时作业操纵台的走行操作系统被锁定。

(2)高速挂挡。

①调整发动机转速至 1 300~1 500 r/min。

②应先挂挡再按前进或后退按钮。

(3)总风压力大于 400 kPa 方可挂挡走行,若总风压不足 400 kPa,走行操作无动作(被锁定)。

(4)鸣风笛一长声。

(5)缓解空气制动后再提高发动机转速。

(6)慢慢推动区间走行速度操纵手柄(主司机座右下)向前移动,机器启动并逐步加速。当走行液压系统压力上升到 28 MPa 时,手柄停止移动。待车速稳定,压力下降趋于稳定时,再将手柄往前推移。这样反复动作直至该机在平直道上达到 80 km/h 时止。运行中,严禁将速度手柄迅速反向移动,造成不必要的液压制动,需要减速时只能缓慢地反向移动手柄,车速可在 0~80 km/h 之间任意选择。

(7)机器在运行中,司机应注意:

①运行中随时注意观察仪表显示是否正常。

②密切监视机械运转状态,发现异常及时处理。

③根据线路状态和运行条件随时调整走行速度。

④上坡时要减速。

⑤遇到紧急情况时,施加紧急制动。

⑥注意操纵区间走行速度手柄不得用力过猛,不能快速向前或向后移动,不论加速还是减速都要平稳操作。

⑦缓慢启动,逐渐加速,配砟整形车的自轮驱动运行速度最高不能超过 80 km/h。

⑧换向时,区间走行速度操纵手柄必须先回"0"位,然后再按下运行方向按钮。注意,车没停稳不得换向。

(9)到达目的地需要停车时,扳动自动制动阀或单独制动阀制动。停车操作程序如下:

①逐渐降低发动机转速。

②施加停车制动。

③区间走行速度操纵手柄返回"0"位。

④柴油机转速降至怠速运转 3~5 min 后,按下停机按钮使柴油发动机停止转动。

(10)在任何情况下停机,均应施加空气制动。

任务3　运行监控

在 SPZ-200 型配砟整形车的主操纵台上,分布着许多仪表和报警指示灯,用以测量和监控关键部件在配砟整形车运行使用过程中的工作状态。对危及行车安全或设备使用安全的情况发出警示,从而引起操纵者的注意,便于其及时加以处理。

一、仪表监视

仪表监视是由各类传感元件将温度、压力、转速、方向等信号传送到各个仪表中,供操纵者观察。

1. 柴油发动机参数测量与监视

柴油发动机参数测量包括缸盖温度、机油温度、机油压力、转速、工作时长等参数的测量及显示。

1)缸盖温度

缸盖温度测量由发动机温度表和缸盖温度传感器组成。

发动机温度表的工作电压为 24 V,指示范围为 30～200 ℃。绿区指示的是缸盖正常温度,一般为 30～170 ℃;红区指示的是缸盖危险温度,一般为 170～200 ℃。

缸盖温度传感器一般安装在第二气缸的缸盖上,通过导线与温度表连接,其工作电压为 6～24 V,工作温度低于 200 ℃。

2)机油温度

机油温度测量由机油温度表和机油温度传感器组成。

机油温度表指示范围为+50～+150 ℃,工作电压为 24 V。绿区为安全工作温度,一般为 50～130 ℃;红区为危险工作温度,一般为 130～150 ℃。

机油温度传感器安装在柴油发动机机油滤清器支架上,通过导线与温度表连接,其工作温度为-25～150 ℃,触点闭合时指示温度为(130±3)℃,工作电压为 6～24 V。

3)机油压力

机油压力测量由柴油发动机油压表和机油压力传感器组成。

柴油发动机油压表的工作电压为 24 V,工作电流最大约 130 mA,指示范围为 0～1 MPa。

机油压力传感器安装在柴油机左侧主油道管路上,通过导线和柴油机油压表连接。测量范围:0～1 MPa;触点报警压力:0.04 MPa(当压力低于此值时,内部触点闭合);工作温度:-25～100℃。

4)柴油发动机转速

全部采用充电发电机 W 端子产生发动机转速,柴油机转速表的指示范围为 200～3 000 r/min。

5)柴油发动机工作时长

柴油发动机工作时长测量是由发动机计时表接到柴油发动机的发电机上,经过电压的转换,累计柴油发动机运转的总时间,其主要参数工作电压为 9～28 V,电流消耗 18.5 mA,计时单位为 h。

6)燃油量

燃油量的测量由发动机油量表和油量表传感器组成。油量表传感器安装在燃油箱的上部,利用浮球杠杆的作用原理,测量燃油油位,并转换成电压信号在发动机油量表上显示出来。

2. 累计运行里程和速度里程的测量与监视

配砟整形车累计运行里程的测量由安装在后车轴齿轮箱的速度里程传感器和速度里程表

组成。通过测量车轴齿轮箱中间轴的转速,可计算出配砟整形车的行驶速度和累计运行里程,并在速度里程表中显示出来。

3. 液压系统的压力监视

为使液压系统工作正常,液压系统采用压力表来监视主要回路的工作压力。

(1)走行压力表:走行系统压力在 0~28 MPa 变动。

(2)补油压力表:补油泵压力值应为 2.8 MPa。

(3)工作压力表:作业系统的工作压力为 16 MPa。

(4)控制压力表:控制油路压力为 2.8 MPa。

(5)滚刷压力表:滚刷的工作压力为 16 MPa。

(6)输送带压力表:输送带的工作压力为 16 MPa。

4. 制动系统的压力监视

为使制动系统工作正常,制动系统也采用压力表来监视主要管路的工作压力。

(1)总风缸压力:调整为(700±20) kPa。

(2)制动缸压力:常用制动时为 360 kPa,紧急制动时为(450±10) kPa,旁路制动时为 360 kPa。

(3)列车管压力:调整为 500 kPa。

(4)均衡风缸压力:显示为 500 kPa。

二、报警系统

对配砟整形车工作情况的监视,除了采用上述的参数测量与仪表显示方式外,还设计有灯光报警系统,使操纵者能随时掌握机械、液压、电气的工作状况。当报警指示灯发光、报警器发出蜂鸣声时,应停车检查,处理故障。

1. 柴油发动机温度报警

当柴油发动机缸盖温度超过规定值(约150℃)时,温度开关动作,发动机缸温报警指示灯亮,红色二极管发光,报警器发出蜂鸣声。

2. 柴油发动机机油压力报警

当发动机机油压力低于 0.2 MPa 时,压力开关闭合,发动机油压报警指示灯亮,红色二极管发光,报警器发出蜂鸣声。

3. 发电机工作报警

柴油发动机启动后,若发电机损坏不能正常工作,发电机指示灯亮,红色二极管发光,报警器发出蜂鸣声。

4. 空气滤清器堵塞报警

当空气滤清器被脏物堵塞或损坏后,传感开关动作,空气滤清器指示灯亮,红色二极管发光,报警器发出蜂鸣声。

5. 中犁锁定报警

当中犁装置的气锁没有在锁定位置时,行程开关未被压合,中犁锁定指示灯亮,红色二极管发光,报警器发出蜂鸣声。

6. 清扫锁定报警

当清扫装置的气锁没有在锁定位置时,行程开关未被压合,清扫锁定指示灯亮,红色二极管发光,报警器发出蜂鸣声。

7. 液压油温度报警

当液压系统中的液压油温度超过 80 ℃后,温度开关动作,液压温度指示灯亮,红色二极管发光,报警器发出蜂鸣声。

8. 液压油滤清器堵塞报警

(1)当回油滤清器被脏物堵塞或损坏后,传感开关动作,回油滤清器指示灯亮,红色二极管发光,报警器发出蜂鸣声。

(2)当走行泵滤清器(1号或2号)被脏物堵塞或损坏后,传感开关动作,走行泵滤清器指示灯(1号或2号)亮,红色二极管发光,报警器发出蜂鸣声。

9. 报警蜂鸣器

(1)总风压力大于 400 kPa 后,蜂鸣器才能发出声响。总风压力达不到 400 kPa 时,并不影响报警指示灯的显示。故障排除,报警指示灯熄灭,同时蜂鸣器声响中断。

(2)中犁锁定与清扫锁定同时或其中任一个报警时,总锁定指示灯都亮。

(3)报警系统中任一个指示灯亮时,总报警指示灯也亮。若不需要蜂鸣器发出声响,可将蜂鸣器转换开关扳到切断位。

任务 4　施工作业

配砟整形车被牵引进入作业地段,与其他作业车摘挂并运行至本机作业地点停车或独自进入区间直接运行至作业地点停车后,经过一系列的转换和准备,按要求完成规定的施工任务。

一、作业条件

配砟整形车的作业条件有:

(1)作业时必须封锁线路,封锁时间应满足《铁路线路修理规则》的有关规定。

(2)作业地段的曲线半径不小于150 m。

(3)作业地段的曲线超高不大于150 mm。

二、作业准备

1. 作业程序

(1)低速挂挡。

①调整发动机转速至1 300~1 500 r/min。

②作业主开关转到作业位,接通作业控制电源。

③先挂挡后选择前进或后退按钮。

④未挂上挡,此时必须先缓解制动,再点动挂挡按钮进行挂挡。

(2)缓解空气制动,按下停车按钮,施行作业制动,并检查闸瓦与车轮的制动情况。

(3)接通作业控制气动系统和液压系统,将犁板卸荷开关、输送带卸荷开关关闭。

(4)解锁工作装置并降至作业位。

①拔出中犁、清扫装置的机械锁销,打开气锁销(指示灯亮)。

②放侧犁时,先操作滑套的伸缩油缸,使滑套脱出门架挂钩,然后操作翻转油缸,把侧犁放下,边操作边看是否需要调整后翼犁,避免与司机室擦碰。

③操作中犁升降手柄,放下中犁,根据配砟要求提起或放下闸板。

④转动中犁翼板旋钮,通过换向阀操纵油缸,转动翼板,如果翼板不到位,可以通过定位销插入不同位置进行调整。

⑤打开清扫装置的气锁,拔出机械锁销,操纵手动换向阀(司机室右边底座下),放下清扫装置。

⑥滚刷使用一段时间后,由于橡胶管磨损,可以通过调节滚刷两端的调节螺栓,将滚刷调到合适的位置,注意两端的调节量应均衡,使滚刷与轨枕面平行。

⑦调整输送带的张紧程度,可以通过滚筒两端的调节螺栓调整,注意两端调节量均匀,保持两滚筒平行。

2. 作业要求

(1)转换速度挡位时,必须待配砟整形车完全停稳后才能进行,并确认相应指示灯亮。

(2)放下侧犁时避免侧犁后翼犁板碰撞司机室。

(3)中犁放下后距轨枕面10~15 mm。

(4)清扫装置放下后距轨枕面10~15 mm,并且只能在正线使用。

(5)各工作装置可同时或单独使用。

三、作业操纵

1. 作业程序

(1)选定作业方向,按下前进或后退按钮,发动机转速调定额定值(2 300 r/min)。

(2)鸣风笛一长声后开始作业走行。

(3)慢慢推动作业走行速度操纵手柄向前移动,机器启动并逐步加速。根据线路情况确定作业速度,作业走行速度可在 0~12 km/h 任意选择,注意操纵速度手柄时用力要平稳。

(4)根据线路情况调整中犁翼犁板和刮砟板的组合方式。

(5)根据线路情况调整侧犁的伸出宽度、下降高度、翻转角度及前后翼犁的角度。

(6)根据线路情况调整清扫刷及输送带。

(7)遇到紧急情况或有路障等需要停车时,按下停车按钮,自动施行作业制动。需要继续作业时,应先按前进或后退按钮缓解,配砟整形车继续作业。

(8)换向时,作业走行速度操纵手柄也必须先回"0"位,然后再按下作运行方向按钮。同样,车没停稳不得换向。

(9)还未连挂或返回驻地站,不能停机,保持怠速。

2. 作业要求

(1)作业时的走行操作在作业操纵台,此时主操纵台的走行操作系统被锁定。

(2)在配砟整形车停稳后方可改变作业方向。

(3)提速或减速时应避免冲击,遇到可预见障碍物时应及时停车。

(4)及时调整各作业装置,使石砟分布均匀,避免局部堆积,并达到《铁路线路修理规则》规定的道床边坡坡度。

(5)清扫装置只能在正线上使用,禁止在道岔地段上使用。

(6)在线间距不足 4.2 m 的复线区段作业时,配砟整形车靠临线一侧的犁板禁止作业。

四、作业结束

1. 作业程序

(1)提升中犁、侧犁及清扫装置,并锁定各工作装置。

(2)侧犁收起时,先操作翻转油缸,把侧犁翻上,再把滑套的伸缩油缸收回,后翼犁转到位,把侧犁收起,边操作边观察,谨防后翼犁与司机室擦碰,最后使滑套与挂钩对位。

(3)关闭作业控制气动系统和液压系统。

(4)根据运行需要转换速度挡位。

(5)与其他机械车连挂,准备返回驻地。

2. 作业要求

(1)提升侧犁时应避免与车体碰撞。

(2)确认各作业装置锁定良好。

3. 机组人员离开机器前的工作

(1)切断空调装置或暖风设备。

(2)关闭所有照明装置。

(3)确认液压系统处于完全卸荷状态。

(4)排除空气系统储风缸、集尘器内积水。

(5)缓解空气制动,施加手制动,同时上好止轮器。

(6)关闭总电源开关。

(7)关闭窗户,锁固车门。

复习思考题

1. 简述配砟整形车运行操纵前的准备工作内容。
2. 机器在运行中,司机应注意哪些内容?
3. 运行后的收尾工作有哪些内容?
4. 液压系统各压力表的工作压力是多少?
5. 制动系统各压力表的工作压力是多少?
6. 报警系统包括哪些工作装置的报警?
7. 配砟整形车长途挂运时,其整备内容有哪些?
8. 简述作业前的准备工作中的作业程序。
9. 配砟整形车作业时的作业程序有哪些?

项目十一　钢轨打磨车操纵运用

任务 1　区间运行操纵

一、运行前的检查准备

(1)观察整机是否正常,各部件是否有损坏、丢失、松动或不到位等现象。

(2)检查各电气装置、管路的连接状况,若有脱落、泄漏问题及时进行处理。

(3)按照保养制度或手册的要求对机械各部位进行润滑保养,保证车辆处于良好的润滑状态。

(4)检查前后端部车钩缓冲装置,车钩的三态作用是否良好。

(5)对转向架及走行系统的各零部件进行外观检查,应无明显的缺陷、裂纹及变形。

(6)基础制动装置各连接销、开口销应完好,制动杠杆和制动梁无严重损伤和变形,闸瓦无裂纹、严重偏磨,闸瓦间隙均匀且符合规定要求。使用中的闸瓦如果在其最薄的地方小于 12 mm 厚时,必须更换。

(7)弹簧制动各部润滑良好,作用正常。

(8)打磨小车及测量装置锁定在运行位置上。

(9)打磨液压泵和打磨电动机处于关闭状态。

(10)检查有无渗油或漏油,发现故障及时维修或更换配件。

(11)检查两节车之间的风管、电缆线,确保连接牢固。

(12)检查气路、液压油管及接头有无磨损,对存在安全隐患的部件进行更换。

(13)检查车上的电缆、电线有无损坏,必要时进行更换。

(14)打开防火板,检查打磨砂轮,及时更换磨损超限和存在安全隐患的砂轮。

(15)检查发动机润滑油,检查发动机冷却液液面高度并及时补充。

(16)检查空气压缩机冷却液液面。

(17)检查柴油滤芯油水分离器并放水。

(18)检查水箱水位,当水箱容量为 500 L 及以下时,操作人员应及时加水。

(19)检查柴油油位,缺少时及时补充。

(20)检查必备的随机工具、随机关键备件是否齐全,状态或功能应良好。

(21)检查随机配备的安全备品和装置,如信号旗、火炬、响墩、信号灯、复轨器、灭火器等,要求时刻处于良好状态,严格遵守铁路有关安全行车规章。

(22)处理完所有已发现的问题,方可启动机器。

二、运行操纵

为保证运行安全,发动机启动后,必须对下列事项进行检查和确认,以充分保证钢轨打磨车在运行中的安全。

(1)所有作业装置,包括打磨电动机、打磨小车、打磨小车引导轮,必须收起并锁定在运行位置,在显示器小车控制菜单上,其相应的限位开关,感应开关要点亮。

(2)检查走行照明灯、标志灯、雨刮器,确保其功能正常。

(3)确认弹簧制动在缓解位置。

(4)确认制动阀在缓解位置。

(5)提高发动机转速到起步转速。

(6)移动运行控制杆到确定的方向,运行杆推进的幅度越大运行速度越高。在改变运行方向以前,钢轨打磨车必须停稳。

(7)施工负责人接到调度命令并经确认后,立即向司机(车)长传达,做好启动准备。牵引动车司机凭调度命令(站方发车时凭值班员发车手信号)确认信号,鸣笛一长声,待被连挂各车回示一长声后,牵引动车即刻再鸣笛一长声,方可开始动车。

(8)钢轨打磨车运行时,运行监控装置必须保持开机状态,严禁擅自解锁、关机。驾驶人员要集中精力,严格执行"十六字令",不间断地瞭望,不准闲谈,遇有道口、曲线、鸣笛标及瞭望条件不好的地段,必须鸣笛,紧急情况下应使用紧急制动阀。钢轨打磨车不得超速运行,遇暴风、雨雾等视听不良天气和线路状态不良的地段时,应低速运行,不得超过 25 km/h。严禁酒后开车,臆测行车。进出站要使用无线列调电台与车站联系,禁止关机运行。

(9)机组运行时,严禁抢上、抢下或将身体探出车外,需要瞭望时应抓紧扶手,不允许在车帮上或架空物上坐卧,不允许头脚伸出车外,不准在车上打闹,不准用无线电台谈论与工作无关的事。

(10)机组连挂运行时,由第一辆车担任本务机,牵引动车司机与各辅助动力车司机需用对讲机保持联系,通报前方信号开放情况以及提出加速、减速或制动的要求。连挂运行时,音响信号为基本联系信号,无线电对讲机为辅助联系信号。

(11)机组进入封锁区间后,由施工负责人用对讲机通知各机械车的摘挂方式、地点和顺序。摘车时由被摘车指定专人负责摘车作业,挂车时由被挂车指定专人手持信号负责连挂作业。严禁两个车同时挂一个车。

(12) 摘车时必须严格执行"一关折角塞门、二摘风管、三提钩"的作业程序。挂车时,牵引动车必须在被挂车 2 m 前停车,连挂人员检查钩销及风管,确认良好后方准挂车。两车连挂后必须试拉后才能连接风管,再打开折角塞门。

(13) 各机械车在封锁区间分开独自运行时,先行机组要随时将运行速度、运行状况通知后续机组,后续机组要严格控制运行速度,续行间隔不得少于 300 m,续行速度不得超过 40 km/h,并做好随时停车的准备,未经施工负责人批准,严禁跨越指定地段作业。

(14) 施工结束后,机组返回车站前应先与驻站联络员联系或用无线列调电台向返回站呼叫,征得车站同意后再返回。当正方向返回车站时,凭信号显示进站;当反方向返回车站时,凭站方手信号引导或调车信号进站。封锁区间作业原则上机组应全列一起返回,特殊情况下需要分批返回时,应临时与站方联系。

(15) 机组返回停靠站在停留线停稳后,应施加弹簧制动,机组人员撤离前,各车必须连挂并施加弹簧制动,上好止轮器,以防车组溜逸。

任务 2　工作装置操纵与调整

一、钢轨打磨车计算机控制系统

钢轨打磨车计算机打磨控制系统包括打磨方式控制、波磨控制、基准控制和障碍控制。

1. 打磨方式

钢轨打磨车对钢轨的打磨是按照一定的打磨方式进行的。所谓打磨方式,指的是一套有关每个打磨电动机的打磨角度和横移的数据组,以该数据组作为对某一段特定的钢轨打磨方式。它包含 24 个打磨角度数值(相对的一组打磨电动机使用一个数值),6 个横移数值(相对的一组侧车使用相同的一个横移数值)。在相同的侧车内的打磨电动机角度相差不能大于 15°,每个打磨方式都有自己的特定编号,钢轨打磨车计算机打磨控制系统共有 99 种打磨方式(0~99)。

2. 波磨控制

如果波磨的波长小于 254 mm(此尺寸正好为砂轮的直径),那么单靠砂轮的直径就可以消除这类钢轨的波浪磨耗。如果波浪磨耗的波长较长,则钢轨打磨车使用伺服控制系统来消除这类波浪磨耗,即当遇到钢轨表面的波峰时,伺服控制系统对打磨电动机施加向下压力,对其进行打磨,当遇到钢轨表面的波谷时,伺服控制系统控制打磨电动机下压的压力,以便减小或消除波谷的打磨。

3. 基准控制

6个轨距基准轮为每个打磨小车上的打磨电动机提供准确的轨距基准,这一基准不随轨距的变化而变化。一个液压油缸为打磨小车施加压力使其在钢轨表面运行时,始终贴紧钢轨的轨距面。

4. 障碍控制

在打磨作业时,司机必须始终对前方进行观察,以便发现不能进行打磨的地段(如道岔、道口等),如果前方出现障碍,司机用眼睛沿定位杆瞄准前方,当障碍地段的起点与眼睛和瞄准杆形成一条直线时,司机按下障碍钮,同样当障碍地段的结束点与眼睛和瞄准杆形成一条直线时,司机再一次按下障碍按钮,从此时起,打磨控制计算机自动记住了障碍的起止点,下一次再对这一段钢轨进行打磨时,打磨控制计算机将命令系统在障碍的起止点提升打磨电动机,并在终点放下打磨电动机。

二、钢轨打磨作业准备

(1)检查并确保下列要求。

①主机与发电机运行正常。

②液压打磨系统控制箱的手动控制开关处于开启或者运行位置。

③每个司机室的电脑开关都已经开启并且正常运行。

(2)在驾驶位,检查下列控制是否处在要求位置。

①空气制动已经开启。

②驱动杆位于空挡位置。

③驱动已经关闭,驱动停止按钮亮起。

④紧急打磨电动机提起或停止驱动按钮被按出。

⑤在电脑触摸屏显示器上,检查发动机处于急速时,所有变速齿轮是否被推至低速挡。

(3)在操作位,检查下列控制是否处在要求位置。

①紧急打磨电动机提起按钮被提起。

②如果使用钢轨波磨,钢轨波磨开关应该位于开启位置(仅限于1号车使用)。

(4)在触摸屏显示器上,按下液压打磨系统按钮激活1号车、2号车和3号车的液压打磨系统,此时液压打磨系统按钮亮起。

(5)使用打磨小车控制箱,降下打磨小车至钢轨位置。

(6)解锁打磨电动机。

①解开防脱链处卸扣(图3-35)。

②拔出可拆卸轮对承架处销子(图3-36)。

③拔出打磨摇架安全销(图3-37),并将打磨电机锁定销(图3-38)旋转90°后拔出。

图3-35 防脱链

图3-36 可拆卸轮对承架销子

图3-37 打磨摇架安全销

图3-38 打磨电机锁定销

(7)在操作者触摸屏显示器上,对以下项目进行检查和设置。

①打磨小车锁定/未锁定指示器是否亮起。

②按下电动机激活/停止按钮,看到电动机激活/停止面板,确认开启了需要的打磨电动机与制动器。

③按照操作需要激活或者停止左侧/右侧打磨开启/关闭按钮。

④按下所有电动机按钮,看到所有电动机开启/关闭面板,按下面板上的所有电动机按钮激活所有打磨电动机。这些打磨电动机会按次序显示出来,所有电动机的打磨电动机开启/关闭指示器会亮起。

⑤选择需要的打磨模式,选定的打磨模式号码会显示在模式控制面板的准备阶段中,并且打磨模式的参数也会在模式信息表中列出,按下模式控制面板中央的模式转换按钮可以将准备框中的模式上移至通用模式框中。

⑥按下里程计面板,看到速度/位置面板,按下低速打磨按钮以显示低速打磨面板。按下位置/里程表按钮看到位置/里程表面板,如果需要,输入公里标号码。

(8)在驾驶者触摸屏显示器上,对以下项目进行检查和设置。

①按下巡航控制按钮,看到巡航控制面板,设定需要的巡航控制速度。

②如果需要,开启照明灯、大灯和工作灯。

三、钢轨打磨作业

司机与打磨操作员之间应经常保持联系,从而达到配合顺利、高效作业的目的。

(1)按下主机速率按钮,将每个电动机的速度都调至全速状态。

(2)按下弹性制动按钮取消弹性停车制动,将自动制动阀手柄和单独制动阀手柄置于缓解位。

(3)推动走行控制杆向所需方向移动,"FWD"表示向前,"REV"表示向后。走行控制杆远离中位将提高车速,接近中位将减速。

(4)当钢轨打磨车到达打磨区域,起点与司机眼睛和瞄准杆形成一直线时,按下左或者右侧钢轨开关,当第一对打磨电动机(左或者右)触到打磨目标时,它会降下贴近钢轨开始打磨,剩下的打磨电动机会按次序降下贴近钢轨并在碰到这一点的时候开始打磨。

(5)打磨过程中,驾驶者必须注意轨道的障碍物(如道口、道岔等),这是不能打磨的地方。驾驶者使用左或者右"PASS"开关在遇到障碍物时提起打磨电动机。当不能打磨的起点与驾驶者的眼睛和瞄准杆形成一直线时,驾驶者按下左或者右"PASS"开关,当不能打磨区域结束时,驾驶者再次按下左或者右"PASS"开关。当打磨电动机到达不能打磨区域时,它们都将自动提升停止打磨,而当它们越过该区域后,又会自动降下继续打磨。

(6)打磨作业时,操作者须注意电动机控制面板,确保所有的打磨电动机在指定功率下运行,并且打磨电动机依照选定的打磨模式在规定的角度打磨,也要在模式控制面板的准备框和列队框中输入下一个需要的打磨模式。

(7)在打磨过程中更改打磨方式时,操作者需要使用左或者右移动模式更换开关。当操作者的视线对准更改模式目标时,按下左或者右移动模式更换开关。当第一对打磨电动机(左或者右)触到打磨目标时,它们会调整排队框最上方数字模式的参数,剩下的打磨电动机会按次序在接近的时候进行调整。

与此同时,位于排队框最上方的模式号码会转到通用框,这是目前正在使用的打磨模式,准备框中的模式号码会上移到排队框内,此时准备框中可以输入新的模式号码。

(8)打磨过程中,如果驾驶者或者操作者需要马上停止打磨提起打磨电动机时,都可以按下紧急状态提升/停止按钮,这时所有的打磨电动机都会从钢轨上提起。

(9)打磨工作结束时,当不打磨的起点与驾驶者的眼睛和瞄准杆形成一直线时,再次按下左或者右"PASS"开关。当第一队打磨电动机接近打磨目标时,它会从钢轨提起,剩下的打磨电动机会按次序在碰到这一点的时候提起,然后停止打磨。

(10)如果需要反向运行(打磨),按下模式控制面板中的模式转换按钮,将准备框中的模式号码上移至当前模式框中。在反向打磨时,计算机依靠以前记忆的打磨区域开始(打磨)点与结束(打磨)点,以及针对不能打磨区域的提起点与降下点,而指挥打磨电动机的提升与下降,从而实现自动控制。

四、结束打磨

(1)施加制动,使钢轨打磨车停车,将运行控制杆置于中位。

(2)按下弹簧制动按钮,对钢轨打磨车施加弹簧制动,将自动制动阀手柄和单独制动阀手柄置于制动位。

(3)将怠速/常速开关置于怠速位。

(4)按下禁止运行按钮。

(5)在操作者触摸屏显示器上,按下所有电动机按钮显示所有电动机开启/关闭面板,按下面板上的所有电动机按钮关闭所有已经激活的打磨电动机,检查电动机控制面板,打磨电动机开始/关闭指示器应该亮起。

(6)使用打磨小车控制箱,提起打磨小车至悬挂位置。

(7)锁定打磨电动机,提起打磨电动机,将图 3-39 中的锁定销逆时针旋转 90 越过锁定块,并顺时针旋转进入锁定块的制动器内部。

(8)在操作者触摸屏显示器上,按下液压打磨系统按钮停止 1 号车、2 号车和 3 号车的液压打磨系统,液压打磨系统按钮图标会熄灭,在电动机控制面板上,检查确认所有的打磨小车锁定指示器亮起。

(9)环绕钢轨打磨车四周确保打磨车可以进行轨道运行。

任务 3　施工作业

一、施工前一天的准备

(1)施工负责人要提前同工务段联系,取得详细的线路资料,并做好施工计划。

(2)施工负责人要做好打磨区段线路的调查工作,包括打磨区段线路的长度、曲线参数以及道口、护轮轨的铺设地点。

二、施工准备会

(1)施工负责人在每天施工前应组织各有关生产人员召开施工准备会,下达生产任务,并进行具体的分工和布置,包括停车放车地点、打磨起始点、打磨方式、遇到的障碍物地点、变换打磨方式地点、打磨结束点以及收车地点等,并对操作、设备、安全等关键环节进行详细的说明,对可能发生的事件进行预想,提前做好应对紧急事件的准备。

(2)各有关生产人员应明确自己的任务和安全注意事项,有问题要及时提出。

三、施工前准备工作

(1)驻站、驻台人员应提前到岗,由驻站联络员落实施工计划下达情况并办理相关手续。

(2)各有关生产人员应提前到岗,做好施工前的准备工作,并对车辆的重点部位(如制动、走行系统等)进行检查。

四、设备的检查及启动

(1)司机、反向司机、计算机操作员负责检查油箱位,包括柴油油位、传动齿轮箱油位、泵驱动器齿轮箱油位、阻燃液压油位及走行液压油位。

(2)计算机操作员负责启动生活发动机,检查机油油位、冷却水位,并监视其工作状况。

(3)司机启动1号车主发动机及发电机,检查机油油位、冷却水位,监视其工作状况。

(4)反向司机启动3号车主发动机及发电机,检查机油油位、冷却水位,监视其工作状况。

(5)计算机操作员打开计算机系统,并检查其通信是否正常。

五、下达施工命令

(1)驻台人员应及时向调度员了解当天的封锁给点情况。

(2)驻台人员应及时与驻站人员联系,互通情况。

(3)驻站人员应及时向车站值班员询问了解当天的封锁要点情况。

(4)驻站人员应及时与驻台人员联系,询问了解情况。

(5)驻站人员应及时向施工负责人报告施工调度命令的下达情况及其内容和送达方式,并及时通知施工负责人提前启动机器。

(6)司机应认真阅读并熟记调度命令的内容。

(7)施工负责人应与驻站驻台人员保持联系,掌握调度命令的下达情况。

(8)施工负责人应认真阅读并熟记调度命令的内容。

六、进入封锁区间

(1)施工负责人按照调度命令指挥司机做好发车准备。

(2)司机按照调度命令确认发车信号及视觉信号,开车进入封锁区间。

七、施工准备

(1)施工负责人指挥司机按计划在接近施工区段的地方,将设备停放在直线上。

(2)司机停车后,做好防溜弹簧制动,将发动机置于怠速状态。

(3)计算机操作员将液压系统打开并确认其工作是否正常。

(4)施工负责人指挥人员下车放打磨小车。

(5)计算机操作员确认打磨小车放下后,将基准轮放下,确认两侧无人后,将打磨电动机全部启动。

(6)施工负责人指挥计算机操作员输入打磨方式。

(7)计算机操作员与司机联系,按照计划开始施工。

(8)施工负责人安排灭火人员全部到位后,指挥司机开始施工。

八、施工作业

(1)驻台人员在施工作业过程中,要一直盯台,掌握现场作业情况,随时做好应急准备。

(2)驻站人员在施工过程中,应一直盯台,做好防护工作,同时通过各种方法与施工负责人取得联系,掌握现场作业情况,随时做好应急准备。

(3)严格按施工负责人的指挥进行施工,并按需要设定打磨速度。

(4)司机在施工过程中,应同计算机操作人员保持联系,随时做好紧急停车准备,并且密切监视发动机运转情况。

(5)司机在施工过程中,应密切观察作业区段中是否有障碍物,发现障碍物及时提升有关设备,包括防火挡板和打磨电动机等。

(6)司机在施工过程中,要同施工负责人及驻站人员保持联系,确认信号,保证行车安全。

(7)作业过程中,司机要根据线路状况提前通知计算机操作员做好打磨方式的变换准备工作,并进行互控,以确保打磨方式输入无误。

(8)作业过程中,计算机操作员要根据需要提前做好更换打磨方式的准备工作,并及时把详细情况通知司机,并进行互控,以确保打磨方式输入无误。

(9)计算机操作员要密切观察各工作装置的工作情况,如电动机温度、电动机角度及打磨电动机的提升是否到位。

(10)计算机操作员应对每天作业线路参数进行记录。

(11)技术员在施工作业中,要对全车进行巡视,监视各系统各装置的工作情况,发现问题及时抢修,重点是电器间的巡视。

(12)施工负责人指挥协调各岗位的工作。

(13)施工负责人要与工务段配合人员联系,掌握线路的打磨状态,部署打磨步骤及方法,做好施工验收单的签收工作。

(14)施工负责人要安排好作业区段的打磨顺序,并按调度命令掌握好时间。

(15)其余人员在施工中要做好防火工作,保证人离火灭。

(16)施工中发现异常情况时,特别是打磨系统出现故障时,计算机操作员应紧急提升并关停打磨电动机,确认关停后方可通知司机停车。

(17)施工中如发现液压系统漏油等异常情况需要停车检查时,应由施工负责人指挥计算机操作员紧急提升并关停打磨电动机,确认关停后通知司机停车检查。

(18)高温季节无缝线路地段施工时,严禁超温作业。

九、夜间施工作业

(1)认真贯彻执行《铁路技术管理规程》《普速铁路工务安全规则》《高速铁路工务安全规则》(试行)、《大型养路机械使用管理规则》《普速铁路行车组织规则》《高速铁路行车组织细则》和有关规章制度,严格落实岗位责任制,遵守作业纪律和劳动纪律,牢固树立"安全第一"的思想,确保钢轨打磨车在运用中的绝对安全。

(2)在开工前,应根据批准的施工方案和施工计划,按要求与各有关配合单位签订好施工安全协议,按照作业项目的不同,明确职责范围和安全责任。

(3)应根据各区段夜间施工的实际情况,制订有针对性的安全组织措施,确保施工安全顺利进行。

(4)必须按规定提前申报施工计划,并将落实的施工封锁时间与地点,通知各有关配合单位,保证配合人员按规定时间到达指定地点配合施工,以利施工作业顺利进行。

(5)在施工封锁前,车队实施班前点名制度,施工负责人向各车组下达施工命令,并布置施工安全注意事项。驻站联络员提前到车站登记申请封锁施工。按规定接受命令,施工负责人核对施工封锁命令无误后,将封锁命令内容向各车组和有关配合单位人员传达,保证人人清楚。

(6)各车组运行前,应对本车的运行系统、制动系统、油位,以及车内备品、信号用具进行全面检查,确认完好无缺少,并试风试闸,方可动车。牵引动车司机凭调度命令(站方发车时凭外勤发车信号)确认信号,鸣一长声,在被挂车依次回示一长声后,牵引动车再鸣一长声,方可开车。

(7)车组运行中,司机要集中精力,严格执行"十六字令",不得擅自解锁或关闭运行监控装置,不得超速运行,车组到达施工地段,由施工负责人用对讲机通知车组摘钩,摘钩时,必须严格执行"一关折角塞门、二摘风管、三提钩"的作业程序。车组连挂时,牵引动车必须在被挂车2 m前停车,连挂人员检查钩销及风管,确认良好后方准挂车。两车连挂后必须试拉后才能接风管,再打开折角塞门。

(8)作业时,车组各号位人员应按岗位规定上岗到位,监视作业情况,发现机械故障或线路上有障碍物时,应及时通知有关操作人员。

(9)机组人员要不间断巡视设备运转情况,特别对走行制动部分和悬挂装置,需定时观察,及时发现和处理故障隐患,保障设备正常运用。

(10)施工结束后,会同工务段验收人员对当天的线路进行检测,发现超标地段时,应立即通知施工负责人安排返工。在施工作业中碰坏工、电设备或因机械故障而无法将线路恢复到良好状态时,立即与有关工、电部门配合人员联系,以便组织人力进行紧急抢修,保证线路安全开通。

(11)遇现场设备发生故障需进行紧急处理或抢修时,队(车)长要安排好分工,保证充足的照明,靠邻线一侧设立专人防护,确认弹簧制动,上好止轮器。设备修复后尽快恢复线路,保证行车安全。

(12)在电气化区段施工时,应组织施工人员学习电气化区段施工的安全常识。任何人员在接触网未停电和未接地的情况下,禁止到列车顶上进行任何作业,所携带的工具和物件的最顶端距接触网带电部分不得小于 2 m,每台机械车和附属车辆应加设"有电危险、禁止攀登"的明显警告标志。当机械车检修设备需接触网停电时,施工负责人应提前与供电段联系,在停电作业时应服从接触网工的安全指导,并连接好地线,做好防护。

(13)作业时,钢轨打磨车应配备足够的照明设备。机组在夜间瞭望条件差的情况下跨区间运行时,要严格控制行车速度,防止路外伤亡。

十、收车返回车站

(1)施工负责人宣布当天打磨结束。

(2)司机将车辆在直线上停稳,上好弹簧制动,将发动机置于怠速。

(3)计算机操作员在施工完毕后,及时关闭电动机,提起基准轮,关闭计算机系统。

(4)施工负责人指挥人员下车收起打磨小车装置。

(5)司机与驻站人员联系,确认信号,返回车站。

(6)施工负责人指挥协调各岗位转线调车与宿营车连挂,停稳做好防溜措施。

(7)施工负责人将次日施工计划通知驻站驻台人员。

十一、调车作业

(1)段内调车时由安全调度科签发通知单,调车负责人编制。

(2)施工时的调车应由驻站联络员向车站值班员申报,由调车负责人提供调车计划,调车由车站统一安排。

(3)调车由调车负责人统一指挥。

(4)调车负责人由队长、副队长或队长指定人员担任。

(5)调车时司机应做好排风、摘管、试闸工作,并根据需要放置铁鞋。

(6)调车时前后司机应核对调车计划,确认进路信号,并鸣笛回应。

(7)连挂时应说明被连挂车的距离,并要在连挂前一度停车。

(8)连挂后必须进行试拉。

十二、长途挂运

(1)长途挂运的负责人为队长或副队长。

(2)长途挂运前,应由队长召集押车人员布置安全措施并说明有关注意事项。

(3)钢轨打磨车与其他车列长途挂运时,其编挂位置应在列车尾部。

(4)在编组站内调车时禁止通过驼峰信号机,不允许溜放,并严禁将钢轨打磨车作为牵引车,进行其他货物车辆的调车作业。

(5)长途挂运前,应由施工负责人指挥全体人员进行各工作装置的锁定工作,并检查整车状况。

(6)长途挂运前,前后司机应检查运行系统,将8根主动轴的换挡控制开关均置于中位,由计算机操作人员通过计算机进行确认。

(7)由前后司机将3个车的弹簧制动解除,使其对应的风压表指示不小于60 kPa。

(8)施工负责人要提前同工务段联系,取得详细的线路资料,并做好施工计划。

(9)施工负责人要做好打磨区段线路的调查工作,包括打磨区段线路的长度、曲线参数以及道口、护轮轨的铺设地点。

(10)开放无动力回送装置塞门。

(11)关闭中继阀前制动管塞门。

(12)前后司机应确认自动控制阀和单独控制阀控制旋钮均在从动位,自动控制阀和单独控制阀手柄均在缓解位。

(13)关闭发动机,取出发动机开关钥匙,关闭总电源开关。

(14)连挂运行时的最大允许速度为100 km/h。

(15)加强瞭望,若发现紧急情况而又无法及时通知牵引动车司机时,可拉动紧急制动阀,使车列施行紧急制动。随时检查制动管压力、制动缸压力,以及操作台上各种仪表的显示状况,发现异常,立即发出停车信号,确保行车安全。

(16)非驾驶位严禁触碰自动控制阀、手动控制阀操作手柄,以防造成误操作。

(17)调车编组时押车人员应注意宿营车的风挡不得与带闸盘的货车车体相连结。

(18)在转场过程中,押车人员应严密监视本车的运行状态,发现问题及时处理。

①在站内停车、会车时,押车人员应下车检查车轴齿轮箱温度、轴箱温度及制动闸瓦的情况,并巡查全车。一旦发现走行系统温度过高、有异响或制动缓解不良时,应及时通知相关人员,以便采取应急措施,但不准随意动用停车设备。

②制动缓解不彻底,可用自动控制阀单缓功能予以处理,闸瓦间隙过大时,调整闸瓦间隙或更换闸瓦。

③如发现危及行车安全的不正常现象,应及时做摘车处理。

(19)押车人员要注意安全。列车运行中,押车人员一律在司机室内,身体不得探出车外,关好车门。下车时,随时注意邻线来车,并随时做好上车准备,严禁钻车检查,避免与电气化接触网支柱及其附近的金属接触,严禁在列车停留间隙擅自离开所押运的车辆,防止漏乘。

(20) 押运人员要做好安全保卫工作，以防机械被人为破坏或丢失零配件。

(21) 押运途中，列车在车站等避、等发或停留时，禁止设防溜装置。

(22) 摘挂作业，机组到达施工工地，需对各机械车进行摘挂作业。摘钩时，应严格执行"一关前、二关后、三摘风管、四提钩"的作业程序，注意安全。具体操作过程如下：

①连挂车列施行空气制动停车。

②先关闭牵引动车、后关闭被挂车的制动管折角塞门。

③摘开制动软管。

④提起前面机械车与连挂端车钩装置的钩提杆，使车钩处于全开状态。

⑤根据摘钩人员的信号，鸣笛移动牵引动车。

⑥关闭无动力回送装置塞门，打开中继阀前制动管塞门。

⑦新改装机械车只需合上无动力回送主、辅车转换阀。

⑧启动柴油发动机，待空气制动系统充满风后以不超过 3 km/h 的速度运行至指定地点停车。

复习思考题

1. 在上钢轨打磨车之前应对其做哪些运视检查？
2. 区间运行时所有作业装置应处于什么位置？
3. 什么是打磨方法？
4. 什么是波磨控制？
5. 什么是基准控制？
6. 什么是障碍控制？
7. 在接近施工区段的地方应做哪些施工准备？

模块四

检查保养与故障排除

学习引导

大型养路机械采用以检查保养为基础,计划性修理和状态监测修理相结合的检修保养制度,并针对不同部件的运用特点,采用不同的检修保养方式。大型养路机械的修程分为日常检查保养、定期检查保养、年修、全面检修(总成大修)和整车厂修。日常检查保养、定期检查保养、年修、状态监测由机械段组织实施,全面检修由机械段或由取得认证资质的单位实施。

学习目标

1. 知识目标

(1)掌握检修的方法和要领。

(2)掌握典型故障的现象与处理措施。

2. 能力目标

(1)能够对典型铁路大型养路机械进行故障诊断。

(2)能够对典型铁路大型养路机械进行检修。

3. 素质目标

(1)掌握检查保养流程,培养严谨细致的工作态度与责任担当精神。

(2)强化故障排除技能,激发创新思维,提升解决问题的能力。

(3)注重机械安全与维护,树立环保意识,确保铁路运行的安全与可持续发展。

模块四 素质教育向导

大型养路机械检查保养重点注意事项

目前,各种大型养路机械设备日常检查保养项点及标准已较为完善,但由于保养项点较多、现场保养时间有限、机组人员业务水平参差不齐,机组人员很难在有限的时间内按照《大型养路机械日常检查保养记录》中规定的项点保质保量完成设备日常检查保养工作,进而导致发生因设备检查保养不到位造成的各类影响施工作业及行车的设备故障或事故。

项目十二　检修保养

　　检修保养是一项减少机械磨耗,防止机械破损,延长机械使用寿命,保证机械正常运转的非常重要并且必不可少的工作。机械的保养与使用是不可分割的统一体,保养是为了更好地使用,使用也必须注重保养。一台机械保养的好坏,关系着整车功率的发挥和运用的可靠性,亦直接影响到施工质量、效率及燃料的消耗。所以,机组人员决不能忽视平时的机械保养工作。

　　(1)大型养路机械采用以检查保养为基础,计划性修理和状态监测修理相结合的检修保养制度,并针对不同部件的运用特点,采用不同的检修保养方式。

　　(2)根据使用年限、作业里程和技术状态,大型养路机械整机或总成可送到取得维修合格证的修理厂实施厂修,厂修周期按大型养路机械及主要大部件厂修周期规定执行。

　　(3)大型养路机械应按照《大型养路机械使用维修管理办法》的规定进行检修。集中检修有困难时,应实行设备轮换修制度。

　　(4)经检修的大型养路机械,必须经过验收合格方准投入使用。

　　(5)大型养路机械各总成及部件按其在整机中所起的作用、检修的复杂程度及影响机械性能和使用安全的程度,分成 A、B、C 三类。A 类中关系到行车安全的总成或部件采用计划修;其他 A 类、B 类总成或部件采用状态修;C 类部件可根据运用情况适时修理或更换。

　　(6)采用计划修的总成或部件,如轮对、钩缓、传动轴、转向架和空气制动系统等,其检修周期、检修技术要求及限度按大型养路机械检修规则的有关规定执行。

　　(7)重要部件经检修后,应按要求在专用的试验台上进行试验。复杂总成的检修应逐步向专业化发展,以不断提高检修质量。

任务 1　设备检修管理

一、目的和作用

　　实施设备检修管理是为了使设备的检修管理科学化、高效率,做到有组织、有计划、有准备地进行,达到对设备管理的目标要求。

二、管理职责

设备的检修工作分为段和车间二级管理。年检保养由段统一安排，具体由设备科做出计划，由检修车间负责组织实施。定期保养检查计划和日常使用过程的检修由各车间负责组织实施。

三、设备检修管理的原则

1. 先维修、后生产

生产设备是企业固定资产的主要组成部分，是企业生产能力的基础，设备修理必须坚持"先维修、后生产"的原则，以预防为主、维护保养和计划检修并重的方针，实行专群结合、群管群修的方法，有计划地组织好设备的检修工作，保证设备经常处于良好状态，延长设备的使用寿命，为生产的发展提供必需的物质基础。

2. 修用结合

施工单位在下达生产计划的同时，必须下达设备的检修计划，检查生产计划的同时，检查检修计划。在生产与设备维修时间上发生矛盾时，应根据"先维修、后生产"的原则合理安排。在设备检修中，操作工人要紧密配合维修工人，坚持"修用结合"的原则。

3. 修理与教育相结合

要对职工进行正确使用和维护保养设备的思想教育、技术教育，培养职工主人翁责任感及自觉爱护设备的习惯，在搞好群众性维护保养的基础上，不断提高修理质量和修理工修理效率，缩短停歇时间，降低修理成本，使设备更好地为生产服务。

四、检修计划的编制

1. 检修计划的分类及内容

按完成时间、进度的安排可分为年度检修计划（安排全年的检修任务）、季度检修计划（按年计划安排季度检修任务）和月份检修计划（按季度计划安排每月的检修任务）。按修理的程度和内容可分为年度检修计划（包括设备大修年检）和定期保养检查计划。

2. 计划的编制

为了保证检修前生产技术准备工作有足够的时间进行，年度检修计划最迟应于年前两个月编制完成。年度检修计划应包括年度大修计划（包括总成大修）和年检。

五、设备检修后的验收

1. 设备定期保养检查和验收

（1）定期保养检查验收由车间组织设备技术员、维修工人和操作工人执行，填写检修记录，交车间设备技术员存档。

(2)定期保养检查应对所修部位进行检查、空运转试验、负荷试验。

2. 设备年检的验收

(1)设备年检由设备科组织设备主管工程师、车间负责人、设备技术员、检验员、主修工人、操作工人参加验收。验收后,由检修车间填写设备修理完工验收单,一式三份,送设备科、设备使用车间、财务计划科各一份。

(2)进行外部质量检查和空运转试验、作业试验、技术性能试验。大型养路机械设备还应进行路试。

(3)检修部位应按照检修规程所规定的内容和项目进行检查。

(4)验收投产三个月内,由于修理质量造成故障,由检修车间负责返修。

3. 设备大修后的检查验收

(1)设备大修后由铁路局工务处组织机械设备主管工程师、使用单位机械设备科进行验收。验收合格后,填写设备修理完工验收通知单,一式三份,送铁路局工务处、财务计划处和使用单位机械设备科各一份。

(2)设备大修后,应全面恢复原设计能力,技术性能及精度应达到大修质量标准,配齐安全装置和必要的附件。

(3)大修后,应进行外部检查、空运转试验、负荷试验,对动力设备应进行耐温、耐压等必要的技术性能试验。

(4)验收后由设备主管工程师将有关的修理资料(包括设备精度检验记录、技术性能试验记录、设备修理完工验收通知单等),收集整理后交资料管理员存档。

(5)验收投产三个月内,由于修理质量造成故障,由原承修单位负责返修。

任务 2　设备保养管理

一、目的和作用

实施设备保养管理是为了科学地管理好段的设备,使设备的维护管理工作有组织、有计划、有原则、有标准、有规程地进行,以达到设备的使用寿命长、综合效能高和适应生产发展需要的目的。

二、管理职责

(1)工务机械段设备技术科负责对全段范围内设备维护的归口管理和统一计划安排,要建立设备维护方面的各项制度和章程,协助和配合各部门强化责任意识,使设备的维护和保养能按照段规范要求得到贯彻执行。

(2)各车间管理人员要按照段关于设备维护保养的方针、政策和制度规定的要求,对本部门的设备管理进行细化,并在执行过程中从严要求,经常检查,加强考核。

三、设备保养管理的原则

1. 预防为主

设备维护工作应贯彻"预防为主"的原则,应把设备故障消灭在萌芽状态,防止连接件松动和不正常的磨损,监督操作者按设备使用规程的规定正确使用设备,防止设备事故的发生,延长设备使用寿命和检修周期,保证设备的安全运行,为生产提供最佳状态的生产设备。

2. 使用和维护相结合

坚持"使用和维护相结合"的原则,操作人员在设备日常维护工作中做到"三好""四会"。

四、设备保养的要点

1. 操作人员实行设备维护保养负责制

大型养路机械设备实行操作人员当班检查和维护保养负责制。

2. 操作人员职责

(1)严格按设备使用规程的规定,正确使用好自己操作的设备,不超负荷使用。发现问题和异常现象,要停车检查,自己能处理的马上处理,不能处理的,及时报告检修责任者,及时处理。

(2)定期添加润滑油或润滑脂,保持油路畅通。

(3)日常保养结束后将设备擦拭干净,保持设备内外清洁,无油垢、无脏物,做到"漆见本色铁见光"。

(4)认真执行设备交接班制度,大型养路机械设备每台都应有"交接班记录本",轮修人员应认真写清楚,交接双方要在"交接班记录本"上签字,设备在接班后发生问题由接班人负责。

五、设备维护保养规程的贯彻与执行

(1)维护保养规程的贯彻与执行,是保证设备处于良好的技术状态、安全运行的重要方法。因此,各级领导、操作人员、维修人员必须认真学习,贯彻与执行。

(2)维护保养规程必须深入贯彻到操作人员、维修人员。

(3)操作人员和专职维修人员要相互提醒、相互监督,并严格按维护保养规程执行。

(4)车间设备技术员要经常深入车间检查维护保养规程执行情况,发现不按规程执行,及时向车间主任汇报,严肃处理。

任务 3　大型养路机械保养

常用保养方法
（视频）

保养可分为日常保养和定期保养，一般而言，保养过程与检查过程是紧密相连，不可分割的，所以保养过程也就是检查、调整、维修的总过程。

一、日常保养

日常保养是在机械运转前、运转中和停机后对机械进行的例行保养，主要进行机械的润滑、检查及调整工作。日常保养应做到"四勤""二净"。"四勤"是指勤清洗、勤检查、勤紧固、勤调整，"二净"是指油净、空气净。日常保养的目的在于检查和调整机械各部间隙，改善各部润滑条件，以减少零件的磨损。

1. 发动机

1) 检查发动机机油油位

柴油发动机启动前，应至少检查 1 次机油。新发动机或刚大修出厂的发动机每天应检查两次机油。机油标尺有点刻度和线刻度两种，长期停放的发动机在启动前应按点刻度检查机油油面。一般情况，发动机怠速运转 1～2 min，停车后等 1～2 min 马上按线刻度检查油面。油面仅达下刻度线时，必须加油，避免对发动机造成严重损伤。

2) 检查和清洗空气滤清器

空气中的灰尘会引起发动机早期磨损。经常检查、清洗空气滤清器，对延长发动机的寿命是十分重要的。

(1) 集尘器的清理。

对于干式空气滤清器，应及时排出集尘器中的灰尘，决不允许集尘器集满 $\frac{1}{2}$ 以上的灰尘。在含尘量很大的情况下，应每天清理集尘器。在拆卸集尘器时，应将顶盖一同取下。装配时，应注意顶盖上的凹槽和集尘器上的凸榫必须对准。当空气滤清器水平安装时，应注意"上"字记号要向上。

带排尘阀的滤清器可不进行这一保养，但必须经常清理排泄口。

(2) 滤筒的保养。

滤筒的保养只能根据保养指示器的信号或按指示灯的显示进行。只有在必要时才清洗或更换滤筒，不必频繁地拆装。但滤筒使用 1 年后，由于黑烟弄脏时，必须更换。

发动机排气冒黑烟或功率下降时，表明空气滤清器堵塞，这时应清洗或更换滤筒。

滤筒每保养 1 遍，应在安全筒的规定区域作记号。滤筒保养 5 遍后，螺母和安全筒也须更换。最晚 2 年后,安全筒也必须更换。换下来的安全筒不得清洗后再用。

滤筒保养后,保养指示器马上又出现信号时,应更换安全筒。在保养过程中发现有保养缺陷和损伤,也必须更换安全筒,必须安装原厂提供的滤筒,其他型号的滤筒会对发动机造成危险。滤筒清洗分为干燥清洗和湿法清洗,干燥清洗又分为拍打清洗和空气清洗。拍打清洗一般为临时性的,操作时用手掌轻轻多次垂直敲打滤筒端面和平软表面,使灰尘振落,达到清洗目的。操作时,滤筒端面不得有损伤或凹陷。空气清洗是用小于 0.5 MPa 的干燥压缩空气对滤筒的外部和内部进行吹洗,直到看不到灰尘飞出来为止。湿法清洗是将滤筒放入加入适量洗涤剂的温水中来回摇动,冲洗滤筒,然后在清水中再次进行清洗,甩去水分并干燥。操作时不得使用汽油或热水。

清洗后的滤筒,应用手灯照亮进行检查,没有损伤才可安装。安装时,粘贴的密封垫应无裂缝损坏。完成以上操作后,如果保养指示器依旧指示保养信号,可按下回位按钮,红色保养信号即可消失。

3)其他保养

(1)检查发电机和空气压缩机的三角皮带张紧状况,一般在皮带中间用手指能压下 10~15 mm 为正常。

(2)每周清洗 1 次柴油粗滤器芯。

(3)每周检查 1 次蓄电池电解液相对密度,其相对密度见表 4-1。

表 4-1　蓄电池电解液相对密度表

放电情况	相对密度(g/cm³)(20 ℃)
全放电	1.10~1.15
半放电	1.25
全充电	1.28~1.30

每经过 4 周,须逐个检查电池中各单元蓄电池的电解液液面。当液面高度小于 10~15 mm 时,一般加蒸馏水保持高度,若液面降低是由于电解液溢出原因,可加入电解液。

(4)检查燃油箱油位,必要时补足。

(5)检查紧固连接件有无松动,机器运转时有无异常响声。

(6)PGM-48 型钢轨打磨车除需完成以上内容外,还需检查柴油发动机冷却液液位,不足时补充;检查冷却管路是否正常,有无泄漏现象。

(7)新发动机或经大修后的发动机,初次运用 50 h 后,需进行下列技术保养:

①更换油底壳的机油,并清洗油底壳。

②更换机油滤筒。

③拧紧气缸盖上进气、排气管连接螺钉。

④检查空气滤清器的橡胶管、卡箍等处是否紧固无泄漏。

⑤检查并调整进气门、排气门间隙。

⑥再次拧紧油底壳螺栓和发动机支座的固定螺栓。

2.动力传动及走行制动系统

(1)查看各传动轴有无裂纹、传动时有无异响,连接螺栓、螺母有无松动等情况。

(2)检查走行驱动油泵、油马达、减速箱、分动箱、车轴齿轮箱等的油位是否正常,箱体有无裂纹及漏油现象,连接紧固螺栓有无松动。

(3)检查各离合器的动作状态是否良好,离合器状态指示灯是否正常。

(4)启动发动机,检查变矩器的油位,不足时补充。检查动力换挡变速箱是否有异响。在发动机停机状态下,清洁变速箱箱体表面,检查有无裂纹及漏油现象。

(5)排放各储风缸内积水。总风缸、工作风缸、双室风缸、油水分离器等部件的排水塞门应经常开通排放,排出积水。

(6)空气制动阀操纵要灵活,不允许有卡滞、漏风现象,否则必须进行处理。

(7)检查空气制动、缓解及手制动是否有效。

3.电气系统

(1)检查作业车电气系统的基本功能,各元器件的动作及各接插件、显示仪表、信号灯、报警灯和工作装置的状态等,保证电气系统正常工作。

(2)检查所有电磁阀插头的接插部件是否接触牢固,有无松动现象。

(3)检查各种行程、感应和压力开关及压力传感器的工作位置是否准确,安装是否牢固。

(4)检查蓄电池连接线有无松动,并清除表面氧化物,柴油发动机启动前,蓄电池电压不得低于 20 V;柴油发动机启动后,蓄电池电压应在 24～28 V。

(5)柴油发动机启动后,打开照明、指示、报警装置的控制开关,各装置应工作正常,各仪表显示正确。同时,清除仪表盘面上的灰尘。

(6)检查指示灯工作状态,尤其要注意检查工作装置锁定指示灯、制动信号灯和驱动离合器指示灯的显示是否正确。

(7)操纵台上的各操纵手柄、旋钮、按钮、开关应工作正常。

(8)走行电气控制系统挂挡、脱挡功能及显示应正常。工作装置的相应执行动作与各开关或按钮的功能保持一致,并与面板上各开关、按钮标示的动作方向相符。

(9)检查各照明开关的作用及状态,作业灯、前后车灯、司机室内照明灯损坏时应及时更换。

4.液压系统

(1)对液压系统的压力及各部件的紧固、密封等情况进行检查,并及时对发现问题的部件进行保养,保证其正常工作。

(2)检查液压油箱油位,必须保持液压油箱的液压油处于正常油面,如需补油,需用过滤精度为 20 μm 的滤油机过滤后注入。

(3)检查各液压油路的压力,出现问题时应查明原因,予以调整。

(4)检查各橡胶软管、钢管、管接头和各种液压阀等有无泄漏与磨损。各油管及接头泄漏时,应重新紧固管接头或更换油管及接头。各橡胶软管出现磨损时,要对磨损面进行位置调整或包扎,严重磨损时要更换软管。

(5)检查各液压泵和液压马达的安装与连接有无松动,运转时有无异响。

(6)各种液压控制阀的安装应牢固可靠。电磁控制阀与电路的连线无损伤,电器部分与阀体接合牢靠,信号灯指示正常。

(7)系统在工作中,要经常检查油量、油温、压力、噪声等,若有异常现象应立即停机处理。

(8)检查压力表有无损坏或异常现象。

5. 气动系统

(1)检查各风缸、风管有无擦伤或磨损。

(2)排放油水分离器的污水。

(3)检查气动系统压力是否正常,各主路、接头、气缸等有无漏泄。

6. 工作装置

1)捣固车捣固装置

(1)检查捣固头上的润滑油箱的油位是否正常。

(2)向各铰接销轴处加注润滑脂。

(3)检查偏心轴盖是否松动,轴承有无异响。

(3)检查捣固镐头磨损,更换磨损超限的镐头(磨损不大于 15 mm)。检查镐头紧固螺栓有无松动。

对捣固头进行油缸夹持、旋转、横移、镐脚倾斜等测试操作,观察各动作是否灵活,是否有滴油、渗油现象。

(5)检查捣固装置上各液压和气动软管接头有无漏泄。

(6)集中润滑油道有无磨损及漏泄。

(7)检查提升油缸的安装铰座、活塞杆的铰接处、夹持油缸的端部、导向柱卡环等有无松动和异常。

2)捣固车起拨道装置及检测机构

(1)检查起道、拨道油缸,夹轨钳油缸,起道钩动作油缸(CDC-16 型捣固车)有无漏油。清除油缸活塞杆油污。

(2)检查拨道、抄平弦线张紧气缸有无漏气,弦线张紧情况是否正常,弦线有无磨损及出现毛刺状况。

(3)检查抄平传感器、正矢传感器、深度传感器、电子摆安装是否牢固,工作是否正常。

(4)检查夹轨钳滚轮的磨损情况。

3)清筛机工作装置

(1)挖掘装置的保养。

①作业前、后检查挖掘装置导槽锁定是否安全、可靠。

②挖掘链连接后,检查各链节紧固螺栓、锁定销是否牢固及磨损情况。

③检查扒指数量和磨损情况。发现少指要补齐,断指和超过磨耗极限的扒指必须更换。

④检查扒板有无裂纹及磨损情况。

⑤检查角滚轮磨损情况,特别是2个下角滚轮,并向角滚轮加注润滑油脂。在作业期间,应每隔0.5 h向角滚轮注油1次。操作时,利用作业司机位旁的集中润滑装置完成。

⑥检查导槽磨耗板磨损情况,橡胶盖板密封情况,特别是弯角导槽处拱形磨耗板的磨损情况。

⑦检查道砟导流闸板、拢砟板、伸缩导槽等活动部件动作是否灵活、准确。

⑧检查挖掘齿轮减速箱、伸缩油缸油箱油位。

⑨检查紧急停挖按钮的功能是否灵敏、可靠。

⑩检查挖掘装置作业时有无异响。

(2)筛分装置的保养。

①检查各层筛网有无破损情况。检查筛网压板、固定螺栓的连接是否牢固。

②检查振动驱动箱油位。

③检查振动筛调平装置是否灵活,导向装置导向板磨损情况。

④检查振动筛道砟导向板的安装固定及导向板导流动作情况。

⑤检查振动筛空载与重载时振幅变化情况,有无异响。

⑥检查结构件有无开裂现象,液压件是否有泄漏情况。

(3)道砟回填分配装置的保养。

①作业前、后检查左、右道砟回填输送带锁紧固定机构是否安全、可靠。

②检查并向托辊及各润滑部位加注润滑油脂。

③作业时,检查左、右侧道砟分配板动作是否灵活,有无卡滞现象。

④检查左、右道砟分配指示装置动作是否灵活、准确。

⑤检查左、右道砟回填输送带运转是否平稳,有无胶带跑偏及托辊转动不灵、卡滞现象。检查清扫器、拉紧装置工作是否正常。

⑥检查左、右道砟回填输送带自动摆正装置工作是否可靠,有无卡滞现象。

(4)污土输送装置。

①作业前、后回转污土输送带锁定装置是否安全可靠。

②检查并向主污土输送带托辊、回转污土输送带托辊及润滑部位加注润滑油脂。检查齿轮减速箱和回转驱动箱的油位。

③检查输送带运转是否平稳,有无胶带跑偏、托辊卡滞、橡胶驱动滚筒打滑等现象。

④检查回转输送带前支架支承机构动作是否灵活、可靠,作业中有无自动低头、泄漏现象。

⑤检查回转输送带回转支承装置左、右摆动是否灵活、可靠。

⑥检查输送带支架有无裂缝、固定件是否牢固。

(5)起重设备与其他机构的保养。

①作业前后检查举升器、起吊机与提升机锁紧固定机构是否安全、可靠。

②检查并向润滑部位加注润滑油脂。检查液压元件有无泄漏。

③检查起吊用杆件、链环、吊具有无裂缝和异常情况。

④检查道砟清扫装置锁紧机构是否安全、可靠;清扫棒与支架有无裂纹;支承滚轮磨耗情况;清扫胶管固定卡子有无丢失、胶管磨烂等情况。

4)动力稳定车稳定装置

(1)检查激振器齿轮箱油位。

(2)检查激振器轴承是否有异响,工作是否正常。

(3)检查传动轴连接杆是否可靠。

(4)检查垂直油缸、夹钳油缸和水平油缸的安装是否可靠,工作是否正常。

5)配砟整形车工作装置

(1)检查中犁、侧犁、清扫装置的升降油缸及有相对运动的零部件转动是否灵活。

(2)清扫装置的输送带运动是否灵活,张力是否足够。

(3)检查滚刷动作是否正常,磨损后是否已调整到位。

(4)检查中犁、侧犁工作装置的安全锁紧装置是否正常。

6)钢轨打磨车工作装置

(1)清除各打磨小车、检测小车及转向架等车体下部的灰尘。清除挡火板及打磨装置上粘贴的打磨灰渣。

(2)检查各紧固件有无磨损或松动。

(3)检查挡火板的悬挂状态及提升动作是否正常。

(4)检查各打磨砂轮的磨耗情况,对已磨损或损坏的砂轮进行更换。

(5)检查打磨小车和检测小车的悬挂锁定是否可靠。

(6)向打磨头升降导杆的润滑部位加注润滑油。

(7)检查轨廓测量系统有无磨损和损坏。

二、定期保养

除日常保养外,机械每固定运转一定时间后进行的保养工作,称为定期保养,即根据机器运转的情况,定期地对机器进行强制性的检查、调整、维修。定期保养是机械使用过程中较为全面的检查和保养,从中可以发现一些已出现或即将出现的故障并加以排除,防患于未然。因此,定期保养对保证机械安全、正常的运转起着相当重要的作用。

定期保养根据保养周期分为一级、二级和三级保养。发动机每工作 100 h 和 200 h,其他工作装置每工作 50 h 进行 1 次一级保养;发动机每工作 300 h 和 600 h,其他工作装置每工作 200 h 进行 1 次二级保养;发动机每工作 1 200 h 和 2 400 h,其他工作装置每工作 400 h 进行 1 次三级保养。

1. 发动机

1)每工作 100 h 的检查保养

(1)取样化验发动机机油,根据油液检测分析通知单更换发动机机油。

若需更换机油,必须在热机状态下进行。放油时,待全部机油流出后再把放油塞拧紧。加注新机油时必须保证加油口及新机油的清洁,必要时可采取有效的过滤清洗措施。当机油油面至油尺上部刻度时停止加油,发动机短时间运转后再次检查油面。

(2)清洗燃油滤清器的粗滤器。

松开压紧螺母,将卡环推到一边,取出滤芯。在柴油中清洗滤芯和滤清器体。装配时应将滤清器体正确地同密封圈装在一起。

(3)清洗发动机外表面。

如果发动机上装有变矩油散热器和中冷器,也同时加以清洗。在恶劣的工作条件下,清洗散热片尤为重要。因为积附在气缸体、气缸盖和机油散热器上的灰尘及含有柴油和机油的油泥黏附在散热片上,会降低散热效率。特别是气缸盖的垂直散热片通道始终要通畅,应仔细地清洗。对散热片清洗推荐采用干式清洗法,例如用金属丝刷和压缩空气吹洗,而且应从排风侧开始吹。如用洗涤剂进行清洗,应在浸润足够的时间之后,用高压水进行冲洗。最后运转发动机,使残留水分得以蒸发,避免零部件表面生锈。用洗涤器蒸汽喷嘴进行清洗是最好的方法,清洗时应对喷油泵、发电机、启动马达等电器进行遮盖保护,防止与水接触。发动机的排气总管大部分包有绝热材料,如果用易燃剂对发动机进行清洗,不得使其与绝热材料接触,否则在发动机运转后,温度升高时有发生燃烧事故的风险。在清洗发动机的同时,应检查进气管上的橡胶管和气缸盖上的排气管的密封情况。

(4)检查发动机紧急停机装置的作用是否灵活、可靠。

2)每工作 200 h 的检查保养

(1)更换机油滤清器的滤筒或滤芯。

拆卸机油滤筒：先用起子将两个卡箍螺丝松开，并向下取出卡箍，用起子将滤筒松开后再用手将其旋出。滤清器托架的密封面脏污时应进行清洗。

安装滤筒：在橡胶密封圈上涂少量机油，用手转动滤筒直到靠上密封圈，再用双手将滤筒拧紧（严禁用工具拧紧滤筒）。紧固卡箍，防止滤筒自动松动。

装好机油滤清器后进行试运转，应观察机油压力是否正常、滤筒的密封是否良好。如果发动机安装的是可更换滤芯的机油滤清器，按下述时间和要求更换和清洗滤芯。

①发动机工作 20～30 h 后，卸下机油滤清器总成，用扳手松开螺栓，取出纸质滤芯，换上金属网滤芯或纸质滤芯，拧紧螺栓后，再将机油滤清器总成装到机体上。

②换上金属网滤芯后，要定期清洗金属网滤芯，一般运转 200 h 清洗一次。根据使用机油的质量，污物对金属网滤芯的堵塞程度有所不同，故对滤芯的清洗周期要根据实际情况而定。

③清洗金属网滤芯，应先卸下机油滤清器总成，然后用扳手松开螺栓，取出金属网滤芯在柴油中刷洗干净，组装好机油滤清器总成。在清洗中如果发现金属网损坏，应更换新的滤芯。

(2) 清洗冷却风扇液力耦合器上的滤清器罩。

松开锁紧卡簧后取下风扇护罩，卸下滤清器罩并清洗内部。安装时注意"O"形密封圈的位置是否正确，若有损伤应立即更换。

(3) 检查并拧紧发动机上的各紧固螺栓。

3) 每工作 300 h 的检查保养

新发动机或经大修后的发动机，第一次检查气门间隙应在发动机运转 50 h 后进行，正常工作条件下每工作 300 h 应检查气门间隙。在恶劣的工作条件下，如每天多次启动发动机、环境灰尘较多等，则要缩短检查周期。

检查气门间隙应在发动机冷机状态下进行，用厚度为 0.2～0.3 mm 的塞尺进行检查，不符合要求的气门间隙应加以调整。

4) 每工作 600 h 的检查保养

(1) 检查气缸盖温度报警器。

从气缸盖上拆下温度传感器（用于温度表）或者温度报警开关（用于温度报警灯），将它们浸入 170～175 ℃ 的热油中，这时温度表的指针应指到红色区域或报警灯发亮。

(2) 检查发电机的状态。

(3) 检查进气、排气总管的紧固情况和密封状态，必要时应进一步紧固连接螺栓。

5) 每工作 1 200 h 的检查保养

(1) 更换柴油滤清器滤芯。

每工作 1 200 h 后或发现发动机功率下降，必须更换柴油滤清器滤芯，更换的同时将滤清器支架的密封面清洗干净。

新滤芯安装好后,应将滤清器内空气排净。具体做法:将放气旋塞松开2~3圈,将手打油泵的手柄向左旋转使其松开,压动手油泵,直到从放气螺塞处外溢柴油无泡沫,重新拧紧放气螺塞。

(2)检查增压空气管道、排气管道和废气涡轮增压器的进出机油管道的紧固、密封情况,尤其要注意增压空气管道与废气涡轮增压器之间连接管的密封和紧固情况,并对废气涡轮增压器进行清洗。

(3)进行火焰加热塞功能检查。

在进入寒冷季节之前要检查火焰加热塞的功能,检查时,将发动机启动开关放在预热位置,预热约1 min后,加热指示灯发亮,即为正常。检查火焰加热塞的柴油供应情况时,将火焰加热塞的连接螺纹松几圈,把发动机启动开关放在启动位置,启动马达使发动机空转,这时柴油必须从连接螺纹处流出。如果没有柴油流出,其故障应在修理车间排除。进行上述检查时,应注意发动机油门必须置于停机位。堵塞的火焰加热塞应及时更换。当火焰加热塞的功能完好时,在启动过程中,火焰加热塞附近的进气管用手接触是温热的。

(4)保养发电机。在保养时应注意以下几点:

①发动机运转时,蓄电池、发电机之间的连接线不能断开。

②蓄电池的连接线不得接错。

③充电指示灯损坏后应立即更换。

④清洗发动机时应对发电机加以遮盖,避免进入污物。

⑤不能用触地的方法来检查发电机导线有无电压。

(5)检查启动电机。

6)每工作2 400 h的检查保养

(1)更换曲轴箱通气阀,把4个六角头螺栓拆下,取下呼吸器盖,更换阀芯。

(2)拆下喷油泵,在喷油泵检测仪上进行检查,按发动机的工作要求调整到正确的工作压力,必要时进行更换。

喷油泵的喷油压力:B/FL413F系列发动机喷油泵的开启压力为17.5~18.3 MPa,喷射压力为43.5 MPa;B/FL513系列发动机喷油泵的开启压力为27 MPa,喷射压力为65 MPa。

除了定期对喷油泵进行保养外,只有在发动机出现异常现象时才进行喷油泵压力的检查。

(3)拆下废气涡轮增压器,在柴油或无腐蚀性的洗涤液中清洗增压器外壳和叶轮。重新安装后,应仔细检查各相关部件的紧固情况。

2. 动力传动及走行制动系统

1)每工作50 h的检查保养

(1)检查分动箱、减速箱、车轴齿轮箱、过桥传动轴箱、动力换挡变速箱的油位,不足时补充。

(2)向发动机功率输出传动轴十字头加注润滑油脂。

(3)检查各传动轴有无裂纹及变形,传动时有无异响,若有则及时更换。紧固传动轴螺栓、螺母。

(4) 检查制动闸瓦的磨损情况,闸瓦厚度小于 12 mm 或有裂纹时,应立即更换。闸瓦间隙应调整在 3～10 mm 范围内,遇有闸瓦偏磨时应进行调整。

(5) 检查空压机的工作是否正常,发动机转速在 2 300 r/min 时,总风缸压力由零升到 700 kPa 所需时间大约为 8 min。

(6) 对基础制动的连杆、销轴、制动梁、制动缸等部件进行检查,应无严重磨耗、开焊、开裂、摆动等现象。

(7) 查看车轴、车轮、轴箱有无异响,轴箱端盖螺栓松动时应重新紧固。

(8) 对转向架进行外观检查和处理,应无裂纹、严重变形现象,确保其处于正常状态。

(9) 运行途中停车时,应用手触摸检查轴箱外表温度,最高不应超过 70 ℃。若温度太高或局部温度过高,应打开轴箱端盖,检查润滑油质、油量、滚动轴承、轴承支架的状态,根据不同情况判明原因后及时处理。要避免水、砂及其他脏物混入轴箱,影响其寿命。

2) 每工作 200 h 的检查保养

(1) 更换动力换挡变速箱的液力油滤清器滤芯。

(2) 向各传动轴十字头加注润滑油。

(3) 向车轴齿轮箱悬挂轴销处加注润滑油。

(4) 检查齿轮箱各部位螺栓是否良好。

(5) 检查传动轴防护装置有无裂纹,发现裂纹及时焊修。

(6) 检查主、辅驱动离合器脱、挂动作是否灵活,感应开关、行程开关工作是否正常。

(7) 向基础制动杠杆机构的各铰接处加注润滑油。

(8) 向手制动机传动机构加注润滑油。

(9) 检查车钩及缓冲装置有无异常。

(10) 检查各液压减振器和橡胶减振器有无异常,若油压减振器有漏油或卡死现象,应拆检或更换。

(11) 检查转向架摇枕、侧梁及侧梁连接杆有无裂纹和明显变形,各处焊缝有无开焊现象。转向架构架与各零部件间的紧固螺栓、螺母不得松动。

(12) 检查圆减振弹簧有无裂纹、折损。

3) 每工作 400 h 的检查保养

(1) 更换动力换挡变速箱的油液。

(2) 更换减速箱的油液。

(3) 更换分动箱的油液。

(4) 更换过桥传动轴箱的润滑油。

(5) 更换车轴齿轮箱的润滑油。

(6)更换动力换挡变速箱的液力油滤清器滤芯,并清洗滤清器。

(7)检查闸瓦托吊和杠杆铰接处的闩销、开口销、闸瓦插销有无折断、丢失。

(8)对各传动轴进行探伤检查,不合格的传动轴要及时更换。

(9)更换车轴轴承箱的润滑油脂,检查轴承有无损伤,必要时进行探伤。

(10)对列车轴进行超声波探伤。

(11)对液压减振器和橡胶弹簧进行性能试验。

(12)检查车轮踏面有无超限擦伤和磨损,同轴的两轮踏面直径差不得超过 1 mm,同一转向架的车轮踏面直径差不得超过 2 mm,必要时旋修车轮。

(13)对空气制动系统按检修规范进行检修。

3. 电气系统

1)每工作 50 h 的检查保养

(1)清除电气箱内的灰尘及其他杂物,检查箱内干燥粉袋是否完好。

(2)检查各电气控制箱内的所有电器元件、电路板插装是否牢固,各接线端子板上线头连接有无松动,各接线线号是否完整、接触良好。

(3)检查各继电器插接是否牢固,引出线与插座的连接不得松动,各触点应保持接触良好。继电器接头无烧伤或发黑等现象。对于触点间通过电流较大的继电器须作重点检查,凡动作不良、工作不可靠的继电器应更换。

(4)检查各感应开关、行程开关、闸刀开关安装是否牢固,位置是否正确,工作是否可靠。

(5)检查前后大灯、标志灯、制动灯、照明灯、警示灯等应安装牢固,无松动、脱落现象。调整大灯的焦距,更换损坏的照明灯、指示灯、制动灯、标志灯等。

(6)检查各控制箱面板上的控制开关或按钮动作是否灵活,扭动或弹跳是否自如,接触是否良好,导线与开关接头的连接有无松动。各开关、按钮的功能应与面板标示相符。

(7)检查各电磁阀插头有无松动现象。电磁阀通电时,其阀上指示灯应有指示,相对应的电磁阀有相应动作,并且阀芯动作灵活、可靠。更换电磁阀时要注意接线的正负极。

(8)检查蓄电池的电解液液面高度和相对密度是否正常,保养蓄电池各接线端子。

①电解液液面应高出极板 10~15 mm。高度降低时应及时添加蒸馏水,若液面降低是电解液溢出引起,可加入电解液进行补充。

②用密度计测量各单节电解液相对密度,参考值,见图 4-1。

③各极板螺栓应紧固,接线柱应完好,接线牢固,接触可靠,其表面有氧化物时应及时清除。

2)每工作 200 h 的检查保养

(1)检查各传感器、压力开关、电子摆等固定是否牢固,工作是否正常。

(2)保养各电气箱接地线、车体接地线汇线排、车体各部之间接地连接线。接地线应接触良好，表面无氧化物。

（3）清除各感应开关、行程开关表面油污，检查各开关动作是否正确，并且按需要进行调整。

（4）用酒精清洗各继电器触点。

3）每工作 400 h 的检查保养

（1）检查并调整各位移传感器、电子摆的输出值。

检查并校正各位移传感器、电子摆上所对应的机械与电气零点，输出值增益比例。

（2）检查各压力开关、压力传感器、温度传感器安装是否牢固，调定的参数是否满足相应技术条件的要求。

（3）检查并校正各显示仪表的零点。

（4）检查并校正各电路板的电气参数。

（5）更换绝缘不良的导线。

（6）更换或修理工作不良的电路板。

（7）检查并调整电气系统的主要参数。

4. 液压系统

1）每工作 50 h 的检查保养

（1）检查各种软管、接头有无泄漏及外表磨损情况。油管及接头有泄漏时，重新加固管接头或更换油管、接头。各软管磨损部位要进行防护和包扎，软管老化、龟裂、磨损严重（露出金属网）时要及时更换。

（2）检查吸油和回油滤清器工作是否正常。当指示表针指示在红区时，要及时清洗滤芯。当滤清器的报警灯亮及报警蜂鸣器响时，要及时更换滤芯。

（3）检查各油泵、油马达工作状态是否良好，运转时有无异响，壳体温度是否超过技术要求所规定的值。液压泵或液压马达的壳体出现裂纹时应及时更换，泄漏时应更换相关密封件。

（4）检查各种压力阀、方向阀的安装及连接是否牢固，液压电磁阀与电路的连接线有无损伤，电器部分与阀体结合是否可靠，并清除表面油污。

（5）检查液压油箱的油位，不足时补充。

（6）清洁液压油散热器的外部，检查散热器安装是否牢固，不牢固时应进行紧固。发现泄漏时，应及时焊补修复或更换。温度控制阀作用应正常，运用中不得随便调节温度控制阀的调节螺钉。

2）每工作 200 h 的检查保养

（1）检查蓄能器内的氮气压力，不足时进行补充。

（2）检查各液压回路的压力。当压力调定值发生变化时重新进行标定，并拧紧压力控制阀中压力调整螺栓的锁定螺母。

(3)检查各换向阀的动作状况,必要时进行部分解体清洗。

(4)检查液压油缸的工作状态,油缸两端的连接销和开口销等是否有缺损。对各液压油缸和活塞杆有轻微拉伤、划伤时要用细油石、金相砂纸等进行修理,对于拉伤、划伤严重的要及时更换。当油缸缸体有裂纹、活塞杆弯曲变形、活塞杆与活塞连接松动及油缸泄漏时要及时加修或更换。

(5)检查管路的管卡安装是否牢固、有无缺损。紧固不牢固的,将缺损的补齐。

(6)检查液压油温是否超过规定值。液压系统工作油温一般应在30~80 ℃,在满负荷工作状态下,液压油箱工作温度不得超过80 ℃,静液压泵及马达温度不得超过90 ℃。

3)每工作400 h的检查保养

(1)放空液压油箱内的液压油,取样化验液压油的污染程度和理化性能指标,更换不符合条件的液压油。

(2)彻底清洗液压油箱,清洗或更换回油滤清器和吸油滤清器。

(3)更换动作不良的各种压力阀、换向阀。阀泄漏时更换相应的密封件。

(4)对油泵进行流量、压力的测量。

5. 气动系统

1)每工作50 h的检查保养

(1)检查各橡胶管路是否正常。橡胶软管损伤、老化、龟裂、磨耗严重时应予以更换。

(2)检查各气锁、雨刷等装置是否工作正常。

(3)检查油雾器的油量,不足时补充。

2)每工作200 h的检查保养

(1)检查各气动控制阀与阀座的螺钉是否紧固良好,缸体尾部、活塞杆端部的连接销和开口销应完整无缺。

(2)检查各管路的管卡、管接头卡箍等是否完好,不松动。

(3)检查各气动操纵手柄、开关、按钮工作是否正常。

3)每工作400 h的检查保养

(1)检查各气动电磁阀与电路的连线有无损伤,电器部分与阀体接合是否牢靠,信号灯指示是否正常。

(2)检查各控制阀座、各风缸铰接座是否焊接牢固,对需要处理的地方进行焊补修复。

(3)检查各气动阀与阀座密封是否良好,必要时需要更换密封件。

6. 工作装置

1)捣固车捣固装置

(1)每工作50 h的检查保养。

①检查偏心轴的转动有无异常。

②检查捣固头升降油缸及活塞杆连接处有无异常。

③检查深度传感器弦绳有无毛刺、回弹力是否正常。

④清洁捣固装置导向杆。

⑤检查夹持油缸的油管有无磨损,接头处有无泄漏。

⑥紧固夹持油缸端盖螺钉、升降油缸的铰接螺杆和导向柱的固定螺钉。

(2) 每工作 200 h 的检查保养。

①更换偏心轴轴承箱内的润滑油,并观察油内有无金属颗粒。

②检查捣固镐夹持宽度及捣固深度。

③检查各夹持油缸、油管、接头有无泄漏,各液压管有无磨损。

(3) 每工作 400 h 的检查保养。

①分解捣固装置,检查各销轴和铜套的磨损情况,更换磨损超限的销轴及铜套。

②对夹持油缸、升降油缸进行密封性能试验,试验压力为 21 MPa,更换失效的密封组件。

③检查偏心轴上各轴承的状态。

④更换失效的导向柱密封件。

⑤更换磨损的液压油管、气管。

2) 捣固车起拨道装置及检测机构

(1) 每工作 50 h 的检查保养。

①向拨道滚轮加注润滑油脂。

②向起道、拨道油缸的安装及连接销轴处加注润滑油脂。

③向夹钳轮的悬挂销轴和中心销轴处加注润滑油脂。

④向 R、M、F 三点探测杆导向套和下端的滑动触点处加注润滑油,并清洁小车工作平台。

⑤向起拨道机构的导向柱加注润滑油脂(DC-32 型、DCL-32 型捣固车)。

⑥向起拨道钩导向套、起拨道纵向移动导向套内加注润滑油脂(D08-475 型捣固车)。

(2) 每工作 200 h 的检查保养。

①对轨道方向、高低和左右水平检测系统进行标定,使其达到规定的检测精度。

②向各小车的提升风缸、加载风缸、弦线张紧风缸的销轴处加润滑油。

③检查各处保险绳的锁定机构是否可靠。

(3) 每工作 400 h 的检查保养。

①检查各小车车轮的磨损情况,对超限的小车车轮进行旋修或更换。

②检测各风缸的密封状态,向单作用风缸的弹簧腔加注润滑油。对脏污严重,动作不灵活的风缸要进行分解和清洗,并更换失效的密封件。

③检修抄平传感器、正矢传感器、电子摆。

④检查前端计算机系统。

⑤检修记录仪。
⑥对夹轨油缸进行耐压密封试验,更换失效的密封件。
⑦更换磨损超限的夹钳滚轮和拨道轮。
⑧全面校正检测系统,标定检测精度。

3)清筛机工作装置

(1)每工作 50 h 的检查保养。

①检查挖掘链驱动油马达的紧固螺钉有无松动。
②检查振动筛的斗门动作是否正常。
③检查导槽上的导向滚轮,并加注润滑油脂。
④检查输送带的张紧状态是否符合要求。
⑤检查挖掘链轮的磨损情况。
⑥检查挖掘链轮减速箱的油位。
⑦检查导槽耐磨板的磨损情况和螺钉的紧固状态。
⑧检查枕下石砟刮板的工作状态。

(2)每工作 200 h 的检查保养。

①向所有可以加注润滑油脂的铰接处加注润滑油脂。
②清洗振动筛振动轴箱上的空气过滤器。
③按要求向离合器轴承加注润滑油脂,并调整离合器间隙。

(3)每工作 400 h 的检查保养。

①向所有轴承加注润滑油脂。
②向各销轴处加注润滑油脂。
③更换挖掘链轮减速箱内的润滑油。
④更换振动筛振动轴箱内的润滑油。
⑤向清砟输送带的转动盘加注润滑油脂。
⑥检修输送带的托架滚轮。
⑦检修振动筛网。
⑧按要求保养主齿轮箱、挖掘链轮减速箱和振动轴箱上的通气器。
⑨向输送带驱动油马达轴承加注润滑油脂。
⑩更换污土回转输送带减速箱的润滑油。

4)动力稳定车稳定装置

(1)每工作 50 h 的检查保养。

①向激振器的传动轴万向接头处加注润滑油脂。
②向夹轨钳和走行轮加注润滑油脂。

③向夹轨钳和夹轨油缸的销轴处加注润滑油。

④向横移轮导向套加注润滑油。

⑤检查拉杆的松紧度，使各拉杆受力一致。

⑥检查鼓形橡胶减振器的状态。

⑦检查锁定机械的可靠性。

⑧检查激振器箱内的油位。

(2) 每工作 200 h 的检查保养。

①更换激振箱内的润滑油。

②检查夹轨轮的磨损情况。

③检查并校正激振器的振动频率和动力稳定车的走行速度显示仪。

(3) 每工作 400 h 的检查保养。

①解除夹轨轮，清洗并检查轴承，焊修或更换磨损超限的夹轨轮。

②更换走行小车车轮轴承的润滑油脂。

③更换失效的鼓形橡胶减振器。

④检测激振器油马达的转速。

⑤清洗激振器油箱，更换润滑油。

5) 配砟整形车工作装置

(1) 每工作 50 h 的检查保养。

①润滑中犁、侧犁、清扫装置等有相对运动的零部件。

②调整清扫装置输送带的初张力。

③调整滚刷上磨损的"扫帚苗"。

④调整安全锁紧装置，保证其正常工作。

(2) 每工作 200 h 的检查保养。

①检查中犁、侧犁、翼犁等易耗件的磨损情况。

②检查清扫装置输送带的磨损情况。

③检查清扫装置滚刷上"扫帚苗"的磨损情况。

④检查各锁定机构是否可靠。

(3) 每工作 400 h 的检查保养。

焊修或更换损坏的犁板。

6) 钢轨打磨车工作装置

(1) 每工作 50 h 的检查保养。

①检查气动控制系统，排净油水分离器的积油和积水。

②检查打磨小车车轮的磨损程度。

③检查电机轴承的状态,并加注润滑油脂。

④检查应急手摇泵的工作是否正常。

⑤检查测量小车各工作风缸的工作情况,各管接头的连接是否紧固。

(2)每工作 200 h 的检查保养。

①检查气动控制系统各部的连接状态及各控制阀的功能是否正常。

②更换磨损超限的打磨小车车轮。

③向打磨框架轴心轴承加注润滑油脂,更换有故障的打磨电机或液压马达。

④更换烧损严重的挡火板。

⑤检查打磨小车及挡火板的自动及手动提起动作是否正常。

⑥检查灭火吸水管的安装及功能是否正常。

⑦检查调整砂轮的卡装紧固装置。

(3)每工作 400 h 的检查保养。

①更换状态不良的打磨电机轴承。

②清洗水箱,检查加热器的功能,更换不良的水路过滤器。

③检查气动控制系统的功能是否正常,更换泄漏超限的控制阀的密封件。

④更换不良的打磨电机或液压马达。

三、针对性保养

针对性保养就是除日常保养和定期保养外,根据机械的技术状况和使用情况而采取的针对性较强的保养。针对保养包括机械停放保养、工地转移保养、磨合保养和封存保养。

1. 机械停放保养

机械停放不使用超过 1 周时,每周应进行检查保养,其保养内容如下:

(1)完成检查保养的全部工作。

(2)启动发动机运转 15～20 min。

(3)使各工作装置在作业工况下进行空载运转,使各摩擦零部件表面形成一定的油膜。

2. 工地转移保养

1)工地转移前的保养

为了保证行车安全,在工地转移前对机械进行全面的检查保养,其保养内容如下:

(1)对动力传动及走行制动系统按每工作 50 h 的检查保养内容进行 1 次保养。

(2)检查制动闸瓦,调整闸瓦间隙。

(3)进行单机制动和连挂制动试风试闸。

(4)对各工作装置和测量小车的锁定进行加固。

(5)检查并补足各车轴齿轮箱、分动箱、过桥传动轴箱的油位。

2)工地转移后的检查保养

到达新工地后,在机械开始工作前,必须再次进行保养,其保养内容如下:

(1)解除各工作装置和测量小车的加固措施。

(2)对测量系统的检测精度进行检查,必要时进行校正。

(3)根据作业线路的钢轨类型调整夹轨钳滚轮与钢轨之间的距离。

3. 磨合保养

新机械或是大修后的机械,其使用寿命与工作性能在很大程度上取决于初期磨合的质量,因此必须注意机械在磨合期的保养,机械磨合期一般定为 50 h(发动机的磨合期为 200 h)。磨合期的保养内容如下:

(1)发动机启动后转速不能过高或过低,应维持怠速运转 10 min 以上。待发动机温度上升后,才允许带负荷运转或是起步行驶,所带负荷不得超过额定负荷的 75%~80%。

(2)在磨合期,应经常注意检查各部件连接有无松动,传动部件的润滑及运转情况是否正常,发现异常应随时加以紧固或调整。

(3)磨合期满必须更换机油、机油滤清器,清洗液压油回油滤清器,更换吸油滤清器和高压滤清器。

4. 封存保养

封存保养是机械在封存期内的保养。封存保养每月 1 次,保养内容与机械停放保养的内容相同。

除上述各类保养外,对关系到行车安全的部件,如轮对、车钩缓冲装置、转向架和制动机等属于 A 类的总成,还应按铁路车辆检修周期和修理的相关要求进行强制计划性维修。如每六个月进行 1 次辅修和轴检,每两年进行 1 次段修,每八年进行 1 次厂修等。对于 C 类总成,如测量小车、空调机等,往往采用临时维修的方式。

项目十三 常见故障与排除

任务 1　捣固车作业系统常见故障与排除

常用检查方法

一、没有作业走行

(1)检查 2d1 是否损坏。

(2)检查走行电磁阀是否损坏。

(3)检查程控信号 QL30、QL31 是否产生。

二、两侧无起道动作和单侧无起道动作

(1)检查起道电源板 EK-813 是否有电源电压。

(2)检查测量小车是否到位,是否处于正确的工作状态。

(3)检查伺服阀及其滤芯是否被堵塞或污染。

(4)检查抄平传感器是否损坏。

(5)检查 Q06、Q07 信号是否正常。

(6)检查左右抄平模拟控制板 EK-2041LV 和 EK-2042LV 是否正常。

三、无拨道动作

(1)检查拨道电源板 EK-813 是否有电源电压。

(2)检查正矢传感器、测量传感器(1f01、1f02)是否正常。

(3)检查拨道控制板 EK-2106LV 是否正常。

(4)检查 Q1A 信号是否正常。

四、捣固装置不下插或下插后不提起

(1)检查捣固电源板 EK-813 是否有电源电压。

(2)检查深度传感器(1f14、1f15)是否正常。

(3)检查捣固控制板 EK-16V 是否正常。

(4)检查上位 X13、X14 信号或下位 X17、X18 信号是否正常。

五、横向水平精度差

(1)检查电子摆(1f07)的支架以及连杆是否松动(包括电子摆)。
(2)检查调零电位计(7f11、7f12)、手柄电位计(1f08、1f18)的阻值变化率是否良好。

六、各工作装置及测量小车动作不正常

一般情况为功率板上继电器或保险故障。

▶ 任务 2　清筛机作业系统常见故障与排除

一、动力传动系统常见故障与排除

1. 主离合器

主离合器在使用中,常见的故障有打滑、分离不彻底、踏板沉重及有不正常响声等。

1)离合器打滑

离合器打滑现象表现为:机器起步困难;发动机转速增高时,车速不能随之提高;工作装置动力不足。离合器严重打滑时,有烧焦的臭味产生。

造成离合器打滑的原因可能是:离合器压紧力下降;摩擦面状况发生变化,使摩擦系数降低。影响主离合器压紧力降低的主要因素是:压紧弹簧弹性下降;摩擦片及压盘磨损严重,使压紧弹簧伸长过多。影响摩擦系数降低的主要因素是:摩擦表面沾有油污;摩擦片硬化或严重烧蚀;摩擦片磨损严重时,铆钉外露。摩擦片被油玷污,应查明油污来源。当摩擦片油污不严重时,可用汽油洗净,并用压缩空气吹干。若摩擦片表面硬化、严重烧蚀及铆钉外露时,应及时更换。若压紧弹簧弹性下降或折断,应及时更换。

2)主离合器分离不彻底

主离合器分离不彻底表现为半离半合状态,其原因可能是:分离杠杆高度不一致;从动盘翘曲不平;新铆的摩擦片过厚;中间压盘分离机构失调或分离弹簧折断。

排除主离合器分离不彻底的方法有:调整分离杠杆高度及中间压盘分离机构间隙;校正从动盘不平,摩擦片过厚时,应进行修磨,也可在离合器盖与飞轮之间加适当厚度的垫片进行调整。

3)主离合器踏板沉重

在这种气助液动的操纵机构中,踏板沉重表明助力系统工作不良,其原因可能是:气压不足或管路漏气;气压作用缸活塞密封圈磨损;排气阀密封不严;随动控制失调。这些故障应在机器维护中排除。

4)主离合器有不正常响声

此类故障一般多属于长期使用后,零件磨损或损坏所致,如:分离杠杆销轴、滚针轴承及轴

承座松旷;压盘或中间压盘凸耳与飞轮导向槽配合间隙过大;从动盘毂与从动轴花键磨损等。

发现主离合器有不正常的响声,一般应拆卸,进行检查与修理。

2. 万向传动装置

万向传动装置在工作中承受着巨大的扭矩和动负荷,长期使用后,零件会发生磨损,配合间隙增大。此外,轴管弯曲、凹陷,会造成万向传动装置发响和抖震。

1)万向节异响

万向节异响在车速变化时尤为明显,造成这种故障的原因主要是万向十字轴、滚针轴承严重磨损松旷或滚针断碎。排除故障的办法就是更换轴承。严格按照使用维护规程加注润滑油脂,可有效地防止此类故障的发生。

2)花键松旷的异响

传动轴花键松旷也会产生异响,特别在油门急剧变化的瞬间,响声尤为严重。因此,在维护保养时,应注重润滑以减轻键槽磨损,并保证传动轴的自由伸缩。

3)传动轴的抖震

(1)传动轴不平衡在旋转时由于离心力的作用会产生抖震,严重时会使传动轴零件迅速损坏,影响分动齿轮箱的正常工作。根据传动轴的构造特点,在使用与维修过程中,应注意保持轴的平衡条件,如:消除轴的变形;拆装滑动轴时作记号;检查动平衡片防止脱落;修复十字轴轴承等。

(2)弹性联轴器失效也会引起传动轴的抖震。

3. 齿轮传动箱

清筛机上的齿轮传动箱有分动齿轮箱、车轴齿轮箱、挖掘齿轮减速箱和输送带齿轮减速箱等,它们在构造与工作原理方面基本相同,在使用维修中,产生的故障、故障原因和排除方法也相类似。齿轮传动箱在使用过程中,由于零件磨损和变形,造成零件配合失常,从而引起一系列故障。

1)不正常响声

齿轮传动箱的不正常响声主要是由轴承磨损松旷和齿轮间不正常啮合而引起的。

(1)轴承响声。轴承响声是一种杂乱的连续噪声。传动箱轴承经常在高速、重载条件下工作,并承受很大的交变负荷。因此,滚动体与滚道会发生磨损、疲劳剥落、烧蚀等现象,轴承的轴向与径向间隙增加,使滚动体与滚道之间发生撞击而发出噪声。轴承外座圈与轴承座孔磨损松旷也会产生不正常响声。为此,应检查轴承,若有损坏,应予以更换,并重新调整轴承紧度。

(2)齿轮响声。齿轮正常的啮合间隙和啮合印痕被破坏,是引起齿轮不正常响声的主要原因。如果响声不严重,可继续使用;严重时,可拆开传动箱盖进行检查。若是出现啮合间隙超过极限、齿轮折断等问题,应予以更换。

2)润滑与漏泄

齿轮传动箱都设有润滑系统,其形式有飞溅式和强制式等。清筛机上齿轮传动箱一般都以强制式为主,飞溅式为辅,例如分动箱在外部带有润滑油泵,车轴齿轮箱在内部的第三根轴上安装有柱塞式凸轮油泵。

润滑系统的故障表现在系统的压力高低上,系统压力过高会发生窜油现象,其原因是输油管路堵塞、不畅,此时必须进行清洗,系统压力过低会引起齿轮、轴、轴承发热,其原因是多方面的,主要有:凸轮柱塞泵的柱塞卡死,油泵不能工作;系统中单向阀过度磨损,泄漏严重;吸油滤网堵塞,吸不上油;润滑油不足。

各种齿轮传动箱都设有明显的润滑油位标记,因此要经常检查油量,缺少时应及时补充。油面变高时,可能是由于固定在齿轮箱上的泵、马达、挂挡油缸泄漏造成的,这时应仔细排查。另外,对齿轮传动箱上的通气孔也应定期检查、清洗,否则通气孔滤网堵塞,会造成密封装置的漏油。

3)分动齿轮箱支座的松动

分动齿轮箱靠支座用螺栓和减振装置固定在机架上。长期工作后,螺栓会松动,橡胶减振装置会老化。因此,需要定期地检查与更换。

4)车轴齿轮箱液压自动换挡离合器故障

车轴齿轮箱内"AG""FG"型自动换挡离合器是靠液压操纵控制的,配油环装在车轴齿轮箱的第二根轴上。配油环磨损会造成高、低挡控制油路相互连通,从而使换挡离合器失灵。排除方法是更换磨损的配油环,密封高、低挡的控制油路。"AG""FG"换挡离合器是液压多片式离合器,当离合器主、被动摩擦片磨损后,会自动压紧补偿,不需要调整。但是,在每年的检修中,应检查摩擦片的磨耗情况,根据要求更换磨损过度的摩擦片。

二、工作装置常见故障与排除

1. 挖掘装置

挖掘装置的主要故障是磨损和异常响声。

1)挖掘链的故障与处理

挖掘链由扒板、中间链节、链销轴、扒指及紧固连接件组成。由于挖掘链直接与道砟作用,因此挖掘链各零件磨损十分严重,特别是扒指、扒板、链销轴等。另外,由于长期磨耗也会出现卡链、断链等故障。

(1)扒指磨损。扒指是挖掘、输送道砟的主要零件之一,磨损磨耗最快。在正常作业情况下,只要扒指磨掉全长的2/3就应更换新扒指。另外,安装在扒板上的抓指不应丢失、折断,一经发现必须及时补充、更换,特别是扒板下部的抓指,工作中不能缺少。扒指安装后应能在扒板轴孔中自由转动,这样既可减少挖掘阻力,又可使扒指表面磨耗均匀。

(2)卡链。卡链是挖掘装置工作中突然出现的故障,其原因可能是:下降导槽伸缩段上的螺栓松动;链节固定销脱落卡住;紧固螺栓松动上窜将链卡住。卡链后应立即停止挖掘,找出卡链的原因,进行紧固或更换失效零件。

(3)断链。挖掘链长期工作后,链销轴在扒板和中间链节的销孔中被磨细,整条挖掘链也会松弛。挖掘链的松紧程度在链正常情况下除靠张紧油缸调整外,过度松弛必须摘掉链节来调整。通常的做法是:一套新的挖掘链一般允许采用3次摘掉链节的方法来调整松弛程度。换句话说,一套新的挖掘链通过使用,在摘掉3个链节后,再松弛就应更换全套新挖掘链。

断链就是链销轴磨细后,承载能力降低,突然承受尖锋载荷时被拉断的现象。出现这种情况,要及时查明原因,进行处理。

(4)扒板或链节出现裂纹。扒板和链节受力复杂,在工作中会出现裂纹,经检查发现后应及时采取修复补焊的措施,否则会造成事故。扒板修复后,应防止变形,保证5个扒指位置与间距正确。

2)角滚轮的故障与处理

5个角滚轮支承着挖掘链的运动,由于它们工作载荷大,特别是2个下角滚轮工作条件恶劣,所以磨损极为严重。应经常检查滚轮体、轴承、轴及密封件的磨损情况,如有损伤必须立即停车给予修复或更换。

角滚轮的安装应正确,否则会产生断轴事故。

3)导槽的故障与处理

提升导槽、下降导槽与水平导槽内设有磨耗板,一般通过每年1次的检修进行检查与更换。但在作业中,对磨损严重的部位,如水平导槽上的拱形耐磨板、左右弯角导槽等,应注重检查,磨损或变形后要及时更换或修复。对导槽的其他部分,在平时的检查中一旦发现问题就要及时处理。

4)挖掘链轮的故障与处理

链轮在与挖掘链啮合的过程中传递动力,驱动挖掘链工作,链齿逐渐被磨薄、磨尖。挖掘装置长时间作业后,链齿的强度、刚度下降,当挖掘链遇到尖锋载荷时,有可能将链齿打断。为避免这种故障,一般在每年1次的检修中,根据链轮磨损的情况,进行修复或更换。

5)异常响声的故障与处理

为减少噪声和污染,挖掘装置的提升与下降导槽在设计时,采用底板与磨耗板间加橡胶垫板的结构。因此,挖掘装置在一般情况下,作业时产生的噪声符合有关规定。异常响声是指非正常的响声,其产生的原因主要有以下几点:

(1)挖掘链与导槽间有脱落的零件或物品,如:导槽上紧固件松动、脱落;挖掘链的固定销、螺栓松动、窜动等。因此,日常检查保养时,应注意连接零件的紧固情况,发现松动应采取措施,拧紧防松。

(2)润滑不良。挖掘装置工作条件较差,需要按规定进行润滑。

(3)角滚轮的破损。角滚轮受力情况复杂,表面容易产生缺陷甚至破损、断轴。因此,在角滚轮处发生不正常响声时要及时处理。

(4)挖掘链与链轮啮合不正确。挖掘链被拉长后如调整不当,在与链轮啮合的过程中会发出周期性的不正常响声。

6)其他部件的故障与处理

张紧油缸导柱、支承套、拢板、伸缩导槽、道砟导流闸板及导槽支承座等部件,在每年1次的检修中,都应检查、修复,尽量避免在工地上出现故障。

2.振动筛

1)筛分质量不佳的原因与排除

筛分质量不佳表现在回填的道砟不清洁,其原因主要有以下几点:

(1)筛孔堵塞。如果筛机投料过多,特别是筛面上料层过厚,则筛机负荷过重,污土通过筛网时,不能充分被抛起落入筛孔中,甚至将筛孔堵塞。因此要减轻筛机负荷,减小筛机的投料量,并及时清理筛面。

(2)筛机给料不均匀。筛机工作必须保持水平位置,特别在曲线作业地段应随时调节筛机的调平装置,检查导板的磨损情况,还需调节挖掘装置的道导流闸板投料的位置。

(3)筛网拉得不紧。筛网拉得不紧或松动时,振动效果差、筛分效率低。排除方法是张紧筛网紧固装置。

(4)筛网严重磨损出现孔洞。此时,要及时更换筛网。

2)正常作业时筛机振动频率减慢、轴承发热的原因与排除

造成正常作业时筛机振动频率减慢,轴承发热原因主要有以下几点:

(1)轴承缺少润滑油。应检查润滑油位及润滑液压系统工作状况。

(2)轴承阻涩。应清洗轴承、检查注油系统或更换密封元件。

(3)加入的润滑油牌号不对。此时,应清洗相关装置后,再加入适当的润滑油。

(4)轴承损坏或安装不良、密封圈被卡住。在这种情况下,应更换轴承,调整密封套达到正常的间隙。

3)筛机在工作时发出敲击声的原因与排除

筛机在工作时发出敲击声的原因主要有以下几点:

(1)轴承损坏。

(2)筛网拉得不紧或筛面固定得不牢。

(3)轴承固定螺栓松动。

(4)减振弹簧断裂或损坏。

检查出敲击声的原因后,对于损坏零部件给予更换,对于松动件要紧固,并检查防松措施,消除故障。

3. 带式输送机

1)胶带跑偏的调整

胶带跑偏是带式输送机经常遇到的问题,对于托辊槽角为30°的输送带跑偏的原因及处理方法如下:

(1)整条输送带安装中心线不直。此时需重新调整输送带安装中心线。

(2)胶带本身弯曲不直或接头不直。排除方法是将胶带修直或在接头处切正、切齐重新胶合。

(3)滚筒中心线同胶带机架中心线不垂直。这种情况主要是机架安装不正引起的,必须重新组装机架。装配时,应保证驱动滚筒与改向滚筒轴线间的平行度。

调整胶带在滚筒上的跑偏也可以改变滚筒轴承座的位置,调整方法是:哪边跑偏就收紧那边的轴承座,这样使胶带跑偏的那边拉力加大,向拉力小的一边移动。

(4)托辊组轴线同输送带中心线不垂直。调整方法是:输送带往哪边跑偏,就把那边托辊向输送带前进方向移动,一般移动几个托辊组就能纠正过来。

(5)滚筒不水平。如果滚筒安装超差,应停机调平;如果滚筒制造外径不一致,则需重新加工滚筒外圆。

(6)滚筒表面黏附物料。滚筒表面黏附物料,会使滚筒变成圆锥体,此时胶带就会跑偏。特别是输送湿度大的污砟时,如果输送带尾部密封不良时,污土容易落入空载的胶带而黏附于滚筒上。因此,必须经常检查清扫器工作情况,必要时进行人工清扫。

(7)输送带一加负载就跑偏。这种情况一般由于投料点不在输送带中间,应改动投料处挡板的位置。

(8)机架两侧高低不平使输送带不水平,运行时输送带向负荷轻的一边移动,导致跑偏。此时,应校正机架或将托辊组加垫调平。

(9)输送带无载时发生空车跑偏,而加载后得到纠正。这种现象一般是初张力过大,应进行适当的调整。

2)带式输送机零部件故障与排除

(1)胶带。胶带常见故障是撕裂,撕裂后应及时修复或更换。胶带接头采取硫化黏接,不允许打卡子。

(2)带有胶面的驱动滚筒。当胶面脱落松动后会产生打滑现象,必须更换。

(3)带橡胶圈式缓冲的托辊。当托辊橡胶圈脱落松动后会产生打滑现象,必须修复或更换。

(4)托辊。应保持各种托辊每个都转动灵活,托辊的轴承损坏、密封破坏时,都应及时更换或修复。

(5)拉紧装置。带式输送机采用螺旋式拉紧装置,应经常检查是否需要加注润滑脂,防止锈死起不到调整作用。

(6)清扫器。清扫器刮板调整应适度,过紧时会造成胶带严重磨损,过松时与胶带不能紧密接触,起不到清扫作用。刮板尖要平直并修成锐角,防止对胶带表面的刮伤。

3)回转污土输送带前支架液压支撑系统故障与排除

回转污土输送带前支架靠液压系统的油缸支撑,伸向机器前方,保持工作状态。此时,油缸管路在液压锁的控制下闭锁。如果液压锁失控,即磨损后漏泄,则回转污土输送带在工作中会产生前支架的低头现象,这是不允许的。处理方法是维修或更换液压锁,保证回转污土输送带正常工作。

4. 起、拨道装置

起、拨道装置要承受巨大的起道力与拨道力。因此,它的主要故障是由机架变形引起的卡滞、焊缝开裂,以及夹持滚轮、拨道滚轮的磨损与破坏。

1)机架的故障与排除

起、拨道装置在作业前和维护中应检查各个动作的运动情况,主要包括以下内容:

(1)起道油缸上下动作时,机架与支架间运动情况及结构件的焊接情况。

(2)拨道油缸左右运动时,中心架与导梁之间运动情况及结构件的连接情况。

(3)夹钳装置的上下调整、夹持动作及滚轮自由转动的情况。

(4)后拨道装置气缸升降时,机构运动情况和保险机构的运动情况。

检查时要求:各部件动作灵活、平顺;机架、支架的结构件无明显变形,相互运动时无卡滞现象;机架等构件无裂纹;滚轮转动自由,滚轮表面无裂纹、无损伤剥落;整个起、拨道装置无漏泄。检查中发现问题应及时处理,消除事故隐患后再行作业。

2)滚轮的故障与排除

起道夹持滚轮和拨道滚轮在作业时,直接与钢轨接触,它们在滚动中传递提升力或拨道力,滚轮表面受力复杂。滚轮除正常磨损外,还可能产生局部损伤,甚至崩裂剥落。

检查时要求:滚轮表面与轮缘不应有明显缺陷;滚轮转动自由;轴承密封处无漏泄现象。发现问题要及时处理,更换破损滚轮、轴承、油封等,维修后按规定加注润滑油。

3)限位、锁定及保险机构的故障与排除

限位、锁定及保险机构是保障机器作业和行车安全的重要机构。要防止和杜绝事故发生,决不能忽视它们的作用。对限位、锁定及保险机构,在作业前后必须按相关操作规程严格执行,平时应检查其运动部分的灵活程度及机构的可靠程度,有故障时应立即排除。

任务 3　动力稳定车作业系统常见故障与排除

一、没有作业走行

(1) 检查逻辑信号 Q2K 是否满足。

(2) 检查 1S237 插头上是否有电压。

(3) 检查 PA1 板是否损坏。

二、没有走行速度显示

检查走行速度传感器 1f40 是否损坏。

三、稳定装置不振动

(1) 检查逻辑信号 Q2J 是否满足。

(2) 检查 PA2 板是否损坏。

四、没有振频显示

(1) 检查振频传动软轴是否损坏。

(2) 检查振频传感器 1f10 是否损坏。

五、没有振幅显示

(1) 检查加速度传感器 1f5 是否损坏。

(2) 检查电荷放大器是否损坏。

六、稳定装置没有下压力

(1) 检查左、右抄平传感器是否损坏。

(2) 检查 PA1、PA2 板是否损坏。

七、各工作装置及测量小车动作不正常

一般情况为功率板上继电器或保险故障。

任务 4　配砟整形车作业系统常见故障与排除

一、中犁装置

中犁装置在作业时承受着很大的道砟阻力,因此,它的主要故障是由主架变形而引起的卡

滞和中犁、翼犁板的磨损与破坏。

1. 机架的变形与裂纹

中犁装置在作业前和检修保养时应检查各个动作的运动情况,主要包括以下内容:

(1)中犁升降油缸上下动作时,机架与主架之间的运动情况及结构件的焊接情况。

(2)中犁板上下动作时,中犁板与主架导向槽之间的运动情况及结构件的焊接情况。

检查时要求:各部件动作灵活、平顺;机架、主架的结构件无明显变形,相互运动时无卡滞现象;主架、中犁板无裂纹、变形;整个装置无漏泄。检查中发现问题应及时处理,消除事故隐患后再进行作业。

2. 中犁板和翼犁板的磨损

中犁板和翼犁板在作业时,直接与石砟接触,它们在工作中承受很大的石砟阻力,平时要注重检查,磨损和变形后要及时更换或修复。

3. 限位和锁定机构

限位和锁定机构是保障机器作业和行车安全的重要机构,要防止和杜绝事故发生,决不能忽视它们的作用。对限位和锁定机构,在作业前后必须按相关操作规程严格执行,平时检查其运动部分的灵活程度及机构的可靠程度,有故障时应立即排除。

二、侧犁装置

左、右侧犁装置在工作时主要承受道床石砟的阻力,它的主要故障有犁板变形、结构开焊和耐磨板的磨损与破坏。当这些结构出现问题后,有可能造成侧犁收不到位、主犁板磨损、翼犁和主侧犁连接不牢靠。因此,发现问题后应立即处理,该更换的立即更换,需要重新焊接的应回驻地后立即焊接,消除故障和事故隐患。

三、旋转滚刷

旋转滚刷的故障主要是双排滚子链的断链和三层麻线编织胶管的磨损问题。

滚子链长期工作后,链节之间的连接件会磨细或扣压部位松旷,其承载能力下降,当突然承受尖峰载荷时,就会出现断链现象,此时要立即查明原因,及时处理。

由于编织胶管是橡胶制品,在工作中时刻和石砟接触,造成磨损是必然的,因此要经常检查其磨损情况,及时调节或更换,使它们始终保持有效的工作长度。

四、输送带

输送带跑偏是经常遇到的问题,调整输送带跑偏的方法是:改变滚筒轴承座的位置,哪边跑偏就收紧那边的轴承座,这样使输送带跑偏的那边拉力加大,向拉力小的一边移动。如果输送带跑偏发生在空载时,这主要是输送带的初张力过大,应进行适当的调整。

任务 5　钢轨打磨车作业系统常见故障与排除

一、工作装置故障与处理

1. 打磨电动机不能启动

1）故障分析

打磨电动机启动控制较为复杂,为弱电控制强电。一般检测方法是从强电电路图的最末端入手,首先检测启动电动机是否正常,依次往上测量、检测热继电器、空气自动开关、接触器是否正常,若以上几项均无故障,则需要从弱电控制电路入手,检测启动继电器及可编程逻辑控制器(PLC)输出信号是否正常。此故障的常见原因为热继电器故障、空气自动开关跳闸、电动机发热烧毁等。

2）处理措施

定期检查各元器件,及时修理或更换。

2. 打磨电动机不下压或压力不稳定

1）故障分析

打磨电动机工作为风压控制,由于温度等因素极易造成漏风,导致不下压或者压力不稳定。另外,打磨电动机压力由导向阀、动作阀等控制,任何一个元器件损坏或者动作不灵敏都可能出现打磨压力不稳定或者不下压的问题。

2）处理措施

打磨作业条件恶劣、灰尘多,极容易出现阀芯阻滞、风缸漏风等问题,应该及时除尘或更换导向阀、执行阀。

3. 打磨电动机工作角度异常

1）故障分析

由于打磨电动机与底座为螺栓连接,有时会出现松动,导致角度不准,也可能是由于控制角度变化的电压转换器因发热等导致误差增大。

2）处理措施

加强车下底座连接检查或者定期更换电压转换器。

4. 打磨小车不下降或者升降困难

1）故障分析

打磨小车升降为液压控制,冬季气温低,液压油呈凝固态,可能出现打磨小车不下降。也可能是控制小车升降的换向阀或者液压油缸密封损坏等导致。

2)处理措施

工作前预热液压油,定期除尘和更换相应元器件。

二、走行系统常见故障与处理

钢轨打磨车的走行控制系统先进可靠、操作简单方便、速度控制精确,车体走行平稳。由于采用了液压走行,安装也非常简便,自身又具有保护的特点,还拥有一套完善的自检和显示装置,给维修、保养带来极大的方便,是一个较为完善的走行控制系统,如图4-1所示。

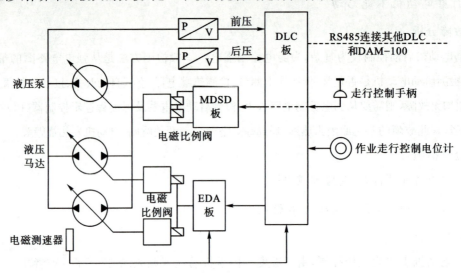

图4-1 走行系统单根轴驱动图

1. 走行系统出现故障,DAM-100检测板报警且主控制板DLC无显示

1)故障分析

主控制板DLC损坏。

2)处理措施

更换主控制板DLC,按规定重新调整跳线和开关的通断。

2. 输入走行速度命令以后,车辆始终以极慢的速度行驶

1)故障分析

走行系统由于某根轴出现故障,使整个走行系统处于被保护状态。

2)处理措施

(1)通过更换DLC板可判断是否是DLC板的故障。

(2)用油压表分别测量向前或向后的压力是否与压力传感器反馈的数值一致。如果差别很大,说明压力传感器损坏,更换压力传感器。

(3)在如图4-1所示回路中,电流表的读数为零,可判断是MDSD板或电磁比例阀损坏,更换MDSD板或电磁比例阀。

(4)在如图4-1所示回路中,当车辆静止时,液压马达的排量最大,相对应的电流表读数也最大,否则是电磁测速器或电磁比例阀损坏,更换电磁测速器或电磁比例阀。

(5)如果DAM-100检测板检测液压马达转速的电磁测速器的显示为零,可判断是电磁测速器损坏,更换电磁测速器。

任务6 柴油发动机常见故障与排除

一、柴油发动机电路故障

柴油发动机的常见故障有启动马达不转、停机电磁阀不动作、B13箱内的13Rel继电器损坏等情况。

二、处理办法

(1)拉拔发动机启动开关,启动马达不转,应由易到难检查以下各项:

①作业电源开关应在关闭位。

②脱开ZF变速箱挡位。

③B2箱紧急停机按钮应在弹起位。

④打开B13箱检查13e2保险不应跳起。

⑤更换13Rel继电器。

⑥启动电机故障,更换。

(2)拉拔发动机启动开关,启动马达转动,但柴油发动机不启动,此时,拉拔发动机启动开关至预热挡,听停机电磁阀是否有响声(要区别电磁风阀的响声),有响声则属于油路故障。

任务7 ZF变速箱控制常见故障与排除

一、无法前后走行

(1)主、辅驱动脱开信号不正确。

(2)总锁定指示信号不正确。

(3)压力开关(1b133)应在缓解制动情况下未断开。

(4)末级离合器未正确挂上。

二、在挂挡过程中出现发动机自动熄火现象

1b832感应开关的位置不正确,导致降弓过程中发动机转速下降过大。调整1b832感应开

关位置,使发动机转速保持在 1 300 r/min。

任务 8　电气系统常见故障与排除

一、蓄电池

蓄电池在使用中常见的故障有外部故障和内部故障。外部故障包括容器或盖子产生裂纹、封口胶破裂、接线松脱、接触不良和电桩腐蚀等,需要加强日常检查保养,及时给予修复;内部故障包括极板硫化、极板活性物质脱落、自行放电和极板短路等,应对极板进行除硫处理,更换极板或更换电解液。

装在车中的蓄电池常有蓄电不足现象,该故障主要是由于蓄电池使用时间过长,蓄电池容量变小,需要更换。除蓄电池本身故障外,还常有发电机故障、充电线路接头松动、锈蚀或电池搭铁线接触不良、电桩接头松动、用电线路中有搭铁处过度漏电等原因,使蓄电池供电不足。应检查到故障所在,并进行修复。

二、二极管

1. 二极管击穿

并联在线圈上的二极管击穿后,会形成较大的短路电流。在每条分支电路上都有自动开关和熔断器,较大的短路电流会引起自动开关跳闸和熔断器的熔丝烧断。这时除了检查有无电线与车架搭铁现象外,还需要用万用表电阻 $R\times 100$ 挡检查一下二极管的正反向电阻(断开线圈的接点)。

正向电阻在几百欧左右,越小越好;反向电阻在几十千欧以上,越大越好。如果测出的正反向电阻值都很小或很大,说明二极管损坏,应更换。

2. 二极管内部断路

并联在线圈上的二极管在内部断路后,故障现象不是特别明显。如果某个继电器断电时,触点火花比较大,而且触点使用寿命明显缩短,除了检查线圈和线路是否短路外,也可对二极管进行检查。对于串联电路的二极管在内部断路后,故障十分明显,会使某一电路断电,这时除了检查电线是否断路外,可对二极管进行检查。

三、继电器

1. 继电器不动作

直流电磁继电器和直流电磁阀通电后不动作,有以下原因:线圈引出线接触不良;线圈断线和衔铁卡住。当开关闭合后,继电器或电磁阀不动作,这时可用万用表直流 50 V 电压挡测量线圈出线两端。如果有直流 24 V 电压,则可判断是线圈故障。这时,可停车或在确保其他设备安全的情况下不停车,将继电器或电磁阀线圈脱离电源,用万用表电阻 R×1 挡检查线圈是否断路。

2. 继电器触点和线路故障

大型养路机械上所用的继电器数量比较多,这些继电器的触点在使用中会出现故障。同时,为了便于操作和监控,在每个司机室内都设立了各种开关和显示电路,敷设了大量的电线,这些电线在长期的使用中也会出现断线、断路等故障。对于这些问题,都可以通过电位法来排除故障。电位法是在大型养路机械线路通电的情况下,对故障进行查找的一种方法。

任务 9 液压系统常见故障与排除

一、液压泵噪声大、温升过高

(1) 空气进入液压泵引起噪声。应检查系统密封情况,排除空气。

(2) 液压泵零件磨损和松动引起噪声。此时需对液压泵进行检修。

(3) 油液质量差、污染严重、黏度过高或过低,都会使油温升高。应经常检查油液的质量,选用符合要求的液压油。

(4) 泄油管压扁或堵塞,引起液压泵温升过高。此时,应更换泄油管。

(5) 外界环境温度高,液压泵的温升也高。

二、液压马达回转无力或速度低

(1) 液压泵出口压力过低,造成液压马达回转无力。应检查溢流阀或液压泵本身是否出现故障,并有针对性地加以排除。

(2) 液压泵供油量不足,会引起液压马达输入功率不足,从而导致输出转矩较小。这时,应检查液压泵和供油情况,找出原因加以排除。

三、油缸动作过快或过慢

(1) 液压系统中有空气。

(2) 控制油缸动作的节流阀失效,需更换或维修。

四、溢流阀故障

1. 压力不稳定,压力过高或过低

(1) 调压手轮的锁紧螺母松动,使得压力出现变化,调完压力后需锁紧螺母。

(2) 锥阀与阀座接触不良。

(3)油液不清洁,阻尼孔堵塞,这时需要拆开清洗,并检查油质,必要时更换油液。

2.溢流阀振动或噪声过大

在高压大流量时,溢流阀振动和噪声更大,有时会发出刺耳的噪声。引起该故障的原因有以下几项:

(1)阀芯、阀体与孔配合间隙过大或几何形状误差太大,引起泄漏。

(2)压力弹簧变形,刚度变小,这时应更换弹簧。

(3)锁紧螺母松动。压力调节后,要拧紧螺栓。

(4)回油回路有空气或回油管路不通畅。

五、换向阀阀芯不动作或动作不到位

(1)滑阀卡住。由于滑阀与阀体配合间隙过小,阀芯在孔中容易卡住不能动作或动作不灵。这时应检查间隙情况,更换阀芯。

(2)阀芯(或阀体)碰伤,油液被污染。

(3)电磁铁故障。

①直流电磁铁,因滑阀卡住,铁芯吸不到底而烧毁。这时要清除故障,更换电磁铁。

②漏磁、吸力不足。查出漏磁原因,更换电磁铁。

(4)弹簧折断、漏装、太软,都不能使滑阀恢复中位,而引起换向阀不换向的故障。

(5)电磁换向阀的推杆磨损后长度不够或行程不对,使换向不灵或不到位。解决办法是加以修复或更换推杆。

六、液压系统油温过高

(1)油箱中液面太低,油液循环太快。

(2)冷却器表面脏污,造成散热不良,冷却能力下降。

任务 10 制动系统故障与排除

一、制动系统常见故障与排除

1.减压后不起制动作用

(1)列车管减压后,制动缸达不到规定压力,甚至不出闸。其主要原因是制动系统未充满风。因为初充风或紧急制动后的缓解再充风约需 1 min,而常用全制动后的缓解再充风约需 20 s。在检查制动系统是否充满风时,可将自动制动阀手柄置于运转位,如果列车管压力立即下降,则表明制动系统未充满风。

(2)自动制动阀操纵时,制动缸压力难以控制。制动缸的升压滞后于列车管的减压,当制动缸压力达到要求值时,再用自动制动阀保压是一种错误的操纵。因为列车管已经过量减压,制动缸的最终压力将超过要求值。正确的操纵方法是当列车管减压量达到要求值时,自动制动阀就予以保压,制动缸滞后一段时间后,就会达到规定的压力。

(3)紧急制动后,列车管充不上风。

①紧急放风阀没有复位。因为列车管泄压后,紧急放风阀要滞后30~40 s才能复位,应待放风阀关闭后再充风。

②紧急放风阀下方的柱塞阀传递杆卡住,致使柱塞阀不能复位,中继阀遮断阀管的总风不能排入大气,使中继阀的总风源仍被切断,无法向列车管充风。发生此故障时,应修理传递杆。

2. 制动后不缓解或缓解不良

(1)列车管减压后,用自动制动阀充风缓解,制动缸不缓解或缓解不到零。其主要原因是作用管未泄压。梭阀的切换作用使分配阀均衡活塞下侧的压入的空气无法排出或排不尽。处理方法如下:

①下压自动制动阀手柄,实施单独缓解,排出均衡活塞下侧的压入的空气。

②将单独制动阀手柄置于缓解位,随时排出不管任何原因积存在作用管内的空气。

③清洗梭阀阀体,清除锈蚀。

(2)附挂回送时,制动后缓解不良。长时间的制动保压或梭阀阀体锈蚀,使一部分空气经梭阀泄漏到作用管,导致缓解不良。处理方法如下:

①装上单独制动阀手柄并置于缓解位,使作用管不能积存大量空气。

②清洗梭阀阀体并清除锈蚀。

3. 自动制动阀控制失灵

(1)在多机重联作业编组换向操纵时,自动制动阀有时产生控制失灵的现象。被牵引作业车中继阀的列车管截断塞门没有关闭,中继阀的非正常动作影响了操纵端自动制动阀的正常操纵,致使全列车列车管的压力控制失灵。在操纵前,务必关闭被牵引作业车中继阀的列车管截断塞门。

(2)自动制动阀操纵时,均衡风缸不保压。这是因为空气制动阀作用柱塞漏泄,致使均衡风缸不保压。应更换作用柱塞的"O"形橡胶密封圈。

4. 调压阀排风不止

调压阀内部的溢流阀漏泄或进风阀口被脏物所垫,造成调压阀膜板室过压而顶开溢流阀,使调压阀排风口排风不止。发生此故障时,应研磨溢流阀的金属阀口并清洗进风阀口。

5. 中继阀排风不止

中继阀排风口排风不止是由于中继阀阀口被脏物所垫、阀口缺损或阀的挡圈折断所致。应清洗双阀口中继阀内的排风阀或更换排风阀相应的部件。

6. 分配阀故障

(1)分配阀不保压,制动缸的压力上升。这是因为节制阀或滑阀漏泄,均衡阀口的缺损或被脏物所垫,导致此故障。应拆检上述各阀。

(2)分配阀不保压,制动缸的压力下降。这是因为安全阀阀口或自动制动阀用于单缓的排风阀口被脏物所垫。应研磨安全阀的阀口或清洗排风阀。

(3)分配阀紧急制动后,制动缸的压力过高。造成的原因是安全阀的调定压力不稳定。应合理选配增压阀的总风供风和安全阀进风口缩堵的孔径,使之匹配。

(4)分配阀保压时,排风口排风不止。造成该故障的主要原因是:

①均衡阀口被脏物所垫或均衡阀的橡胶阀面不平整,致使总风向制动缸漏泄,过量的制动缸压力空气由制动缸排气口排出。

②作用管管系漏泄,使制动缸压力随之下降。

发生上述故障时,根据故障所处位置不同,应清洗均衡阀口,用细砂纸磨平均衡阀的橡胶阀面或处理作用管的漏泄处。

7. 向总风缸充风,作用阀排风口大量排风

1)故障分析

作用阀供气阀卡在制动位而空心阀杆离开供气阀,因而总风经供气阀口、空心阀杆和排气弯头排往大气。

2)处理措施

查清供气阀被卡住的原因,并予以消除或更换作用阀。

8. Ⅰ端自动制动阀置于运转位,Ⅱ端置于取出位,两端单独制动阀均置于运转位,均衡风缸、制动管压力正常,两端单独制动阀单级均不排风,工作风缸无压力

1)故障分析

(1)通往分配阀的制动管塞门处于关闭位。

(2)工作风缸充气止回阀充风限制堵被污物堵塞。

(3)单独缓解管堵塞,使压力表不显示工作风缸压力。

2)处理措施

(1)将分配阀的制动管塞门置于开通位。

(2)清除充气止回阀充风限制堵的污物。

(3)检查管路,更换被堵塞的管子。

9. 自动制动阀手柄置运转位,均衡风缸升压缓慢

1)故障分析

(1)自动制动阀调整阀供气阀口被污物堵塞。

(2)均衡风缸或其管路漏泄。

(3)总风缸管、均衡风缸管的通路过小。

2)处理措施

(1)清洗供气阀口,排出污物。

(2)检查管路,找出漏泄处所并加以消除。

(3)清除异物,保证管路通畅。

10.自动制动阀在运转位和制动区排风不止,制动管在制动区漏泄,制动缸压力缓慢上升

1)故障分析

紧急风缸、作用风缸内隔板焊缝裂漏,造成紧急风缸向作用风缸漏风,窜入的压力空气经作用风缸管及常用限压阀通路由主阀部位排气口排出。

2)处理措施

更换紧急风缸、作用风缸。

11.自动制动阀手柄从运转位移至制动区,均衡风缸排风缓慢或不排风

1)故障分析

(1)自动制动阀的调整阀压板螺母排气孔过小或有污物堵塞。

(2)调整阀的排气阀弹簧过软,致使排气阀打不开或开度过小。

(3)调整阀的供气阀漏泄,虽然排气阀打开,但供气阀不断供风,使均衡风缸排风缓慢甚至不排风。

2)处理措施

(1)清除调整阀压板螺母孔中污物,保证孔径为1.3 mm。

(2)更换调整阀的排气阀弹簧。

(3)找出供气阀漏泄原因并加以消除。

12.自动制动阀手柄从运转位移至制动区,均衡风缸排风过快

1)故障分析

(1)自动制动阀调整阀压板螺母排气孔过大。

(2)均衡风缸管路堵塞,使风缸容积变小。

2)处理措施

(1)恢复调整阀压板螺母排气孔孔径为1.3 mm。

(2)清除管路内的异物,以保证均衡风缸的正常容积。

13.自动制动阀手柄从运转位移至制动区,制动缸无压力;单独制动阀手柄从运转位移至制动区,制动缸也无压力

1)故障分析

(1)通往作用阀的总风缸管塞门处于关闭位或风路不通。

(2)通往转向架的制动缸管塞门关闭。

(3)若撒砂管有风,车体上的制动缸表管接到撒砂管上。

(4)作用阀作用不良。

2)处理措施

(1)将作用阀的总风缸管塞门置于开通位。

(2)将车下制动缸管塞门置于开通位。

(3)将表管按正确位置安装。

(4)更换作用阀。

14. 自动制动阀手柄从运转位移至制动区,制动缸无压力;但单独制动阀手柄从运转位移至制动区,制动缸有压力

1)故障分析

(1)因分配阀总风缸管塞门处于关闭位或管路不通造成分配阀无总风。

(2)分配阀主阀总风限制堵有异物堵塞。

(3)分配阀主阀作用风缸管堵塞。

(4)分配阀主阀作用不良。

(5)作用风缸管变向阀柱塞卡滞在作用风缸侧。

2)处理措施

首先应拆开变向阀前分配阀的作用风缸管接头,确认作用风缸管是否有风,若无风,可能原因为上述故障分析中第(1)~(4);若作用风缸管有风,则可能为上述故障分析中第(5)。

根据以上判断,可作如下处理:

(1)检查修整分配阀总风管路,确认有总风通往分配阀。

(2)清除主阀总风限制堵内的异物,保证通路畅通。

(3)更换主阀。

(4)检查作用风缸管,清除异物或换管。

(5)轻轻敲击变向阀,若不能恢复,应清除变向阀的油脂和污物。

(6)更换变向阀。

15. 自动制动阀手柄在制动区,制动管减压量不正确

1)故障分析

(1)调整阀凸轮各位间的不正确降程。降程大,减压量大;降程小,减压量小。

(2)调整阀凸轮支承磨耗或尺寸不对。

2)处理措施

(1)可修磨调整阀凸轮,若减压量小可修磨本位;减压量大可修其前位;减压量相差太大可更换凸轮。

(2)修复调整阀凸轮支承到原有尺寸或更换凸轮支承。

16. 自动制动阀手柄在制动区,制动缸压力追总风

1) 故障分析

作用阀膜板上侧的缩口风堵被污物堵塞,制动缸压力不能参与膜板平衡,造成供气阀口始终开启。

2) 处理措施

清除作用阀膜板上侧的缩口风堵的污物,保证畅通。

17. 自动制动阀手柄在制动区,制动缸压力发生阶段性下降

1) 故障分析

(1) 工作风缸管路或降压风缸管路漏泄。

(2) 主阀工作风缸充气止回阀漏泄,使工作风缸压力空气流向制动管。

(3) 靠副阀柱塞尾部第一道"O"形圈损伤或不清洁,使工作风缸的压力空气漏到降压风缸。

2) 处理措施

(1) 检修工作风缸及降压风缸管路。

(2) 检查工作风缸充气止回阀,清洗和排出污物,研磨阀口。

(3) 更换或清洗"O"形圈。

18. 自动制动阀手柄从制动区移回运转位,制动缸压力不缓解或缓解不到零

1) 故障分析

(1) 作用阀缓解弹簧漏装。

(2) 作用阀空心阀杆"O"形圈阻力大或阀杆抗劲。

2) 处理措施

(1) 组装作用阀缓解弹簧。

(2) 更换"O"形圈或修理空心阀杆。

19. 自动制动阀手柄在过量减压位时,制动缸压力高于规定压力

1) 故障分析

常用限压阀卡住,起不到限压作用。

2) 处理措施

清除常用限压阀内的污物,消除卡滞因素。

20. 自动制动阀手柄置于常用制动区,机车起紧急制动作用

1) 故障分析

(1) 一端有此现象,系均衡风缸管路堵塞,均衡风缸容积大大缩小。

(2) 两端均有此现象,系分配阀紧急放风阀第一排风堵和第二排风堵的位置相互装错或风堵(包括充风限制堵)堵塞。

2)处理措施

(1)清除管路的堵塞。

(2)调换风堵位置清除堵塞物。

21.自动制动阀非常制动停车后不能充风缓解

1)故障分析

制动风管路中的锈渣随压缩空气的流动常将制动机各阀垫住。

2)处理措施

(1)发生此情况后司机室操纵人员应立即关上制动管塞门。

(2)运行中遇特殊情况需立即停车时,可拉动紧急制动阀。

二、故障应急处理方法

1.自动制动阀手柄移至制动区后,打磨车不制动

1)故障分析

(1)自动制动阀的调整阀出现故障。

(2)中继阀出现故障。

2)应急处理

(1)将自动制动阀手柄推到制动位后,再使用紧急制动阀控制制动管减压,维持打磨车的运行。

(2)采用换端操纵的方法来维持打磨车的运行,使制动机恢复其使用功能。

2.自动制动阀制动后,手柄移回运转位或过充位,打磨车不缓解

1)故障分析

(1)分配阀紧急限压阀处出现故障。

(2)如果均衡风缸压力正常,由于缓解柱塞阀的卡滞使总风遮断阀管不能与大气相通,导致中继阀的总风遮断阀不能开启,导致制动管的压力不上升,使得打磨车不缓解。

(3)供气阀口被污物卡住没有开启或调整阀凸轮的升程不够,导致均衡风缸的压力不能上升。

2)应急处理

(1)在缓解位先将自动制动阀移至运转位或过充位,然后将客货车转换阀置于客车位,制动时将客货车转换阀置货车位,然后使用自动制动阀制动。

(2)采用换端操纵的办法来维持制动机的运行。

3.机车制动后不能缓解

1)故障分析

机动制动后不能缓解的原因很多,其中最常见的为第一、第二变向阀故障。

2)应急处理

将第二变向阀与作用阀连接的作用管接头螺母稍松,让其漏泄排出作用阀膜板下方压力空气,达到缓解的目的。但不能完全松开或漏泄量太大(必须通过试验并防止因震动而自然脱开),以免影响下次制动,待有时间时再作处理。

4. 分配阀故障

1)应急处理

分配阀发生故障一时无法修复时,应将分配阀总风缸塞门、制动管塞门关闭。

2)处理后的作用

自动制动阀不能控制机车制动和缓解作用,单独制动阀作用正常。

3)操纵方法

自动制动阀施行制动管减压的同时,将单独制动阀推至制动位,自动制动阀施行缓解后,再将单独制动阀移至运转位。

正确掌握机车与车辆的制动与缓解的时机,使其保持一致,减少车辆由此而产生的纵向冲动。维持行车,回段检修。

5. 作用阀故障

1)应急处理

作用阀发生故障一时无法修复时,应关闭作用阀总风缸塞门和分配阀制动管塞门。卸下作用阀下盖,抽出作用活塞及空心阀杆,重新装好作用阀下盖,堵塞作用阀排气口,并保证各部不得有漏泄现象。

2)处理后的作用

自动制动阀不能控制机车的制动和缓解作用,但对于列车中的车辆的制动和缓解作用均正常。

单独制动阀能控制机车的制动和缓解作用,但因单独制动阀调整阀直接(经作用阀)向制动缸供给压力空气,或排出制动缸压力空气,所以机车制动和缓解作用均缓慢。

3)操纵方法

制动时,先将单独制动阀推到制动位,接着施行自动制动阀制动位,使制动管的减压与制动缸的升压按比例协调进行。缓解时,将自动制动阀和单独制动阀同时移到运转位(或将自动制动阀移到过充位),最大限度地减少列车纵向冲动。

6. 中继阀排气口排气不止

1)应急处理

有一端中继阀排气口排气不止,将会造成制动管充气不足,其原因多为取柄位端自动制动阀重联柱塞弹簧过软,"O"形圈过紧,不能往降程方向移动 13.5 mm 距离,未切断均衡风缸管与中均管的通路,或中继阀排气阀关闭不严密等故障所致。遇此种情况,将故障端的中继阀制动管塞门关闭,客货转换阀置于货车位(或关闭故障端的自动制动阀和中继阀共用总风缸塞门),自动制动阀手柄置于取柄位。

2)处理后的作用

故障端自动制动阀、单独制动阀(总风切断时)不能控制机车和车辆的制动、缓解作用,另一端自动制动阀、单独制动阀作用均正常。

3)操纵方法

利用非故障端操纵列车,维持运行,回段检修。

7. 自动制动阀凸轮盒下方排气口漏气不止

1)应急处理

自动制动阀凸轮盒下方排气口漏气造成制动管充气不足的原因多为放风阀弹簧折损或过软、放风阀与座不严密等故障所致。遇到这种情况时可做以下处理:

(1)将自动制动阀手柄在常用制动区至紧急制动位之间往复移动,直至放风阀关闭严密后再移到所需要的位置上。

(2)通过上述处理若无效时,可堵塞自动制动阀座上的制动管。

2)处理后的作用

自动制动阀、单独制动阀作用均正常,但按上述应急处理中第(2)项处理后自动制动阀置于紧急制动位无效,置于取柄位时故障端中继阀无法自锁。

3)操纵方法

遇紧急情况需要紧急制动时,可拉下紧急制动阀。若经上述应急处理中第(2)项处理后又需要换端操纵时,应将故障端自动制动阀手柄置于取柄位、客货转换阀置于货车位,关闭中继阀制动管塞门,然后再进行换端操纵。

复习思考题

1. 大型养路机械保养有哪几种?每种保养的作用是什么??
2. 如何检查发动机机油油位?
3. 如何对空气滤清器的滤筒进行保养?
4. 动力传动系统在日常检查保养中应做哪些工作?
5. 电气系统和操纵装置在日常检查保养中应做哪些检查?
6. 液压系统在一级检查保养阶段应做哪些检查?
7. 发动机在什么时间检查气门间隙?怎样检查?
8. 发动机应进行一些什么样的日常保养?
9. 在什么情况下应更换或清洗空气滤清器的滤筒?

10. 发电机三角带的张紧度如何检查?
11. 在什么情况下应更换发动机机油?
12. 在二级检查保养阶段对制动系统和气动系统主要做哪些工作?
13. 发动机在三级保养时应做哪些工作?
14. 电气系统在三级检查保养中应做哪些工作?
15. 捣固车临时停放时,应进行哪些保养工作?
16. 捣固车工地转移时应进行什么样的检查保养?
17. 简述磨合期保养的内容。
18. 简述柴油发动机电路的常见故障与排除方法。
19. ZF变速箱控制系统有哪些常见故障?如何排除?
20. 简述紧急制动后,列车管充不上风的原因和处理方法。
21. 简述制动后不缓解的原因及排除办法。
22. 动力传动系统、走行系统的日常检查保养工作有哪些?
23. 液压系统的日常保养工作有哪些?
24. 如何进行工作装置的日常保养?

模块五 运行监控装置

学习引导

大型养路机械运行监控装置是集机车信号、运行监控、自动停车、数据及语音记录为一体的综合性监控装置,具有机车信号显示、语音提示、速度显示控制、风压显示报警、车辆溜坡报警、轴温监测、自动停车等各项功能,是保障自轮运转特种设备安全运行的设备。

学习目标

1. **知识目标**

(1)掌握 GYK 功能及其使用注意事项。

(2)掌握模式选择界面、参数设定界面、查询操作界面等的使用方法。

2. **能力目标**

(1)能够对 GYK 的模式进行设置及运用。

(2)能够对 GYK 的常见故障进行诊断。

3. **素质目标**

(1)掌握 GYK 相关应用,确保行车安全,培养职业责任感。

(2)鼓励创新应用,推动 GYK 技术进步,助力铁路发展。

(3)强化安全意识,遵守行车规则,保障运输秩序。

模块五 素质教育向导

铁路大型养路机械运行大脑

大型养路机械上安装的机车信号、列车无线调度电话、列车运行监控记录装置简称"三项设备",相当于机车的眼睛、耳朵和大脑。

机车信号就是大型养路机械的眼睛,作用是自动反馈前方地面信号,指示司机运行,保障行车安全。机车上装有感应器线圈,地面设有轨道电路,当机车靠近地面的信号机时,感应器线圈接收到地面信号,通过机车上的译码器、滤波器、放大器等设备的处理,就把前方的信号准确地反馈到了机车上。

项目十四　GYK 基本构成和原理

▶ 任务 1　基本构成与控制原理

一、GYK 基本构成

轨道车运行控制设备(GYK)包括装设于自轮运转特种设备上的主机、人机界面(DMI)、机车信号机、机车信号接收线圈、速度传感器和外部接口(包括压力传感器、电磁阀、制动隔离装置、信息输入/输出接口设备等),主机可连接两个 DMI,具体结构见图 5-1。

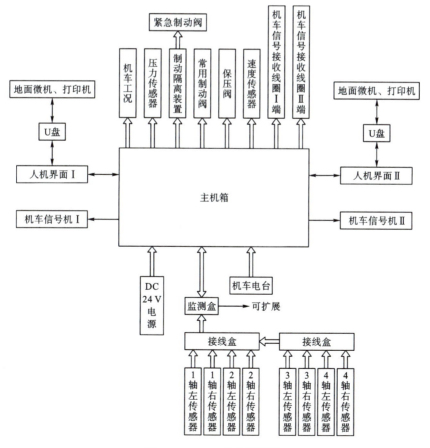

图 5-1　GYK 结构示意图

二、GYK 控制原理

GYK 根据控车数据、机车信号信息和前方目标距离，自动生成目标距离模式曲线，采用分级速度控制和速度连续控制方式，监控轨道车安全运行。

(1) 轨道车在区间正常运行时采用速度分级控制：根据机车信号信息，以进入闭塞分区后 700 m 处为目标点，计算产生控制曲线，防止轨道车超速或越过关闭的信号机。

(2) 轨道车在区间作业和限速区段采用速度连续控制：以轨道车计划停车地点或限速区段起点为目标点，计算产生连续的速度控制曲线，防止轨道车越过设定的停车点或超过限速区段的限制速度。

当轨道车速度达到控制模式曲线的限定值时，装置对轨道车实施熄火、常用制动及紧急制动，防止轨道车"两冒一超"（冒进、冒出、超速）。

任务 2　GYK 主要功能及操作介绍

一、GYK 主要功能

GYK 具有轨道电路信号接收和处理应答器信息接收、监控、警醒、自检、数据记录和处理、语言记录和处理、人机交互、故障报警等功能。

二、GYK 开关机操作

1. 开机

司机上车后先打开作业车总电源开关，然后打开 GYK 主机电源开关，紧急放风阀自动关闭，30 s 后 GYK 进入系统界面，DMI 显示目视行车模式。

GYK 在每次开机过程中都会自动检测各个单元，如有故障会在进入系统后自动报警；如果一切正常，司机还需手动检测 GYK 的信号单元及制动装置功能是否正常。

2. 关机

关断主机电源，UPS 延时约 15 s 后自动关机。关机后再开机，间隔时间必须大于 30 s，以保证设备正常工作。

注意：GYK 控制的紧急放风阀为失电放风。GYK 关机时，紧急放风阀处于放风状态，打开 GYK 电源开关，紧急放风阀自动关闭。

三、DMI 屏显示及按键说明

主界面屏幕显示如图 5-2 所示。

项目十四　GYK基本构成和原理

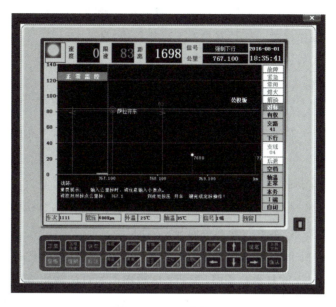

图 5-2　DMI 主界面

1.液晶屏显示内容

1)屏幕最上方数据窗口

(1)信号灯状态显示窗口:显示作业车当前的机车信号状态,有绿 5、绿 4、绿 3、绿 2、绿、绿黄、绿黄 2、黄、黄 2、黄 2 闪、双黄、双黄闪、红黄闪、红黄、红、白灯 16 种信号灯显示。

(2)速度窗口:显示作业车当前的实际运行速度。

(3)限速窗口:显示作业车当前运行位置控制模式常用制动或紧急制动的限速值。

(4)距离窗口:显示作业车前方目标距离。

(5)信号窗口:显示接收信号为"上行"还是"下行"。人工切换时,显示"强制上行"或"强制下行"。

(6)公里标窗口:显示当前作业车运行位置的公里标。

(7)日期和时间窗口:显示当前的系统日期及时间。

2)屏幕右边状态窗口

屏幕右边的状态窗口显示系统状态信息。状态有效时显示红底白字或绿底黑字,状态无效时显示白底灰字。由上到下依次显示为:

(1)故障:当系统及模块故障时,显示"故障"。

(2)紧急:紧急制动时,显示"紧急"。

(3)常用:常用制动时,显示"常用"。

(4)熄火:熄火动作时,显示"熄火"。

(5)解锁:解锁成功后,显示"解锁",4 s 后自动熄灭。

(6)对标：重新设定公里标后，显示"对标"，按【开车/7】键响应后熄灭。

(7)控制权：具有操作权时，显示"有权"，无操作权时，显示"无权"。

(8)交路：交路输入后，显示所输入的交路号。

(9)上/下行：车次输入后，显示所输入交路的上/下行。

(10)支线：支线输入有效后，显示所输入的支线号。

(11)工况 1：GYK Ⅰ端的作业车工况切换至前进时，显示"前进"；切换至后退时，显示"后退"；Ⅱ端与之相反。

(12)工况 2：作业车排挡处在空挡时，显示"空挡"。

(13)轴温：轴温正常时，显示"轴温正常"；轴温监测装置故障时，显示"轴温故障"。

(14)本务：本务时显示"本务"；非本务时显示"补机"。

(15)端：DMI 接主机Ⅰ端屏显时，显示"Ⅰ端"；DMI 接主机Ⅱ端屏显时，显示"Ⅱ端"。

(16)闭塞方式：有 GYK 基本数据时，自动监测数据中的自闭或半自闭区段，显示"自闭"或"半自闭"；无 GYK 基本数据时，可手动按压【半自闭/2】键 2 s，显示"自闭"或"半自闭"。

3)主窗口

屏幕中间的窗口为主窗口，显示范围为 4 km。靠左侧 1/4 处的竖直线将窗口分为两部分，左侧显示作业车位置 1 km 范围的实际运行速度曲线，右侧显示作业车位置前方 3 km 以内的模式控制曲线。

具体说明如下：

(1)限制速度曲线：以(红色)曲线方式显示当前区段的常用制动模式曲线和前方 3 km 以内的限制速度情况，并在曲线上方用数字标注目标速度。

(2)实际速度曲线：以(绿色)曲线方式显示作业车当前运行速度和刚走行 1 km 范围的速度曲线情况。

(3)站中心及站名：以坐标方式(垂直蓝线)显示前方 3 km 以内所有站的站中心位置，并用汉字标注对应车站的名称。

(4)作业车位置：主窗口左侧 1/4 处有一条垂直分隔线(黄色线)，显示一个作业车图标，表示当前作业车位置，图标的长度与输入的编组计长成正比。

(5)道岔：以坐标(垂直蓝线加进、出标记)形式显示虚拟进、出站的道岔位置。

(6)前方站：屏幕的右上方以汉字显示前方站的名称。

(7)公里标：屏幕的下方有一条横白线，显示公里标的变化及走行情况。

(8)控制模式：屏幕的左上方以字符图标(红底黄字)的方式显示控制模式。

4)屏幕的最下方显示窗口

(1)车次：以数字(最高 7 位)方式显示车次号。

(2)管压：以数字(最高 3 位)方式显示列车管风压。

(3)外温:以数字(最高 3 位)方式显示环境温度。

(4)轴温:以数字(最高 3 位)方式显示最高轴温。

(5)信号:显示信号感应器的Ⅰ/Ⅱ端。

(6)预留:为预留显示窗口。

2.按键功能说明

按键为带背光按键,在光线变暗时,按键上的字可自动透光。按键共 24 个,0~9 及小数点共 11 个键为复合键,复合键在参数修改状态作为数字键,在其他状态作为功能键,其他为单功能键。按键布置如图 5-3 所示。

图 5-3　DMI 按键布置

(1)【正常】键:按压该键,进入正常监控模式。

(2)【区间作业】键:按压该键,弹出"区间作业状态选择"窗口。

(3)【调车】键:按压该键,弹出"调车状态选择"窗口。

(4)【警惕】键:报警时按压该键,可终止当前语音报警。

(5)【缓解】键:按压该键,进行制动后的"缓解"操作。

(6)【解锁】键:按压该键,进行控制曲线开口操作,与其他键组合进行某些特定的解锁操作。

(7)【向前/1】键:先按压【车位/3】键,3 s 内按压【向前/1】键,调整滞后误差。工况无效时在停车状态下长按该键切换工况到前进,否则无效。

(8)【半自闭/2】键:按压该键,进入或退出半自闭区间。无地面数据时按键有效,已经调用 GYK 基本数据时,按键无效。

(9)【车位/3】键:与其他键组合使用进行某些特定操作。

①按压【车位/3】+【向前/1】键,调整滞后误差。

②按压【车位/3】+【向后/6】键,调整超前误差。

③有支线提示时,按压【车位/3】+【半自闭/2】键,调出"输入支线号"界面。

④大机趋势:按压【车位/3】+【车位/3】键,更改大机公里标趋势;只有大型养路机械有此项能力,作业车无此项功能。

⑤停车时:

有权端按压【车位/3】+【开车/7】键,变为无权端。

无权端按压【车位/3】+【开车/7】键,变为有权端。

无权端按压【车位/3】+【模式/5】键,实现屏幕保护。

无权端按压【车位/3】+【定标/9】键,弹出"控制设备状态查询"界面。

(10)【出站/4】键:双黄或双黄闪灯时按压,进入侧线出站状态,其他灯时按压进入正线出站状态。

(11)【模式/5】键:按压该键,弹出"作业车模式选择"界面。

(12)【向后/6】键:先按压【车位/3】键,3 s 内按压【向后/6】键,调整超前误差。工况无效时在停车状态下长按该键切换工况到后退,否则无效。

(13)【开车/7】键:按压该键,执行公里标对标操作。

(14)【自动校正/8】键:当距离误差在±500 m以内时,可在地面千米标位置按压【自动校正/8】键,进行千米标取整校正。

(15)【定标/9】键:按压该键,显示当前位置的公里标和目标距离。

(16)【公里标/0】键:在一定条件下输入对标公里标和趋势,按【开车/7】键,执行对标操作。已经调用 GYK 基本数据时,不能修改公里标趋势。

(17)【查询/.】键:按压该键,弹出"查询操作"窗口;输入公里标时,若已输入数字,按压该键表示"。";未输入数字按压表示"—",用于负号输入。

(18)【设定】键:按压该键,弹出"参数设定"窗口,进行参数设定,再次按压该键退出当前窗口返回到主界面。

(19)【上行/下行】键:按压该键 2 s,进行接收信号载频切换操作,有三种状态选择,分别为强制上行、强制下行和自动。"自动"时表示接收信号载频按照 GYK 基本数据的信号制式设定。

(20)【确认】键:按压该键,参数设定或修改有效,保存退出;与其他键组合使用进行某些特定操作。

(21)【←】【↑】【→】【↓】键:在参数设定或查询状态,按压这些键,可以改变光标的位置。在输入数字时,【←】键为退格键。

①在主界面按压【↑】键 2 s 以上,弹出"非正常行车确认"窗口。

②在主界面按压【←】键或【→】键可以调整音量大小,按压【↑】键或【↓】键可以调整显示屏亮度。

3. DMI 操作界面说明

1)模式选择界面

DMI 模式选择界面见图 5-4。

项目十四　GYK基本构成和原理

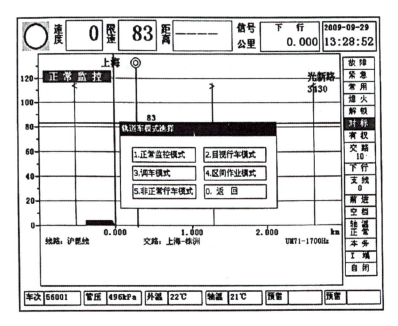

图 5-4　模式选择界面

停车时,按【模式】键,进入"模式选择"界面。

(1) 选择"1.正常监控模式",按【确认】键,进入正常监控模式。

(2) 选择"2.目视行车模式",按【确认】键,进入目视行车模式。

(3) 选择"3.调车模式",按【确认】键,进入"调车作业状态选择"界面。

(4) 选择"4.区间作业模式",按【确认】键,进入"区间作业状态选择"界面。

(5) 选择"5.非正常行车模式",按【确认】键,进入"非正常行车状态选择"界面。

按【模式】键+相应数字键可快捷进入。

DMI 面板设置【正常】【调车】【区间作业】键,按压这些键可直接进入相应的模式选择界面。在主界面下按压【↑】键 2 s,直接进入"非正常行车状态选择"界面。

2)参数设定界面

DMI 参数设定界面见图 5-5。

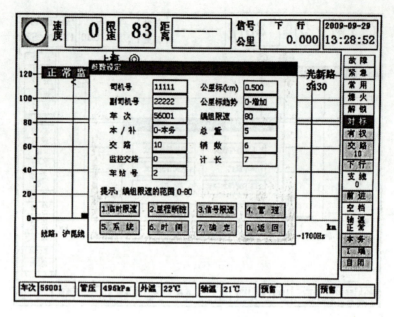

图 5-5 参数设定界面

停车时,按【设定】键进入"参数设定"界面,即可输入各项参数。

(1)选择"1.临时限速",按【确认】键,进入"手动输入临时限速"界面。

(2)选择"2.里程断链",按【确认】键进入"手动输入里程断链"界面。

(3)选择"3.信号限速",按【确认】键进入"手动输入机车信号限速"界面。

(4)选择"4.管理",按【确认】键,进入"管理参数输入"界面。

(5)选择"5.系统",按【确认】键,进入"系统设置输入"界面。

(6)选择"6.时间",按【确认】键,进入"时间设置"界面。

按【模式】键+相应数字键可快捷进入。

3)查询操作界面

DMI 查询操作界面见图 5-6。

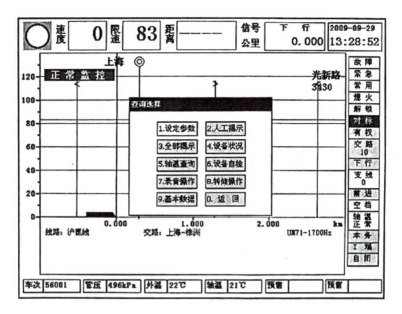

图 5-6 查询操作界面

按【查询】键进入"查询选择"界面。

(1)选择"1.设定参数",按【确认】键,进入"设定参数查询"界面。

(2)选择"2.人工揭示",按【确认】键,进入"手动输入揭示查询"界面。

(3)选择"3.全部揭示",按【确认】键,进入"U盘输入揭示查询"界面。

(4)选择"4.设备状况",按【确认】键,进入"设备状况查询"界面。

(5)选择"5.轴温查询",按【确认】键,进入"轴温显示"界面。

(6)选择"6.设备自检",按【确认】键,进入"设备自检操作"界面。

(7)选择"7.录音操作",按【确认】键,进入"录音操作"界面。

(8)选择"8.转储操作",按【确认】键,进入"文件转储操作"界面。

(9)选择"9.基本数据",按【确认】键,进入"基本数据查询"界面。

按【模式】键+相应数字键可快捷进入。

GYK模式设定　　GYK参数设定　　GYK查询转储　　GYK开车操作　　GYK设定规定

项目十五　GYK 故障处理

任务 1　机车信号故障

一、机车信号故障的判断方法

在作业车Ⅰ、Ⅱ端及上、下行选择正确,电源正常的情况下,机车信号显示发生下列情况之一视为机车信号故障。

(1)机车信号显示与地面信号显示含义不符,且运行到下一闭塞分区(站内为下一发码区段)仍不能恢复正常时。

(2)机车信号机灭灯时。

(3)在车站电码化区段股道(设备发码股道)发车,机车信号显示与地面信号机的显示含义不符。司机向车站值班员询问后,得到车站值班员答复地面发码设备无故障时。

二、机车信号故障恢复的判断方法

列车经过一个地面信号机,机车信号显示与地面列车信号机的显示含义相符。

三、机车信号故障时的操作

(1)在区间时,司机应立即停车,用无线列调将情况汇报给车站值班员或列车调度员,取得"列车机车信号故障,允许继续运行至前方站停车"的调度命令(可用列调电话发布、转达)后,按压【模式】键,将 GYK 设置为"目视行车"模式,以不超过 20 km/h 的速度,凭地面信号机的显示运行至前方站停车等待处理。

(2)在站内机车信号发生故障时,不得继续运行,汇报后等待处理。

四、GYK 故障

(1)作业车运行途中 GYK 出现异常情况或发生故障,应立即停车。

(2)停车后重新启动 GYK。

(3)如果仍无法恢复正常,用无线列调将情况汇报给车站值班员或列车调度员,取得"列车监控装置故障,允许继续运行至前方站停车"的调度命令(可用列调电话发布、转达)。

(4)接到调度命令后,司机将GYK主机旁的熄火、紧急隔离开关置于故障(隔离)位,使熄火、紧急制动输出转入隔离状态。

(5)机班根据地面信号机的显示,以最高不超过20 km/h的速度维持运行至前方车站停车等待处理。

(6)在站内GYK发生故障,不得继续运行,汇报后等待处理。

任务2　监控装置故障应急处置方法

按GYK方式行车,遇GYK故障,机车乘务员应立即使用列车无线调度通信设备报告车站值班员或列车调度员,根据实际情况掌握运行速度,并联系电务应急故障处理人员,进行相应处理;若处理前预判恢复正常将超过10 min或区间不能处理时,按下列要求处理:

(1)自动闭塞区段确认地面信号机显示允许运行的信号,按不超过20 km/h的速度运行至前方站停车处理或请求更换机车。

(2)半自动(自动站间)闭塞区段从前方预告(接近)信号机起,以不超过20 km/h的速度维持运行至前方站停车处理或请求更换机车。

复习思考题

1. 试述机车信号的接收原理。
2. GYK运行监控装置机车信号正确显示所需的必要设置有哪些?内容是什么?
3. GYK运行监控装置行车使用的重点注意事项有哪些?
4. GYK运行监控装置操作注意事项有哪些?
5. GYK运行监控装置控制原理是什么?
6. GYK运行监控装置有哪些监控功能?
7. GYK运行监控装置按键功能说明有哪些内容?
8. GYK运行监控装置"参数设定"界面上怎么输入参数?
9. GYK运行监控装置具有哪几种监控模式?
10. GYK运行监控装置设定参数查询是如何操作的?
11. GYK运行监控装置司机如何进行开关机操作?

参考文献

[1] 中华人民共和国铁道部. 铁路交通事故调查处理规则[M]. 北京:中国铁道出版社,2007.

[2] 铁路职工岗位培训教材编审委员会. 大型线路机械司机:捣固车职业技能部分[M]. 北京:中国铁道出版社,2011.

[3] 铁路职工岗位培训教材编审委员会. 大型线路机械司机:捣固车基础知识部分[M]. 北京:中国铁道出版社,2011.

[4] 铁路职工岗位培训教材编审委员会. 大型线路机械司机:清筛机[M]. 北京:中国铁道出版社,2011.

[5] 铁路职工岗位培训教材编审委员会. 大型线路机械司机:钢轨打磨车[M]. 北京:中国铁道出版社,2011.

[6] 铁路职工岗位培训教材编审委员会. 大型线路机械司机:动力稳定车[M]. 北京:中国铁道出版社,2012.

[7] 铁路职工岗位培训教材编审委员会. 大型线路机械司机:配砟整形车[M]. 北京:中国铁道出版社,2012.

[8] 中国铁路总公司. 铁路技术管理规程:普通铁路部分[M]. 北京:中国铁道出版社,2014.

[9] 中国铁路总公司. 铁路技术管理规程:高速铁路部分[M]. 北京:中国铁道出版社,2014.

[10] 中国铁路总公司. 普速铁路工务安全规则[M]. 北京:中国铁道出版社,2014.

[11] 中国铁路总公司. 大型养路机械使用管理规则[M]. 北京:中国铁道出版社,2015.

[12] 中国铁路总公司. 普速铁路线路修理规则[M]. 北京:中国铁道出版社,2019.

附件　听觉信号

(1)听觉信号,长声为 3 s,短声为 1 s,音响间隔为 1 s。重复鸣示时,须间隔 5 s 以上。

(2)机车、自轮运转特种设备作业中提示注意、相互联系等应使用通信设备方式。遇联系不通或危及行车人身安全时,应采用鸣笛方式。机车、自轮运转特种设备鸣笛鸣示方式见表1。

表 1　机车、自轮运转特种设备鸣笛鸣示方式表

名称	鸣示方式	使用时机
起动注意信号	一长声 —	1.列车起动或机车车辆前进时(双机牵引或使用补机时,本务机车鸣笛后,补机应回答,本务机车再鸣笛一长声后起动); 2.接近鸣笛标、道口、桥梁、隧道、行人、施工地点或天气不良时; 3.电力机车、自轮运转特种设备在检修及整备中,准备降下或升起受电弓时
退行信号	二长声 — —	列车、机车车辆、单机开始退行时
召集信号	三长声 — — —	要求防护人员撤回时
牵引信号	一长一短声 — ·	途中本务机车要求补机牵引运行时(补机应以同样信号回答)
惰行信号	一长二短声 — · ·	本务机车要求补机惰力推进或要求补机断开主断路器时(补机应以同样信号回答)
途中降弓信号	一短一长声 · —	1.电力机车双机牵引中,本务机车司机要求补机降下受电弓时(补机应以同样信号回答); 2.电力机车司机在途中发现降弓手信号时,应鸣此信号回示
途中升弓信号	一短二长声 · — —	1.电力机车双机牵引中,本务机车司机要求补机升起受电弓时(补机应以同样信号回答); 2.电力机车司机在途中发现升弓手信号时,应鸣此信号回示
呼唤信号	二短一长声 · · —	1.机车要求出入段时; 2.在车站要求显示信号时
警报信号	一长三短声 — · · ·	发现线路有危及行车安全的不良处所时
试验自动制动机及复示信号	一短声 ·	1.试验制动机开始减压时; 2.接到试验制动结束的手信号,回答试风人员时; 3.调车作业中,表示已接受调车长所发出的手信号时

续表

名称	鸣示方式	使用时机
缓解及溜放信号	二短声 · ·	1. 试验制动机缓解时； 2. 要求列车乘务组缓解人力制动机时； 3. 复示溜放调车信号时
拧紧人力制动机信号	三短声 · · ·	1. 要求列车乘务组拧紧人力制动机时； 2. 要求就地制动时
紧急停车信号	连续短声 · · · · · · ·	司机发现（或接到通知）邻线发生障碍，向邻线上运行的列车发出紧急停车信号时。邻线列车司机听到此种信号后，应紧急停车

(3) 口笛、号角鸣示方式见表2。

表 2　口笛、号角鸣示方式表

用途及时机	鸣示方式	
发车、指示机车向显示人反方向移动	一长声	—
指示机车向显示人方向移动	一短一长声	· —
试验制动机减压	一短声	·
试验制动机缓解	二短声	· ·
试验制动机结束及安全信号	一短一长二短声	· — · ·
一道	一短声	·
二道	二短声	· ·
三道	三短声	· · ·
四道	四短声	· · · ·
五道	五短声	· · · · ·
六道	一长一短声	— ·
七道	一长二短声	— · ·
八道	一长三短声	— · · ·
九道	一长四短声	— · · · ·
十道	二长声	— —
二十道	二短二长声	· · — —
十、五、三车距离信号：十车	三短声	· · ·
十、五、三车距离信号：五车	二短声	· ·
十、五、三车距离信号：三车	一短声	·

续表

用途及时机	鸣示方式	
连结及停留车位置	一长一短一长声	— · —
停车	连续短声	· · · · · · ·
要求司机鸣笛	二长三短声	— — · · ·
试拉	一短声	·
减速	连续二短声	· · · ·
溜放	三长声	— — —
取消	二长一短声	— — ·
再显示	二长二短声	— — · ·
列车接近通报信号：上行	二长声	— —
列车接近通报信号：下行	一长声	—